KB268277

중국어 음성학의 이해

이 저서는 2020년 대한민국 교육부와 한국연구재단의 지원을 받아 수행된 연구임
(NRF-2020S1A6A4040784)

중국어 음성학의 이해

Understanding Chinese Phonetics

이옥주

역락

중국어의 다채로운 말소리는 언어의 소리에 관심을 가지고 있던 나를 자연스럽게 음성 연구로 이끌었다. 중국어는 '표준중국어'도 매우 다양한 음성을 담고 있는 데다가, 지역 방언과 사회 방언, 화자 특성까지 더해져서 그야말로 무한한 음성 변이와 변화가 나타난다. 끝없이 모습을 바꾸는 음성을 맞닥뜨리는 일은 고되지만 설레는 일임이 분명하다. 그동안 중국어 음성학 연구와 강의를 하면서 한국어로 쓰인 입문서가 있다면 중국어 음성 연구의 진입 장벽을 낮추고 음성·음운 연구의 지경을 확장하는 데 도움이 되지 않을까 하는 생각을 오랫동안 마음에 담았다. 이 책은 이렇게 집필하게 되었다.

이 책은 음성학을 배운 적이 없거나 중국어 학습 경험이 적더라도, 중국어, 언어 간 음성 비교, 발음 습득에 관심이 있는 독자들이 이해할 수 있도록 하고자 하였다. 따라서 1장~3장은 먼저 중국어를 개괄하고, 조음 음성학과 음향 음성학의 기본 개념을 소개한다. 이어 4장~5장은 중국어 자음의 조음 특징과 음향 특징을, 6장~7장은 중국어 모음의 조음 특징과 음향 특징을 논의한다. 7장~8장은 중국어 성조와 음절, 강세와 억양에 대한 소개로, 초분절음의 특징 및 초분절음과 분절음의 연계에 대한 논의이다. 4장~10장은 표준중국어를 위주로 하되, 표준중국어와 흥미로운 차이를 보이는 우(吳)방언, 웨(粵)방언에 대한 소개를 더하여 중국어 음성을 다면적으로 논의하고자 하였다. 각 장 첫머리의 [들어가며]는 중국어 음성에 대한 논의를 시작하기 전에 생각해볼 수 있는 물음들로, 해당 장의 논의를 통하여 물음에 담긴 음성학적 함의를 알아나갈 수 있다. 모든 예시는 최대한 간단한 중국어를 제시하였으며, 심화 학습을 원하는 독자를 위하여 [더 읽을거리]를 제공하였다. [생각해 볼 문제]는 각 장에서 다룬 내용의 이해를 점검하고 확장할 수 있도록 마련하였다. 또한 음성 분석의 기본 방법을 익히기 위하여 프라트(Praat)를 사용하여 음성을 분석하는 방법을 소개하였으며, 독자는 이 책이 제공하는 음성 자료를 활용하여 자유롭게 음성 분석을 수행할 수 있다.

음성을 녹음, 수집하고 조음, 음향, 청취 특성을 논의하는 일은 많은 화자와 연구자가 함께 하는 작업이다. 이 책도 음성 녹음과 음성에 대한 판단, 분석을 위해서 많은 분들의 도움을 받았다. 계속되는 논의와 질문, 녹음 요청에 진지하게 참여해준 熊妍, 周饴云과 부모님, 张嘉莉에게 감사를 표한다. 이들 덕분에 표준중국어, 우(吳)방언, 웨(粤)방언의 흥미로운 예시와 논의를 담아낼 수 있었다. 이경민의 날카로운 의견과 검토는 논지를 풀어내는 데 큰 도움이 되었으며, 중국어 음성학 수업에서 서울대학교 학생들이 제기한 수많은 질문은 이 책의 내용을 덜어내고 보태는 데 많은 도움을 주었다. 이 책의 출간을 흔쾌히 수락해 준 도서출판 역락에도 감사를 표한다. 마지막으로, 함께 걷는 이동욱과 이수빈에게 깊은 사랑과 고마움의 마음을 전한다.

일러두기

- 중국어 발음은 국제음성기호와 한어병음으로 제시하고, 국제음성기호는 각괄호 [ ] 안에 표기하였다.
- 중국어 예시 및 방언, 지명, 서명을 한자로 표기할 경우 간화자를 사용하였다.
- 중국어에 대한 한국어 번역은 홑따옴표 ' ' 안에 제시하고, 발음의 한국어 표기는 정부안을 따랐다.
- 이 책에서 사용한 예시 음성은 웹사이트(https://sites.google.com/view/okjoolee/)나 QR 코드를 활용하여 들을 수 있다.

1장

서론

1. 약 14억 중국인은 하나의 언어를 사용할까?
2. 중국에서 방송되는 TV 프로그램을 보면 종종 자막을 볼 수 있다. 왜 자막이 필요할까?
3. 중국어는 한국어와 어떻게 다르게 들리는가?

이 책은 중국어 말소리의 음성 특징을 소개하고 분석 방법을 논의한다. 한국어와 중국어, 영어가 서로 다르게 들리는 것은 각 언어가 고유한 말소리 목록을 가지기 때문이다. 또한 동일한 언어라고 하더라도 화자 및 사용 지역, 사회적 맥락 등에 따라 다양한 모습으로 말소리가 실현된다. 따라서 중국어 음성학은 중국어란 어떤 언어인가, 중국어는 어떠한 말소리 특성을 지니는가, 중국어가 사용되는 지역과 화자의 특성은 무엇인가에 대한 논의에서 출발한다. 1장은 중국어의 개념과 표준중국어의 말소리 체계, 중국어 말소리의 다양성과 화자에 대하여 살펴보고(1.1), 언어학의 하위 영역인 음성학을 소개한다(1.2). 이어서 이 책의 목적과 구성을 제시할 것이다(1.3). [들어가며]의 세 가지 물음에 대하여 잠시 생각해본다면 1장을 더 흥미롭게 읽을 수 있을 것이다.

1.1. 중국어

1.1.1. 중국어의 개념

중국어는 어떤 언어를 가리키는 명칭인가? '중국'은 역사와 문화를 공유하는 경제 공동체인 국가의 개념이다. 따라서 '중국어'를 중국 영토에서 사용되는 언어를 가리키는 명칭으로 이해할 수도 있다. 그러나 국가와 언어의 관계는 생각보다 복잡하다. 하나의 국가에서 여러 언어가 사용되기도 하고, 여러 국가에서 동일한 언어가 사용되기도 한다. 중국과 중국어는 바로 이에 해당하는 대표적인 예이다.[01] 우선 중국 경내에는 다양한 소수 민족의 고유한 언어들이 사용되고 있다. 동북 지역의 조선족이 사용하는 조선어를 비롯하여, 몽골 지역의 몽골어, 위구르(Uyghur) 자치구에서 사용되는 위구르어, 티베트(Tibet) 지역에서 사용되는 티베트어, 남서 지역에서 몽몐족(Hmong-Mien, 먀오야오 Miao-Yao)이 사용하는 몽몐어 등 300개 정도의 언어가 사용되는 것으로 알려져 있다.[02] [그림 1]은 중국에서 사용되는 언어의 분포이다.

01　중국어의 언어 사용 현황 및 정책은 Li and Li(2013, 2014, 2015, 2019)를 참조할 수 있다.

02　에스놀로그(Ethnologue)에 수록된 중국의 언어는 307개이다(2022년 기준). 中国的语言(孙宏开, 胡增益, 黄行 主编. 2007. 北京: 商务印书馆)에는 약 130개 언어의 음운 목록이 수록되어 있다.

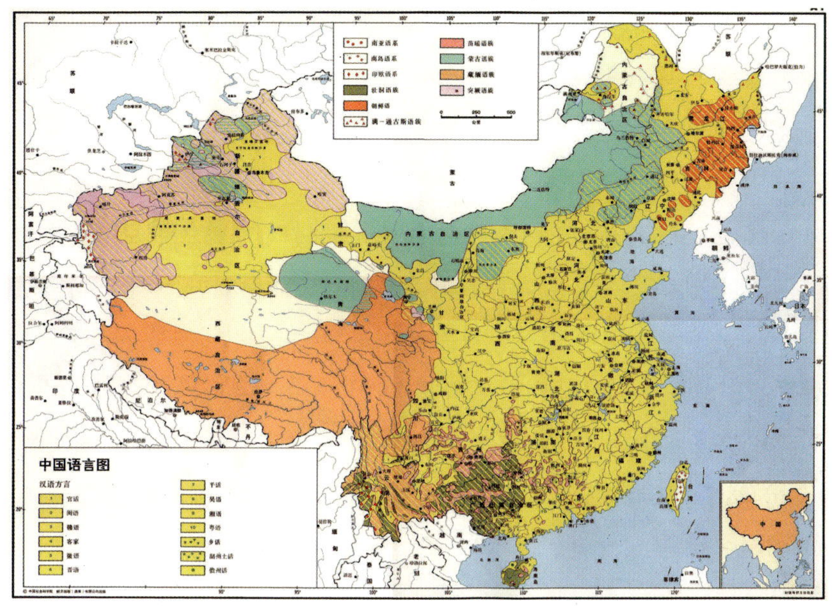

[그림 1] 중국에서 사용되는 언어 분포(출처: Language Atlas of China A1)

　　우리가 중국어의 개념을 '한족의 언어(汉语)'로 제한하면 문제가 좀 간단해질 것 같다. 실제로 우리가 일반적으로 사용하는 '중국어'는 중국 인구의 90% 이상을 차지하는 한족이 사용하는 언어인 '한위(汉语)'를 가리키며, 더 좁게는 중국의 공식 언어인 표준중국어(푸퉁화 普通话)를 가리키는 경우가 많다. 그러나 중국어는 시공간적으로 매우 넓은 개념으로 사용되는 언어 명칭이다. 표준중국어를 배웠더라도, 구이저우(贵州)나 광저우(广州) 같은 곳에 가서 지역 방언을 구사하는 화자와 대화하는 것은 쉽지 않다. 이는 중국어를 한족의 언어로 정의하더라도, 중국어는 말소리 체계가 매우 상이한 다수의 방언을 포함한다는 것을 의미한다. '방언' 가운데는 문자를 사용하지 않으면 음성 언어만으로는 의사소통이 불가능할 정도로 말소리가 다른 경우도 적지 않다. 이러한 현상은 중국어의 오랜 역사와 넓은 사용 지역, 언어와 방언 접촉이 누적된 결과 때문이다. 실제로 음성 언어의 측면에서 중국어의 여러 방언은 서로 다른 언어로 간주될 수 있을 만큼 차이가 크기 때문에, 중국어는 여러 언어를 포함하는 중국어-제어(Chinese languages) 또는 어족(language family)의 개념으로 보아야 한다는 관점이 제기될 수도 있다.[03] 그러나 역사적으로 동일한 문자 체계를 공유해온 점과 정치경제적 공동체를 유지하는 중국 경내에서 사용된다는 점을 고려하여 중국어의 여러 갈래를 '방언'으로 간주하는 견해가 일반적으로 받아들여진다.

이 책은 '표준중국어'라는 명칭을 사용하여 중국에서 사용되는 공식 언어인 푸퉁화(普通话)를 가리키며, 중국어를 7개의 대방언(大方言), 즉 관화(官话), 우(吳), 웨(粵), 민(闽), 샹(湘), 간(赣), 커자(客家)로 구분하는 Li(1937)와 袁家骅(1960/1989)의 분류법을 따를 것이다. 중국어 방언 가운데 사용 분포가 가장 넓고 화자의 수도 가장 많은 것은 관화방언으로, 베이징(北京)방언도 이에 속한다. 관화방언은 북방방언이라고도 하는데, 실제로 관화방언은 장강(长江)을 경계로 하는 지리적 개념의 북방지역보다

---

03 구어로 의사소통이 가능한지의 여부를 의미하는 상호이해가능성(mutual intelligibility)은 언어와 방언의 차이를 구분하는 유용한 개념이다. 예를 들어, 두 화자가 한국어와 중국어를 각각 사용하면 서로 의사소통이 불가능하므로, 한국어와 중국어는 서로 다른 언어이다. 그러나 상호이해가능성의 개념이 언어와 방언을 구분하는 데 항상 쉽게 적용되는 것은 아니다. 예를 들어, 중국어 광둥방언 화자와 우방언 화자가 각각 자신의 방언을 사용하여 의사소통을 하고자 하면 문제가 발생하므로, 이 두 방언은 별개의 '언어'로 간주되어야 한다. 이와 반대로, 네덜란드어와 독일어를 사용하는 화자는 각자 자신의 언어를 사용해도 의사소통이 가능하므로, 이 두 언어는 서로 다른 언어로 간주되어서는 안 된다고 주장할 수 있다. 이에 대한 논의는 李小凡, 项梦冰(2020:3)을 참조할 수 있다.

넓은 지역에서 사용된다. 장강 유역의 쓰촨(四川)성, 총칭(重庆)과 후베이(湖北)성은 대부분 관화방언 사용 지역이며, 장강의 남쪽에 위치한 장쑤(江苏)성의 난징(南京)이나 윈난(云南)성의 쿤밍(昆明), 구이저우(贵州)성의 구이양(贵阳), 광시(广西)성의 구이린(桂林), 후난(湖南)성의 창더(常德) 등도 관화 사용 지역이다. 관화방언의 사용 인구는 약 8억 6천 163만 이상으로, 중국어 사용 인구의 약 71.4%를 차지한다.[04]

우방언은 상하이(上海), 저장(浙江)성, 장쑤성 일대에서 사용되는 방언으로, 쑤저우(苏州)방언과 상하이방언이 대표 방언이다. 중국어 화자의 약 6.4%가 사용하여, 관화방언에 이어 두 번째로 사용 인구가 많은 방언이다. 샹방언은 후난(湖南)성과 광시(广西)성 일부 지역에서 사용되며, 창사(长沙)방언은 북부 샹방언을, 사오양(邵阳)방언은 남부 샹방언을 대표한다. 약 3.1%의 중국어 화자가 샹방언 화자이다. 간방언은 장시(江西)성 일대에서 주로 사용되며, 난창(南昌)방언이 간방언을 대표한다. 약 4%의 중국어 화자가 간방언을 사용한다.

커자(客家)방언은 광둥(广东), 광시, 푸젠(福建), 타이완(台湾), 장시 등의 지역에 분산되어 사용되는 것이 특징이다. 메이저우(梅州)방언이 대표 방언이며, 사용 인구는 중국어 화자의 약 3.5%를 차지한다. 웨방언은 광둥성과 광시성 및 홍콩에서 사용되는 방언이다. 광저우(广州)방언이 대표 방언으로, 약 5.3%의 중국어 화자가 웨방언 화자이다. 민방언은 푸젠성과 타이완, 하이난(海南) 등의 지역에서 사용되며 푸저우(福州)방언과 샤먼(厦门)방언이 대표 방언으로, 약 6%의 중국어 화자가 민방언 화자이다.

7대 방언 가운데 관화방언은 만다린(Mandarin), 웨방언은 칸토니즈

04　이 장에서 소개하는 중국어 방언 분포와 화자의 수는 李小凡, 项梦冰(2020:11-15)을 따른다.

(Cantonese), 커자방언은 하카(Hakka)로도 잘 알려져 있다(Li 1937, 袁家驊 1960/1989, Li and Thompson 1981, Norman 1988, Ramsey 1989, Cheng 1993, Lin 2007, 엄익상 외 역 2010/2023 등). [그림 2]는 중국에서 사용되는 언어와 방언의 분포이며,[05] [그림 3]은 중국어 7대 방언의 분포를 도식화한 것으로 대표 방언과 화자의 수를 함께 나타낸다.

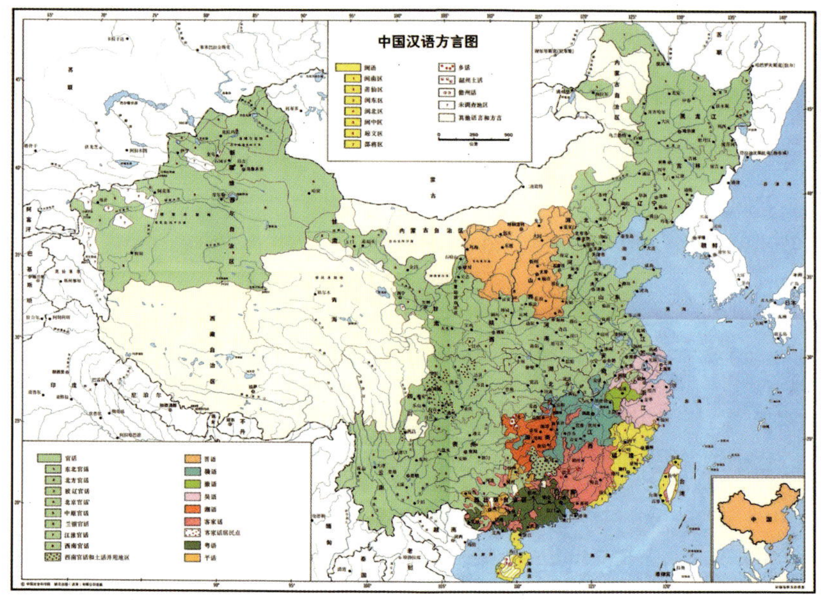

[그림 2] 중국 방언 분포(Language Atlas of China A2)

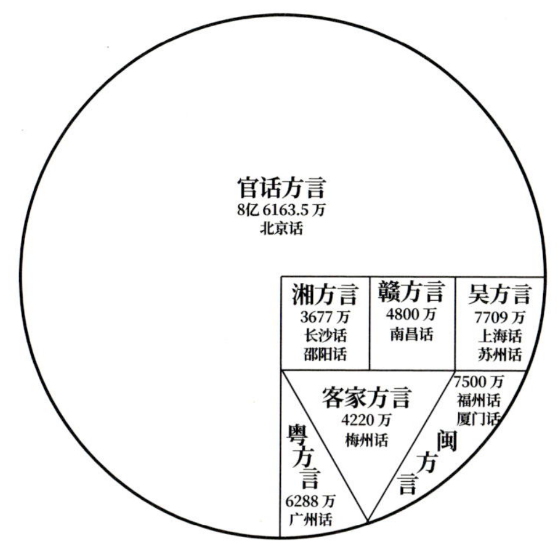

[그림 3] 중국어 7대 방언 분포(李小凡, 项梦冰 2020:15)

7대 방언은 대(大)방언이라고 하는데, 대방언은 더 작은 갈래인 '차(次)방언', '차차(次次)방언' 등으로 나뉜다. 예를 들어 관화는 북방관화, 서북관화, 서남관화, 장화이(江淮)관화로 다시 구분된다. 관화뿐만 아니라 다른 대방언들도 여러 개의 차방언으로 나뉘며, 동일한 대방언에 속하는 차방언들도 말소리 체계와 음성 특징이 상당히 다른 경우가 많다. 따라서 중국어 음성학 논의는 분석 대상 언어에 대하여 표준중국어, 우방언, 민방언 등 대방언을 명시하는 것이 필수적이며, 필요에 따라 상하이 우방언, 푸저우(福州) 민방언과 같이 차방언 정보를 함께 제공한다.

1.1.2. 표준중국어의 말소리 체계

중국어의 말소리를 구성하는 3가지 기본 요소는 자음, 모음, 성조이다. [표 1]은 표준중국어의 자음 및 각 자음을 포함하는 음절의 예를 한어병음으로 제시한다. 일반적으로 표준중국어 자음은 22개로 간주되는데,

이 가운데 연구개비음 'ng'은 음절 말 위치에만 출현한다. 표에서 가로 행은 자음이 만들어지는 조음 위치를 나타내며, 세로 열은 조음 방법을 나타낸다(자음의 조음 위치와 방법은 4장 참조).

[표 1] 표준중국어 자음

	양순 (bilabial)	순치 (labio-dental)	치 (dental)	후치조 (post-alveolar)	경구개 (palatal)	연구개 (velar)
파열음 (plosive)	b ba 爸 / p pa 怕		d da 大 / t ta 他			g ge 歌 / k ke 棵
마찰음 (fricative)		f fa 发	s sa 撒	sh sha 杀	x xia 虾	h he 喝
파찰음 (affricate)			z za 杂 / c ca 擦	zh zha 扎 / ch cha 叉	j jia 家 / q qia 掐	
비음 (nasal)	m ma 妈		n na 那			ng gang 刚
(중앙)접근음 (central approximant)				r ran 染		
설측(접근)음 (lateral approximant)			l la 拉			

표준중국어의 모음에 대해서는 학자들 간에 이견이 적지 않다.[06] 이 책은 [표 2]의 12개 모음을 위주로 음성 특징을 소개할 것이다. 표의 가로 행은 혀의 전후 위치와 입술 모양을 가리키며, 세로 열은 혀의 고저 위치를 나타낸다(혀의 위치와 입술 모양에 따른 모음 분류 방법은 6장 참조). 표에

---

06   이에 대한 논의는 Lee and Xiong(2021)을 참조할 수 있다.

서 한어병음 옆에 놓인 각괄호 [ ] 안의 기호는 국제음성기호(International Phonetic Alphabet, IPA)이다. 한어병음은 음성을 정밀하게 나타내기 위한 전사 기호가 아니기 때문에 하나의 기호가 둘 이상의 소리를 나타내기도 한다. 이는 한어병음 기호 'i'가 'li', 'ci', 'ri'에서 각각 어떻게 소리 나는지 발음해보면 쉽게 알 수 있다. 이러한 경우를 위하여 음성 전사 기호인 IPA를 한어병음과 함께 제시한 것이다(IPA에 대한 설명은 2장 참조).

[표 2] 표준중국어 모음

	전설		중설	후설	
	비원순	원순	비원순	비원순	원순
고모음	i[i, ɿ, ʅ] li 力, ci 次, chi 吃	ü[y] lü 绿			u[u] lu 路
중모음	e[e], a[ɛ] lie 列, lian 恋		e[ə] le 了	e[ɤ] le 乐	o[o] lou 漏
저모음	a[a] lan 蓝			a[ɑ] lang 狼	

성조는 잘 알려진 중국어의 특징으로, 표준중국어의 4개 성조는 [표 3]과 같다. 일반적으로 표준중국어 성조를 1성, 2성, 3성, 4성으로 부르지만, 이와 같은 이름은 성조의 음높이 특성을 전혀 반영하지 않는다. 따라서 음높이 굴곡(contour) 유형으로 지칭하거나 5도제 음높이 값을 사용하는 것이 성조의 특성을 이해하는 데 도움이 된다. 한어병음 표기에서 모음 위에 부가하는 기호는 각 성조의 음높이 굴곡을 단순화한 것이다. 성조의 음높이를 1에서 5까지의 숫자로 나타내는 방법인 5도제는 화자가 평소 발화 시 사용하는 음높이 범위에서 가장 높은 소리를 '5', 가장 낮은 소리를 '1'로 표기하는 방법이다(Chao 1930, 1968, 성조는 8장 참조).

[표 3] 표준중국어 성조

성조	음높이 굴곡	5도제 음높이 값	한어병음	예
1성	높은수평조	55	ā	mā 妈 '엄마'
2성	높오름조	35	á	má 麻 '마, 삼베'
3성	낮내리오름조	214	ǎ	mǎ 马 '말'
4성	높내림조	51	à	mà 骂 '꾸짖다'

음절은 자음, 모음, 성조로 구성된다. 음절을 구성하는 분절음은 '자음 두음(consonant onset) + 활음(glide) + 핵모음(nuclear vowel) + 자음/모음 말음(consonant/vowel coda)'으로, 이 가운데 핵모음만 필수 요소이다. 활음은 개음(medial), 핵모음은 주요모음, 말음은 운미(ending)로도 불린다. 한어병음에서 활음은 'w', 'u', 'i' 또는 'y'이며, 말음은 자음 'n', 'ng'이나 모음 'i', 'u'이다. [표 4]는 표준중국어 음절 구조를 도식화하여 예와 함께 제공한다.

[표 4] 표준중국어 음절

성조 T			
자음 두음 C	활음 G	핵모음 V	자음/모음 말음 E_C/E_V
V	è	饿	'배고프다'
CV	dà	大	'크다'
GV	yè	夜	'밤'
GVE_C	wàn	万	'만, 10,000'
$CGVE_C$	xiān	先	'먼저'

1.1.3. 중국어 말소리의 다양성

중국어 지역 방언에 나타나는 말소리의 다양성은 중국어 음성학을 홍미롭게 만드는 중요한 요소이다. 중국어의 오랜 역사와 사용 지역의 규모, 사용 인구의 이동과 언어 접촉 등을 생각하면 중국어 말소리에 수많은 갈래가 있다는 사실은 매우 자연스럽다. 중국어 말소리의 다양성을 보여주는 예를 몇 가지 살펴보자. 표준중국어 말소리 체계는 베이징방언을 기초로 한다. 그러나 표준중국어 발음이 베이징방언과 동일한 것은 아니다. 표준중국어와 베이징방언의 가장 잘 알려진 차이는 권설음화(rhotacization 儿化)한 모음이 베이징방언에서 광범위하게 나타나는 것이다. 예를 들어, 베이징방언에서 표준중국어 花(huā '꽃')를 花儿(huār)로 발음하거나, 公园(gōngyuán '공원')을 公园儿(gōngyuánr)로 발음하는 경우를 흔히 접할 수 있다. 또 다른 차이는 我(wǒ '나, 1인칭')나 问(wèn '묻다')과 같은 단어의 첫소리에 나타난다. 이 소리는 표준중국어에서 두 입술을 동그랗게 모아서 내는 활음(glide)인데 반해, 베이징방언에서는 윗니가 아랫입술에 가깝게 접근하여 마치 영어의 'v'를 약하게 내는 듯 들리기도 한다.[07]

베이징에서 약 110km 떨어진 도시인 톈진(天津)방언을 살펴보자. 톈진방언은 베이징방언과 마찬가지로 북방관화에 속하며, 표준중국어와 같이 4개의 성조가 있다. 그런데 성조의 수는 동일하지만 성조의 모양, 즉 음높이 굴곡은 동일하지 않다. [표 5]와 같이, 1성은 표준중국어는 높은 수평조이지만, 톈진방언은 낮내림조이다. 또한 톈진방언은 표준중국어에 비하여 2성 오름조와 4성 내림조의 기울기가 완만하다(Zhang 1987, Li and Chen 2016).

---

07   2장에서 소개할 국제음성기호를 빌어 설명하자면, 표준중국어에서 [w]로 발음되는 접근음(approximant)이 베이징방언에서는 종종 유성마찰음 [ʋ]로 소리나는 현상이다 (Wiener and Shih 2011).

[표 5] 표준중국어와 톈진방언의 성조

성조	표준중국어	톈진방언
1성	55	21
2성	35	45
3성	214	213
4성	51	53

이제 조금 멀리 떨어진 우방언과 민방언을 살펴보자. 우방언에 속하는 장쑤성 쑤저우방언과 민방언에 속하는 푸젠성 푸저우(福州)방언에서 사용되는 몇 가지 단어의 발음을 비교하면, 이 두 방언과 표준중국어의 말소리 차이를 이해할 수 있다. [표 6]은 坐 '앉다', 弟 '남동생', 重 '무겁다', 人 '사람'의 발음을 IPA로 나타낸 것이다.[08] 아직 IPA에 익숙하지 않다면, 대략 坐는 한국어의 '쭈오', '저우', '쒀위', 人은 '런', '닌', '잉'과 각각 유사하다고 생각할 수 있다. 2장을 공부한 후 다시 [표 6]의 단어를 발음하면서 방언 간의 발음 차이를 비교해보자.

[표 6] 표준중국어, 쑤저우방언, 푸저우방언 비교

	표준중국어	쑤저우방언	푸저우방언
坐	[tswo]	[zəu]	[sœy]
弟	[ti]	[di]	[tie]
重	[tʂuŋ]	[zoŋ]	[tœyŋ]
人	[ɹən]	[ɲin]	[iŋ]

중국어 말소리의 다양성은 지역 방언뿐만 아니라 화자의 규모와 분포

---

08   발음 표기는 李小凡, 项梦冰(2020:265, 266, 308, 314)을 따랐으며, 성조 표기는 생략하였다.

의 측면에서도 살펴볼 수 있다. 중국어는 중국 경내뿐만 아니라 싱가포르, 말레이시아, 인도네시아, 북미 등 세계 여러 지역에서 화교들이 사용하는 언어이다. 그렇다면 중국어 화자의 규모는 어느 정도일까. 에스놀로그 (Ethnologue)에 의하면, 2022년 기준 중국어 화자는 약 39개 국가에 분포하며, 중국어는 총 7,151개 언어 가운데 모어 화자의 수가 가장 많은 언어이다. [그림 4]는 표준중국어와 다른 언어의 모어 화자 및 사용 인구 규모를 비교한 그래프이다. 지역 방언을 차치하고 표준중국어만을 고려했을 때에도 모어 화자 규모가 가장 큰 언어임을 볼 수 있다. 반면 오른쪽 그래프에 나타난 바와 같이, 제2언어 또는 제3언어로 사용하는 화자의 수까지 포함하면 사용 인구가 가장 많은 언어는 영어이다. 제2언어 또는 제3언어로 중국어를 구사하는 화자의 확장 추이를 고려할 때, 앞으로 오른쪽 그래프가 어떻게 변화할지 살펴보는 것도 흥미로울 것이다.

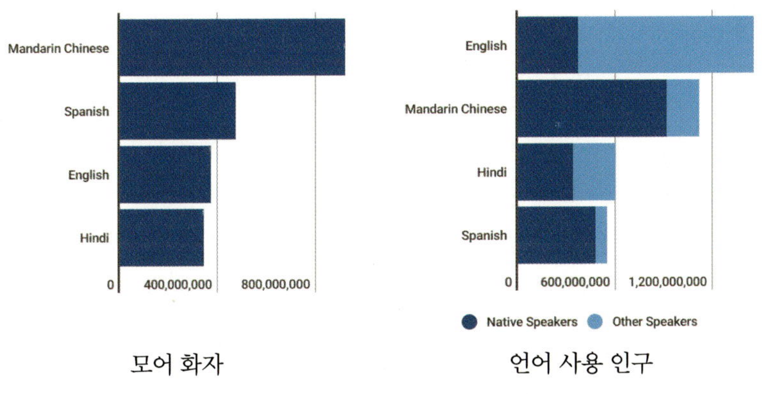

모어 화자　　　　　　　언어 사용 인구

[그림 3] 언어별 모어 화자 및 사용 인구 수 비교

언어의 지역적 분포 및 화자의 규모를 고려할 때, 중국어만큼 다양한 말소리 체계를 포함하며 음성학 연구에 풍부한 자료를 제공하는 언어는 많지 않을 것이다. 이는 중국어 음성학 논의에 중요한 의미를 갖는다. 즉 '음성'은 지역과 사회 변이 및 화자 변이, 그리고 언어와 방언 간 접촉에서 나타나는 다양한 변화 현상을 담고 있다. 따라서 음성 특징을 관찰할 때에는 그것이 중국어라는 언어의 특성을 반영하는지, 아니면 특정 지역이나 사회 특성, 또는 특정 화자 집단의 발화 속성을 반영하는지 살펴보아야 한다. 따라서 중국어 음성 연구는 말소리 실현에 영향을 미치는 여러 가지 요소들에 대한 면밀한 분석이 중요하다.

1.2. 음성학

언어를 연구하는 학문인 언어학은 화용론(pragmatics), 통사론(syntax), 형태론(morphology) 등을 포함한다. 말소리를 연구하는 언어학 영역은 음성학(phonetics)과 음운론(phonology)이다. 말소리를 두 개의 학문 영역에서 연구한다는 것은 말소리가 두 가지 방식으로 정의될 수 있다는 것을 의미한다. 말소리는 물리적으로 존재하는 소리와 추상적으로 존재하는 소리로 정의된다. 물리적 실체를 추상적 개념으로 전환하는 현상은 우리가 세계를 인식하는 방식을 생각하면 전혀 새로운 것이 아니다. 예를 들어, '사람'은 모두 다른 목소리와 얼굴을 갖고 있지만, '사유하며 언어를 사용하는 사회적 동물'이라는 속성을 공유한다. 따라서 '사람'은 목소리와 얼굴 모양 등의 서로 다른 물리적 특징으로 이해할 수도 있고, 수많은 사람들이 공유하는 속성을 토대로 추상적 집합체로 이해할 수도 있다. 말소리를 이해하고 연구하는 방식도 이와 유사하다.

음성학은 말소리의 물리적 속성을 연구하는 학문이며, 음운론은 추상적으로 존재하는 말소리의 목록과 체계를 연구하는 학문이다. 물리적으로 존재하는 구체적인 소리는 음성(phone)이라고 하며, 추상적인 소리는 음운 또는 음소(phoneme)라고 한다. 전자는 각괄호 [ ]에, 후자는 사선 괄호 / /에 넣어서 표기한다. 예를 들어 bà 爸와 bù 不는 각각 '아버지'와 '아니다, 부정'을 의미하며, 이러한 의미의 차이는 모음 /a/와 /u/가 의미 변별 기능을 담당하는 '음소'이기 때문에 발생한다. 그러나 /a/를 발음할 때 입을 벌리는 정도나 /u/를 발음할 때 입술을 둥글게 오므리는 정도는 화자마다 다르므로 '음성' 실현이 달라진다. 성조의 예를 들어보자. mā 妈 의 성조를 발음할 때, 음높이를 충분히 높게 발음하여야 1성으로 들리며 '어머니'라는 의미를 전달할 수 있다. 보통 mā 妈를 발음할 때 산출되는 음성적 음높이는 화자에 따라 다르지만, 청자는 이를 동일한 음소, 즉 1성 으로 지각한다. 따라서 음성학과 음운론은 별개의 학문이 아니다. 이는 개 별 음성이 한 언어에서 의미 변별 기능을 하려면 특정 음소로 추상화되어 야 하며, 동일한 음소로 추상화되기 위해서는 음성들 사이에 공통적인 물 리적 속성이 존재하기 때문이다. 이 책은 중국어 음성학을 논의하지만, 필 요한 경우 음운론적 관련 개념을 소개할 것이다.

일반적으로 음성 언어는 화자가 혀와 입술 등 조음 기관을 사용하여 음성을 산출하고, 청자가 음향 신호를 수신하여 의미를 파악하는 과정을 수반한다. 이와 같은 음성 언어의 산출과 전달, 이해의 과정에 따라, 음성 학을 조음 음성학(articulatory phonetics), 음향 음성학(acoustic phonetics), 청취 음성학(auditory phonetics, 청각 음성학 perceptual phonetics)으로 구분한다. 조음 음성학은 화자의 말소리 산출, 음향 음성학은 산출된 소리의 음향 특성, 청취 음성학은 청자가 수신한 음향 신호 처리 과정을 연구한다. [그림 4] 는 이를 도식화하여 보여준다.

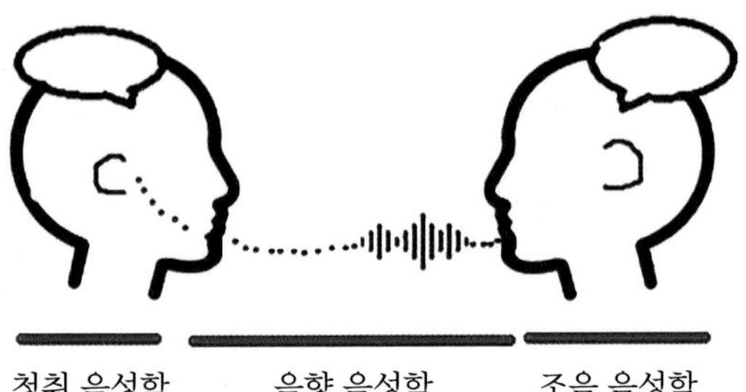

[그림 4] 음성의 산출, 전달, 청취와 음성학의 영역

　조음 음성학은 화자의 폐에서 올라온 공기가 성도(vocal tract)를 통과할 때 공기 흐름에 어떤 장애가 발생하는지, 그리고 그에 따라 말소리가 어떻게 생성되는지를 연구한다. 전통적인 음성학은 조음 음성학이 가장 큰 비중을 차지하였다. 전통적 조음 음성학에서는 연구자가 자신의 말소리가 어떠한 과정을 거쳐 만들어지는지를 관찰하여 기술하는 방식에 주로 의존하였다. 그러나 최근에는 X-레이, 자기공명영상(magnetic resonance imaging, MRI), 기능성 자기공명영상(functional magnetic resonance imaging, fMRI), 초음파(ultrasound) 등 다양한 기기를 활용하여 말소리의 산출 과정을 객관적으로 관찰한다.

　음향 음성학은 음길이(duration), 주파수(frequency), 음세기(intensity) 등 말소리의 음향 신호를 연구한다. 다양한 음향 분석 프로그램을 사용하여 음파를 정량적으로 분석할 수 있게 되면서, 음향 음성학은 음성학의 가장 중요한 분야로 자리 잡았다. 청취 음성학은 공기를 통해 전달된 음향 신호를 청자가 어떻게 지각하는지를 연구한다. 즉 말소리의 지각에 관한 연구이다. 청취 음성학은 조음 음성학이나 음향 음성학에 비하면 아직 상대적으로 덜 발전된 분야이지만, 인지과학(cognitive science) 및 신경과학(neuroscience)의 발전에 따라 비약적으로 발전하는 추세이다.

1.3. 이 책의 목적과 구성

이 책은 중국어의 음성 특징을 이해하고 연구하는 데 기초가 되는 조음 음성학과 음향 음성학 개념을 소개하고 분석 방법을 제공한다.

1장은 중국어의 개념과 표준중국어 말소리 체계 및 중국어 말소리의 다양한 모습을 제시하고, 음성학의 연구 대상과 방법을 소개한다.

2장과 3장은 각각 조음 음성학과 음향 음성학의 기본 개념을 소개한다. 이는 중국어 음성학의 논의를 위한 토대가 된다.

4장과 5장은 중국어 자음의 조음 특징과 음향 특징을 논의한다.

6장과 7장은 중국어 모음의 조음 특징과 음향 특징을 논의한다.

8장은 중국어 성조의 음성·음향 특징을 논의한다.

9장은 중국어 음절의 음성·음향 특징을 논의한다.

10장은 중국어 강세와 억양 등 운율의 음성·음향 특징을 논의한다.

각 장은 [들어가며]의 몇 가지 물음들로 시작한다. 이는 음성학 논의를 시작하기 전에 관련 내용에 대하여 생각해보는 출발점이 된다. 각 장을 마무리하는 [생각해볼 문제]는 각 장에서 소개한 내용에 대한 이해를 점검하는 동시에, 독자 스스로 새로운 연구 문제를 탐구하는 계기를 제공한다. 또한 [더 읽을거리]는 각 장의 논의와 관련된 서적이나 논문을 담고 있어, 음성학 연구를 확장, 심화하고자 하는 독자에게 도움을 줄 수 있다. 이 책의 부록은 [1] 국제음성기호, [2] 표준중국어 음절, [3] 표준중국어 한어병음-국제음성기호 비교표, [4] 용어표를 포함한다.

1. 중국의 12개 도시 베이징(北京), 톈진(天津), 상하이(上海), 쑤저우(苏州), 구이양(贵阳), 총칭(重庆), 창사(长沙), 난징(南京), 난창(南昌), 메이저우(梅州), 푸저우(福州), 광저우(广州)를 지도에 표시하고, 해당 도시에서 사용되는 대방언의 이름을 제시하시오.

2. [표 1]과 [표 2]에 제시된 자음과 모음을 포함하는 음절의 다른 예를 한어병음과 한자로 제시하시오.

3. [표 4]를 참조하여 음절 구조 CGV, VE_C, VE_V, CVE_C, CVE_V, GVE_V, $CGVE_V$의 예를 한어병음과 한자로 제시하시오.

더 읽을거리

박종한 외. 2012. 중국어의 비밀. 서울: 궁리.

Norman, Jerry. 1988. *Chinese*. Cambridge: Cambridge University Press.

李荣 外. 1987. *Language Atlas of China*. Hong Kong: Longman.

李小凡, 项梦冰 编著. 项梦冰 修订. 2020. 汉语方言学基础教程(第二版). 北京: 北京大学出版社.

袁家骅. 1960/1989. 汉语方言概要. 北京: 文字改革出版社.

2장

조음 음성학의 기본 개념

언어의 다양한 말소리는 여러 가지 발성과 조음을 통하여 만들어진다. 2장은 말소리의 생성을 연구하는 조음 음성학의 기본 개념과 음성 표기 방법을 소개한다. 먼저 음성의 생성과 조음 기관, 조음 방법과 위치를 살펴보고(2.1), 음성을 표기하는 데 사용되는 국제음성기호를 한어병음과 비교하여 소개한다(2.2). [들어가며]의 세 가지 물음에 대하여 잠시 생각해본다면 이 장에서 논의할 음성의 조음적 특성을 중국어와 관련시키며 이해하는 데 도움이 될 것이다.

2.1. 조음 음성학의 기본 개념

2.1.1. 음성의 생성

말소리를 만드는 가장 중요한 원료는 폐에서 생성된 기류이다. 인류 언어의 모든 말소리가 폐에서 올라온 기류를 내뿜으면서 산출되는 것은 아니다. 그러나 한국어나 중국어, 영어 등 대다수의 언어는 폐에서 형성된 기류를 밖으로 내보내면서 내는 소리(폐날숨소리 pulmonic egressive)를 사용한다. 따라서 이 장은 폐에서 올라온 기류가 원료인 음성이 생성되는 방법을 논의한다.[01] 폐에서 올라온 기류는 후두(larynx)의 성대(vocal folds)를 통과하여 구강으로 이어지는 길인 성도(vocal tract)를 따라 이동한다. 기류는 성도를 통과하면서 일시적으로 막히기도 하고 좁은 틈을 지나기도 하면서 여러 가지 방식으로 변형된다. 이는 다양한 음파(sound wave)를 생성하여 공기 매개를 이동하여 청자에게 전달된다. [그림 1]은 기류가 생성되고 이동하는 폐, 후두, 성도의 구조이다.

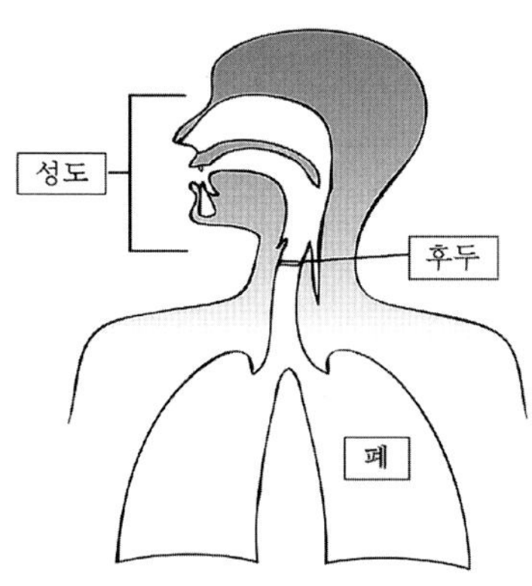

[그림 1] 기류의 생성과 이동

기류가 구강으로 올라오기 전에 일차적인 조절이 일어나는 곳은 후두이다. 후두에는 얇은 근육 조직인 성대가 있는데, 우리가 편안하게 숨을 쉴 때는 성대가 열려 있다. 발화를 할 때는 성대가 열려 있기도 하고, 열렸다 닫혔다를 반복하는 진동을 하기도 한다. 성대가 진동하면 기류가 구강으로 올라가는 속도가 느려지게 된다. 이와 같이 성대 진동의 여부와 정도

01 　성문이나 연구개의 기류를 원료로 하는 말소리와 기류를 들이마시며 만드는 말소리도 있다. 말소리 생성에 사용되는 기류 형성 장소와 방법에 대해서는 Catford(1988), Ladefoged and Johnson(2011), 신지영(2014) 등을 참조할 수 있다.

에 따라서 기류를 조절하는 과정을 발성(phonation)이라고 한다. 발성의 측면에서 말소리는 성대가 진동하며 생성되는 유성음(voiced sound)과 성대가 진동하지 않는 상태에서 생성되는 무성음(voiceless sound)으로 나뉜다. [그림 2]의 (a)는 성대 근육이 서로 매우 가까운 상태를, (b)는 성대가 열려 있는 상태를 보여준다.

성대가 놓인 후두를 좀 더 살펴보면, 후두는 갑상연골(thyroid cartilage, 방패연골)과 환상연골(cricoid cartilage, 윤상연골, 반지연골)로 구성되어 있다. 갑상연골은 뒤쪽이 열려있어 'ㅅ' 모양과 유사하며, 성인 남성 목의 가운데 튀어나온 부분이다.[02] 갑상연골은 동그란 모양의 환상연골 위에 놓여 있다. 피열연골(arytenoid cartilage, 모뿔연골)은 두 개의 아주 작은 연골 조각인데 환상연골 가장 자리 위에 얹혀 있다. 성대 근육은 갑상연골과 피열연골에 연결되어, 두 개의 피열연골 사이가 멀어지면 성대가 열린다. 성대 근육이 서로 떨어져서 생기는 공간을 편의상 성문이라고 한다.[03]

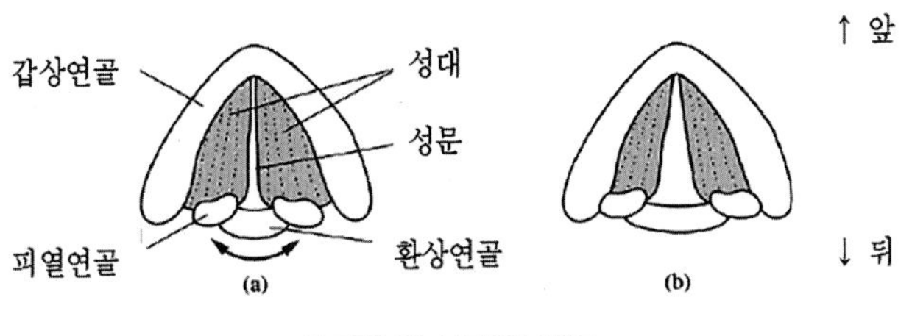

[그림 2] 성대의 구조

---

02 성인 남성은 갑상연골의 내각이 90도 정도이고 여성은 120도 정도이므로 남성의 갑상연골은 뾰족하게 튀어나와 있다.

03 성대 구조와 기능에 대한 논의는 Ohala(1978), Kent(1997, 4장), Yip(2002:5-8), Reetz and Jongman(2009, 5장). Gick et al.(2013) 등을 참조할 수 있다,

성문이 열렸다가 다시 닫히는 것이 성대 진동의 한 주기(cycle)이다. 성대가 진동하는 정도에 따라 음높이가 달라지는데, 성대 진동이 빠를수록 높은 소리가 생성된다. 성대는 탄성이 큰 조직으로 진동에 상당히 적합한 특성을 지니고 있다. 그런데 성대 진동이 가능하기 위해서는 우선 성문 위 아래 간에 충분한 압력 차이가 있어야 한다. 기류가 압력이 높은 쪽에서 낮은 쪽으로 이동하는 공기역학적 원리를 생각하면, 성문 아래의 압력인 성문 하압(subglottal air pressure)을 성문 위의 압력인 성문 상압(supraglottal air pressure)보다 높게 유지해야 성대 진동을 지속할 수 있다.[04]

성인 화자가 발화할 때 남성은 1초에 100회 이상, 여성은 200회 이상 성대를 진동하는 경우가 흔하다. 그런데도 그다지 힘을 들이지 않고 빠른 속도로 성대 근육을 열었다 닫았다 하는 것은 베르누이 효과(Bernoulli effect)와 관련이 있다.[05] 베르누이 효과는 기류나 액체가 좁은 틈을 통과할 때 속도가 빨라지면서, 기류나 액체가 이동하는 방향의 수직 방향으로 압력이 급격히 낮아지며 진공 상태가 형성되는 현상이다. 폐에서 올라온 기류가 구강 쪽으로 빠져나가는 속도가 증가하면서, 기류의 수직 방향으로 압력이 감소하여 흡입 효과(sucking effect)가 일어나므로 양쪽 성대 근육이 빨려 들어와 성문이 닫히게 된다. [그림 3]은 기류의 상승과 베르누이 효과로 인하여 성대가 진동하는 과정을 도식화한 것이다.

---

04 여름에 강의실 문을 열어두면 복도 쪽으로 문이 쾅 닫히는 일이 종종 생긴다. 이는 복도에 열어둔 다른 출입구로 공기가 들어와 이동하면서 공기가 이동하는 방향과 수직 방향으로 발생한 흡입 효과로 인해 강의실 문이 움직인 것이다.

05 베르누이(Daniel Bernoulli, 1700-1782)는 스위스의 수학자이면서 물리학자이다.

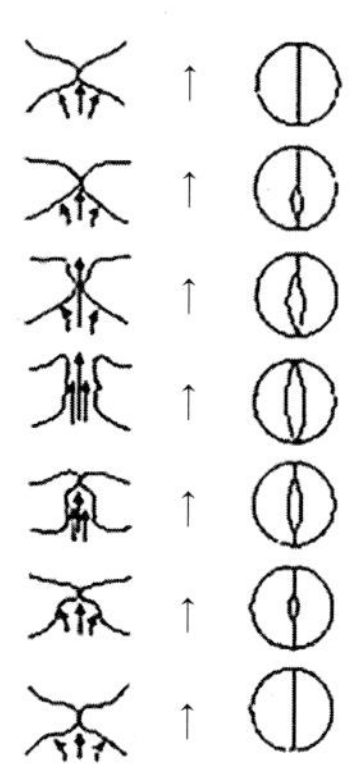

[그림 3] 베르누이 효과로 인한 성대 진동[06]

성대 진동은 후두가 위치한 곳에 손을 가볍게 대면 쉽게 느낄 수 있다. 손을 목에 살짝 대고 침을 꿀꺽 삼켜보자. 목의 가운데 부분에 약간 튀어 나온 뼈가 올라갔다 쑥 내려오는 것을 느낄 수 있는데 그곳이 후두이다. 성인 남성은 목에 돌출된 뼈를 쉽게 볼 수 있다. 후두 위치에 손을 대고 '아' 소리를 내면 진동을 느낄 수 있다. 반면 '(조용히 해) 쉬' 소리는 몇 초 간 내더라도 진동을 느낄 수 없다. 전자는 성대가 진동하는 유성음, 후자 는 성대가 진동하지 않는 무성음이기 때문이다. '아'처럼 입 밖으로 기류 가 계속 빠져나가 구강의 압력을 낮게 유지할 수 있는 환경은 성대 진동 의 이상적인 조건이다. 따라서 [a], [o]처럼 입을 벌려 소리를 만드는 모음 은 대부분 유성음이다.

폐에서 올라온 기류가 후두를 거치면서 일차 조절된 후, 긴 성도를 통 과하면서 여러 가지 말소리가 만들어진다. 성도는 후두에서 형성된 음원 (sound source)을 여과(filtering)하는 역할을 한다. [그림 4]는 후두부터 입술

---

06   그림 출처: https://www.cram.com/flashcards/shs-310-exam-4-2461763

까지 연결된 통로인 성도를 보여준다. 인두(pharynx)를 지나면 성도는 두
개의 통로로 갈라지는데, 위쪽 통로는 비강(nasal cavity)으로, 아래쪽 통로
는 구강(oral cavity)으로 이어진다. 발화하지 않고 편안히 숨을 쉴 때는 비
강으로 이어지는 통로가 열려 있다. 그러나 비음(nasal sound)이 아닌 구강
음(oral sound)을 조음할 때는 연구개(soft palate, velum)가 위쪽으로 상승하
여 인두벽에 닿아서 기류가 비강으로 흐르는 것을 막는다(4장 참조).

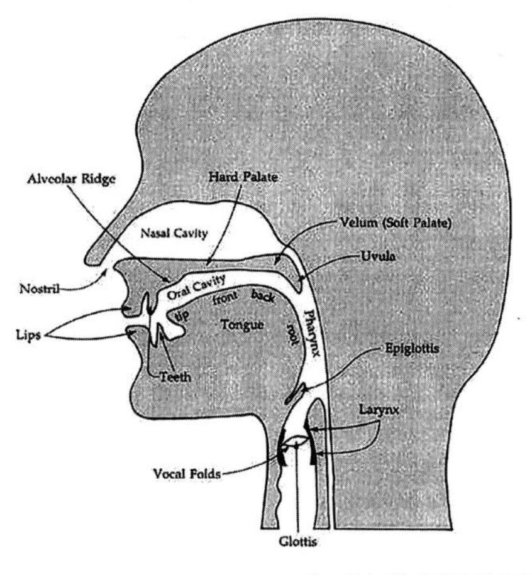

입술(lips)
구강(oral cavity)
비강(nasal cavity)
치조(치경, 치은, alveolar ridge)
경구개(hard palate)
연구개(soft palate, velum)
구개수, 목젖(uvula)
인두(pharynx)
후두개(후두덮개, epiglottis)
성대(vocal folds)
후두(larynx)
성문(glottis)

[그림 4] 성도의 구조

기류는 구강으로 통하는 성도 여러 곳에서 막히기도 하고 좁은 틈을
지나기도 하면서 변형되는데, 이것이 말소리를 생성하는 조음(articulation)
이다. 조음은 혀나 입술 등의 조음자(articulator)가 기류를 변형하는 방식
과 위치에 따라 다양한 방식으로 이루어지기 때문에, 조음 방식(manner of
articulation)과 조음 위치(place of articulation)는 말소리의 특성을 이해하는
데 매우 중요하다(중국어 자음과 모음 조음은 4장, 6장 참조).

2.1.2. 조음 기관

말소리를 만드는 조음 기관은 혀, 입천장, 입술, 이, 턱 등이 있다. 이 가운데 운동성이 가장 뛰어난 혀와 혀가 접근하는 대상인 입천장이 가장 중요한 조음자이다. 혀와 입술처럼 운동성을 지니는 조음 기관을 능동 조음 기관이라고 하고, 이 또는 입천장처럼 위치가 고정적인 조음 기관을 수동 조음 기관이라고 한다. 턱은 입을 벌리는 정도인 개구도(openness)를 조절하는 역할을 한다. 입술은 평평하게 하거나 동그랗게 오므려 모양을 변형하는데, 동그랗게 만들 때는 입술이 앞으로 돌출하므로 구강 길이를 확장하는 역할도 한다. [그림 5]는 주요 조음 기관의 구조와 명칭을 나타낸다.

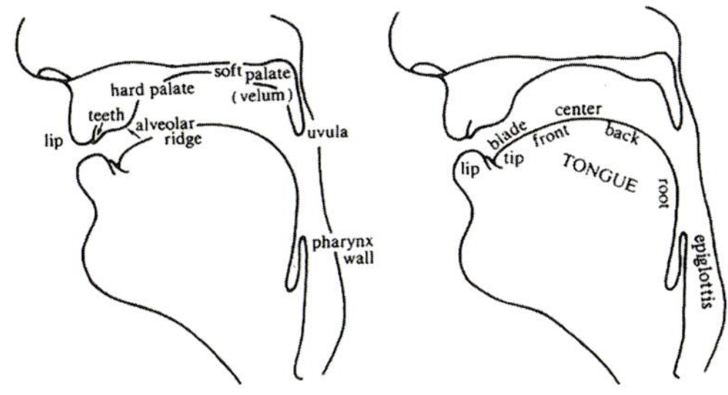

[그림 5] 조음 기관의 구조와 명칭

조음 기관 가운데 입술과 턱은 잘 보이기 때문에 별다른 설명이 필요하지 않을 것이다. 이제 윗입술 뒤의 윗니에서 시작하여 입천장의 뒤쪽으로 이동해보자. 혀끝을 사용하면 윗니 바로 뒤에 볼록 튀어나온 부분이 있는 것을 느낄 수 있는데, 이를 치조(치은, 치경, alveolar ridge)라고 한다. 혀를 좀 더 뒤로 옮기면 위로 쑥 올라가는 넓은 면에 닿는데, 이를 경구개(hard palate)라고 한다. 혀를 더 뒤로 당기면 입천장이 아래로 내려오면서 부드러워지는 것을 알 수 있다. 이 부분을 연구개(soft palate, velum)라고 한다.

연구개 끝에 있는 구개수(목젖, uvula)나 인두는 혀끝이 닿을 수 없다. 이 가운데 치조와 경구개는 더 세분하기도 한다. 치조는 윗니 바로 뒷부분을 치조, 경구개와 가까운 부분을 경구개치조(palato-alveolar)라고 한다. 면적이 넓은 경구개는 두 부분으로 나눌 경우, 앞부분을 치조경구개(alveo-palatal), 뒷부분을 경구개라고 하고, 세 부분으로 나눌 경우 전경구개(prepalate), 중경구개(midpalate), 후경구개(postpalate)라고 한다.

혀는 조음에 없어서는 안 되는 중요한 근육이다. 혀는 크게 세 부분으로 나누어, 혀의 가장 앞 끝을 혀끝(설첨, tongue tip), 혀의 앞부분을 혓날(설단, tongue blade), 혀의 나머지 부분을 혓몸(설배, tongue body)이라고 한다. 자연스럽게 입을 다문 상태에서 윗니의 뒷면에 닿는 혀의 뾰족한 끝이 혀끝이며, 치조와 접촉하는 부분이 혓날이다. 면적이 넓은 혓몸은 다시 전설(front)과 후설(back) 두 부분으로 나누기도 하고, 전설(front), 중설(central), 후설(back) 세 부분으로 나누기도 한다. 마지막으로 혀뿌리(설근, tongue root)는 혀의 가장 뒷부분으로 인두벽에 가깝다. 혀뿌리 아래의 후두개(후두덮개, epiglottis)는 식도로 들어가야 할 음식물이 기도로 잘못 들어가는 것을 막아서 기도를 보호하는 기능을 한다.

2.1.3. 조음 방법과 위치

조음 기관은 서로 접촉하여 기류가 구강을 빠져나가는 것을 일시적으로 막기도 하고, 좁은 틈을 만들어 기류가 빠져가는 것을 어렵게 만들기도 한다. 또는 이와 반대로, 조음 기관이 서로 멀리 떨어져서 넓은 공간을 만들어 기류가 쉽게 빠져나가도록 하거나 울림 작용을 일으키기도 한다. 이와 같이 조음 기관이 기류의 흐름에 장애를 형성하는 여부와 방식을 조음 방법이라고 하며, 장애가 형성되는 위치를 조음 위치라고 한다. 조음 방법과 위치는 조음 음성학에서 말소리를 분류하는 가장 기본적인 방법이다.

우선 조음 방법을 살펴보면, 기류 흐름에 장애가 발생하여 만들어지는 음을 자음(consonant), 장애가 발생하지 않아서 기류가 쉽게 구강을 빠져나가며 만들어지는 음을 모음(vowel)이라고 한다. 자음을 생성하는 조음 방법은 크게 두 가지로 나눌 수 있다. 첫 번째 방법은 기류의 흐름을 일시적으로 완전히 막았다가 해소하는 것으로, 완전 장애라고도 한다. 이를 통하여 bà 爸와 pà 怕의 첫 소리인 'b', 'p'와 같은 파열음(plosive)이 만들어진다. 두 번째 방법은 아주 좁은 틈을 만들어 기류가 어렵게 빠져나가도록 하는 것으로, 불완전 장애라고도 한다. 이는 sù 素와 fù 富의 첫 소리인 's'와 'f'와 같은 마찰음(fricative)을 조음하는 방식이다.

파열음은 연구개를 상승하여 비강으로 공기가 흐르지 않도록 하는 구강 파열음과 연구개를 하강하여 비강으로 공기가 흐르도록 하는 비강 파열음 두 종류가 있다. 예를 들어 bā 八의 첫 소리 'b'와 mā 妈의 첫 소리 'm'는 모두 두 입술로 공기가 빠져나가는 것을 일시적으로 막았다가 터뜨려서 내는 파열음이다. 그러나 'b'는 비강으로 통하는 통로가 막힌 구강 파열음이지만, 'm'는 비강으로 공기가 흐르는 비강 파열음이다. [그림 6]은 이 두 소리의 조음 차이를 보인다.

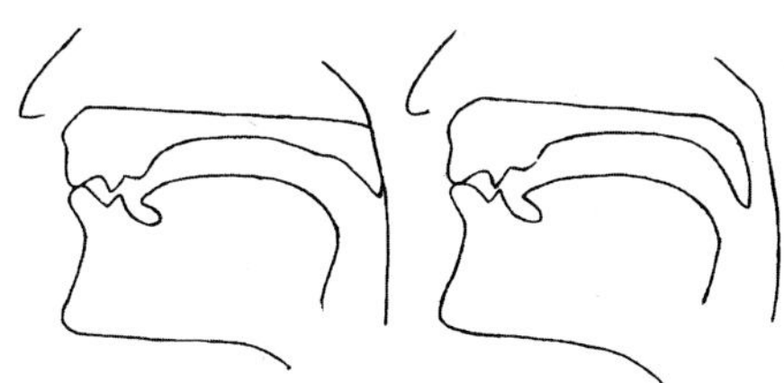

[그림 6] 구강 파열음 'b'(왼쪽)와 비강 파열음 'm'(오른쪽)[07]

지금까지 논의한 조음 방법에 따라 말소리를 분류하면 [그림 7]과 같이 도식화할 수 있다(파찰음과 접근음은 4장 참조).

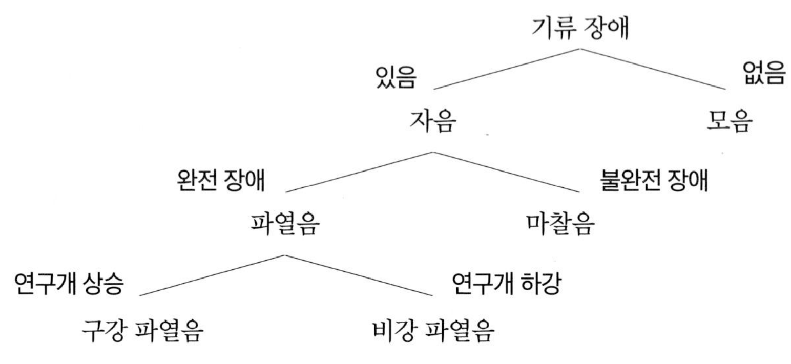

[그림 7] 조음 방법에 따른 말소리 분류

이제 조음 위치를 살펴보자. 조음 위치는 구강에서 기류의 장애가 형성되는 위치를 가리킨다. 예를 들어, bā 八의 'b'는 두 입술로 기류 흐름에 장애를 형성하는 양순음(bilabial)이다. 반면 fā 发의 'f'는 윗니와 아랫입술이 가깝게 접근하여 기류가 어렵게 빠져나가도록 하므로 순치음(labio-dental)이라고 한다. 'b'나 'f'처럼 조음이 구강의 앞쪽에서 이루어지는 자음도 있고, hē 喝의 'h'처럼 조음 위치가 뒤쪽인 연구개음(velar)도 있다. 순음과 연구개음 중간에서 조음되는 tā 他의 't'는 치음 또는 치조음이며, jia 家의 'j'는 경구개음이다. 조음 방법과 위치를 함께 사용하여 자음을 가리킬 때에는 '조음 위치 + 조음 방법'의 순서를 따라 명명한다. 예를 들어, bā 八의 'b'는 '양순(조음 위치) + 파열음(조음 방법)'이라고 불러야 한다. 마찬가지로, fā 发의 'f'는 '순치 마찰음'이며, hē 喝의 h는 '연구개 마찰음'

이라고 한다(중국어 자음 조음에 대한 상세한 논의는 4장 참조).[08]

　자음과 달리 모음은 기류가 장애를 받지 않고 구강을 통과한다. 따라서 모음은 조음 방법과 위치 대신, 개구도(openness), 혀 위치의 전후(front, back), 입술 모양(rounded, unrounded)이 일반적인 분류 기준이다. 개구도는 입을 벌리는 정도를 가리킨다. 입을 벌리는 정도는 턱의 높낮이에 따라 결정되지만, 턱이 내려가면 혀의 위치도 자연스럽게 낮아지기 때문에 개구도를 혀 위치의 고저(high, low)로 표현하는 경우도 많다. 개구도 또는 혀 위치의 고저를 이해하기 위하여, dà 大와 dì 地를 번갈아 발음해보자. dà 大를 발음할 때 턱이 아래로 내려가면서 입이 크게 벌어지는 것을 알 수 있다. 이제 dì 地와 dù 度를 번갈아 발음해보자. 이번에는 턱이 내려가고 올라가는 변화 대신, 혀가 앞뒤로 움직이는 동시에 입술이 펴졌다 동그랗게 오므라졌다 하는 변화를 느낄 수 있다. 이 세 가지 조음 특징으로 모음을 명명할 때는 '입술 모양 + 혀의 전후 + 혀의 고저'의 순서를 따른다. 따라서 'i'는 입술이 평평하고 혀의 위치가 앞이며 높으므로 '비원순 전설 고모음'이라고 하고, 'u'는 입술이 동그랗게 되고 혀의 위치가 뒤이며 높으므로 '원순 후설 고모음'으로 명명한다(중국어 모음 조음에 대한 상세한 논의는 6장 참조).[09]

08　여기에 발성 유형을 더하여 자음을 명명할 경우 일반적으로 '발성 유형 + 조음 위치 + 조음 방법'의 순서를 따른다. 예를 들어, [p]는 발성 유형이 무성음이며, 조음 위치가 양순음이고 조음 방법이 파열음이므로 '무성 양순 파열음(voiceless bilabial plosive)'이라고 한다.

09　영어는 '혀의 고저 + 혀의 전후 + 입술 모양' 순서로 명명하므로, '비원순 전설 고모음' [i]는 'high front unrounded vowel'이라고 한다.

2.2. 음성 표기

2.2.1. 국제음성기호

한글로 한국어를 표기하고 알파벳으로 영어를 표기하는 것처럼, 음성 언어는 철자법이나 표음법을 사용하여 표기한다. 일반적으로 중국어의 발음을 표기하는 표준 방안은 한어병음이다. 그런데 철자법이나 표음법은 개별 언어의 발음을 표기하는 기능을 하지만, 음성을 정밀하게 전사하지는 못한다. 따라서 동일한 철자나 기호가 둘 이상의 음을 표기하기도 하고, 동일한 음이 서로 다른 철자로 표기되는 현상이 종종 보인다. 예를 들어, 영어 철자법에서 'i'는 두 단어 life와 give에서 각각 다른 소리를 나타낸다. life의 'i'는 오히려 sky의 'y'가 나타내는 소리와 더 비슷하다.

국제음성기호(International Phonetic Alphabet, IPA)는 인간 언어의 모든 말소리를 전사하기 위하여 19세기 말 국제음성학협회(International Phonetic Association)가 알파벳에 기초하여 만든 음성 전사 체계이다. 국제음성기호는 자음, 모음, 강세, 성조, 악센트, 억양을 전사할 수 있는 문자와 구별기호(diacritics)로 이루어져 있으며, 각괄호 [ ]안에 표기한다. 정밀 전사를 위하여 문자와 구별기호를 조합하여 음성을 전사할 수도 있다. 다음은 2020년에 개정된 국제음성기호이다.[10]

---

10   국제음성기호(2020)는 이 책의 [부록 1]에도 수록되어 있으며, 국제음성학협회 웹사이트에서 파일을 내려받을 수 있다. (https://www.internationalphoneticassociation.org/content/ipa-chart)

THE INTERNATIONAL PHONETIC ALPHABET (revised to 2020)

CONSONANTS (PULMONIC)

☻☹☺ 2020 IPA

	Bilabial	Labiodental	Dental	Alveolar	Postalveolar	Retroflex	Palatal	Velar	Uvular	Pharyngeal	Glottal
Plosive	p b			t d		ʈ ɖ	c ɟ	k ɡ	q ɢ		ʔ
Nasal	m	ɱ		n		ɳ	ɲ	ŋ	ɴ		
Trill	ʙ			r					ʀ		
Tap or Flap		ⱱ		ɾ		ɽ					
Fricative	ɸ β	f v	θ ð	s z	ʃ ʒ	ʂ ʐ	ç ʝ	x ɣ	χ ʁ	ħ ʕ	h ɦ
Lateral fricative				ɬ ɮ							
Approximant		ʋ		ɹ		ɻ	j	ɰ			
Lateral approximant				l		ɭ	ʎ	ʟ			

Symbols to the right in a cell are voiced, to the left are voiceless. Shaded areas denote articulations judged impossible.

CONSONANTS (NON-PULMONIC)

Clicks	Voiced implosives	Ejectives	
ʘ Bilabial	ɓ Bilabial	ʼ	Examples:
ǀ Dental	ɗ Dental/alveolar	pʼ	Bilabial
ǃ (Post)alveolar	ʄ Palatal	tʼ	Dental/alveolar
ǂ Palatoalveolar	ɠ Velar	kʼ	Velar
ǁ Alveolar lateral	ʛ Uvular	sʼ	Alveolar fricative

OTHER SYMBOLS

ʍ Voiceless labial-velar fricative

w Voiced labial-velar approximant

ɥ Voiced labial-palatal approximant

ʜ Voiceless epiglottal fricative

ʢ Voiced epiglottal fricative

ʡ Epiglottal plosive

ɕ ʑ Alveolo-palatal fricatives

ɺ Voiced alveolar lateral flap

ɧ Simultaneous ʃ and x

Affricates and double articulations can be represented by two symbols joined by a tie bar if necessary. t͡s k͡p

VOWELS

	Front	Central	Back
Close	i • y	ɨ • ʉ	ɯ • u
	ɪ ʏ		ʊ
Close-mid	e • ø	ɘ • ɵ	ɤ • o
		ə	
Open-mid	ɛ • œ	ɜ • ɞ	ʌ • ɔ
	æ	ɐ	
Open	a • ɶ		ɑ • ɒ

Where symbols appear in pairs, the one to the right represents a rounded vowel.

SUPRASEGMENTALS

ˈ Primary stress	ˌfoʊnəˈtɪʃən
ˌ Secondary stress	
ː Long	eː
ˑ Half-long	eˑ
˘ Extra-short	ĕ
ǀ Minor (foot) group	
ǁ Major (intonation) group	
. Syllable break	ɹi.ækt
‿ Linking (absence of a break)	

TONES AND WORD ACCENTS

LEVEL			CONTOUR		
e̋ or ˥	Extra high	ě or ˩˥	Rising
é ˦	High	ê ˥˩	Falling
ē ˧	Mid	e᷄ ˦˥	High rising
è ˨	Low	e᷅ ˩˨	Low rising
ȅ ˩	Extra low	e᷈ ˧˦˨	Rising-falling
↓ Downstep			↗ Global rise		
↑ Upstep			↘ Global fall		

DIACRITICS

̥ Voiceless	n̥ d̥	̤ Breathy voiced	b̤ a̤	̪ Dental	t̪ d̪
̬ Voiced	s̬ t̬	̰ Creaky voiced	b̰ a̰	̺ Apical	t̺ d̺
ʰ Aspirated	tʰ dʰ	̼ Linguolabial	t̼ d̼	̻ Laminal	t̻ d̻
̹ More rounded	ɔ̹	ʷ Labialized	tʷ dʷ	̃ Nasalized	ẽ
̜ Less rounded	ɔ̜	ʲ Palatalized	tʲ dʲ	ⁿ Nasal release	dⁿ
̟ Advanced	u̟	ˠ Velarized	tˠ dˠ	ˡ Lateral release	dˡ
̠ Retracted	e̠	ˤ Pharyngealized	tˤ dˤ	̚ No audible release	d̚
̈ Centralized	ë	̴ Velarized or pharyngealized	ɫ		
̽ Mid-centralized	e̽	̝ Raised	e̝ (ɹ̝ = voiced alveolar fricative)		
̩ Syllabic	n̩	̞ Lowered	e̞ (β̞ = voiced bilabial approximant)		
̯ Non-syllabic	e̯	̘ Advanced Tongue Root	e̘		
˞ Rhoticity	ɚ a˞	̙ Retracted Tongue Root	e̙		

Some diacritics may be placed above a symbol with a descender, e.g. ŋ̊

Typefaces: Doulos SIL (metatext); unitupa (symbols)

국제음성기호는 몇 가지 영역으로 나뉜다. 즉, 폐에서 조달된 기류를 사용하여 생성되는 자음인 CONSONANTS(PULMONIC), 폐 이외의 다른 곳에서 조달된 기류를 사용하여 생성되는 자음인 CONSONANTS(NON-PULMONIC), 이 그룹에 포함되지 않은 기타 자음인 OTHER SYMBOLS, 모음 VOWELS, 구별기호 DIACRITICS, 초분절음 SUPRASEGMENTALS 로 구분된다. 첫 세 가지는 모두 자음에 해당되므로, 국제음성기호는 자음을 전사하기 위한 기호가 상당 부분을 차지하는 것을 알 수 있다. 여러 언어의 자음을 전사하는 데는 CONSONANTS(PULMONIC) 목록에 제시된 기호가 주로 사용된다. 중국어 자음 전사는 이와 더불어 기타 자음 기호 OTHER SYMBOLS도 일부 활용한다(4장 참조). 자음 목록에서 회색 음영 표시된 칸은 조음이 불가능한 음에 해당하며, 비어있는 흰색 칸은 조음은 가능하나 인간 언어에서 아직 발견되지 않은 음을 가리킨다.

모음 VOWELS는 모음사각도(vowel chart)라고 불리는 모음 공간(vowel space)에 각 모음을 해당 조음 위치에 배치한다. 구별기호 DIACRITICS 목록은 다른 기호와 함께 사용하여 음성의 미세한 특성을 정밀하게 전사하는 데 사용되는 여러 기호를 포함한다. 초분절음 SUPRASEGMENTALS 목록은 강세, 음길이, 휴지, 음절 경계, 성조, 악센트, 억양 등을 전사하는 기호를 담고 있다. 중국어의 성조를 전사하는 기호는 목록의 오른쪽 하단에 제시되어 있다.

2.2.2. 한어병음과 국제음성기호

한어병음은 1958년부터 중국어 음을 표기하는 표준 방안으로 사용되어, 이제는 중국뿐만 아니라 해외에서도 중국어 음을 표기하는 데 가장 널리 사용되고 있다. 한어병음은 국제음성기호와 같은 음성 전사 체계가 아니기 때문에, 실제 음성과 기호 간에 정확한 일대일 대응이 성립하지는 않는다. 예를 들어, 한어병음 'i'는 qi 气와 ci 次에서 다른 소리를 나타내며, 이는 앞서 살펴본 영어 철자법의 예와 유사한 현상이다.

이 책은 한어병음과 국제음성기호를 사용하여 중국어 소리를 표기할 것이다. 한어병음과 국제음성기호는 동일할 때도 있으나 그렇지 않은 경우가 많다는 점에 유의할 필요가 있다. 한어병음과 국제음성기호의 차이를 보이기 위하여 [표 1]은 표준중국어 자음을 두 가지 체계로 제시한다. 표준중국어의 모음과 성조를 한어병음과 국제음성기호로 표기하는 방법은 각각 6장과 8장에서 살펴보기로 한다.

[표 1] 표준중국어 자음의 한어병음과 국제음성기호 표기

병음	b	p	m	f	d	t	n	l	g	k	h	ng	j	q	x	zh	ch	sh	r	z	c	s
IPA	[p]	[pʰ]	[m]	[f]	[t]	[tʰ]	[n]	[l]	[k]	[kʰ]	[x]	[ŋ]	[tɕ]	[tɕʰ]	[ɕ]	[tʂ]	[tʂʰ]	[ʂ]	[ɹ]	[ts]	[tsʰ]	[s]

1. 다음 개념을 설명하시오.

> 발성, 조음, 폐날숨소리, 조음 방법, 조음 위치, 비강음, 완전 장애

2. 八, 法, 四, 他, 七, 湖 다섯 개 음절을 차례대로 발음하고, 각 음절의 자음을 조음하는 데 사용하는 조음 기관을 그림에 표시해 보시오.

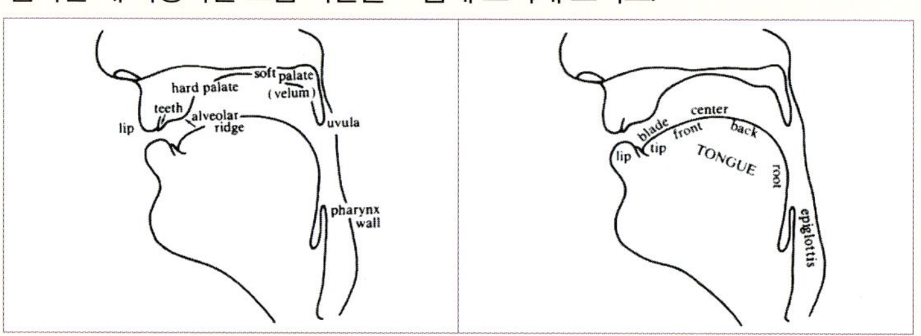

3. 아래 표에 제시된 음절의 표준중국어 발음을 한어병음으로 전사하고, 각 음절의 자음을 IPA로 전사하시오.

	한어병음	IPA		한어병음	IPA
八			七		
他			让		
刚			和		
查			看		
菜			吃		

4. 위의 표에서 다섯 개 음절을 선택하여, 각 음절의 자음을 조음 특성에 따라 명명하시오.

5. 한어병음에서 'a' 이외에 하나의 철자가 둘 이상의 소리를 나타내는 예를 제시하시오.

더 읽을거리

엄익상, 이옥주, 손남호, 이미경 역. 2010/2023. 중국어 말소리. 서울: 역락.

朱晓农. 2010. 语音学. 北京: 商务印书馆.

Catford, John C. 1988. *A Practical Introduction to Phonetics*. Oxford: Oxford University Press.

International Phonetic Association. 1999. *Handbook of the International Phonetic Association: A Guide to the Use of the International Phonetic Alphabet*. Cambridge: Cambridge University Press.

Ladefoged, Peter and Johnson, Keith. 2011. *A Course in Phonetics* (6th edition). Boston: Cengage Learning.

3장

음향 음성학의 기본 개념

들어가며

1. 칸막이를 사이에 두고 대화를 하면 왜 상대방의 말이 잘 안 들릴까?
2. 'b' [p], 's' [s], 'i' [i], 'a' [a]를 차례대로 크게 소리내보자. 어떤 음을 가장 크게 낼 수 있는가?
3. nè 讷와 sè 色 두 음절을 발음해보자. 어느 소리가 더 강하게 들리는가?

화자가 발성과 조음을 통하여 만들어낸 말소리는 다양한 음향 신호가 되어 청자에게 전달된다. 3장은 음향 음성학의 기본 개념인 음파(sound wave)의 속성과 유형을 소개한다. 먼저 음파의 속성을 살펴보고(3.1), 말소리의 음향적 분류와 특징을 논의한다(3.2). [들어가며]의 세 가지 물음에 대하여 잠시 생각해본다면 이 장에서 논의할 음성의 음향적 특성을 중국어와 관련시키며 이해하는 데 도움이 될 것이다.

3.1. 음향 음성학의 기본 개념

3.1.1. 음파의 개념

조음적 관점에서 본다면, 말소리는 폐에서 올라온 기류를 여러 가지 조음 행위를 통하여 다양한 방식으로 변형시킨 결과이다(2장 참조). 그렇다면 음향적 관점에서 말소리는 어떻게 정의할 수 있을까? 음향적으로 볼 때 말소리는 기압의 변화를 의미한다. 우선, 성도를 통과하여 빠져나온 기류는 대기에 있는 공기의 작은 입자들을 움직인다는 점을 이해하자. [그림 1]과 같이 이 움직임은 인접한 공기 입자들을 연쇄적으로 움직여 물결처럼 퍼지게 하는데, 이를 음파(sound wave)라고 한다.

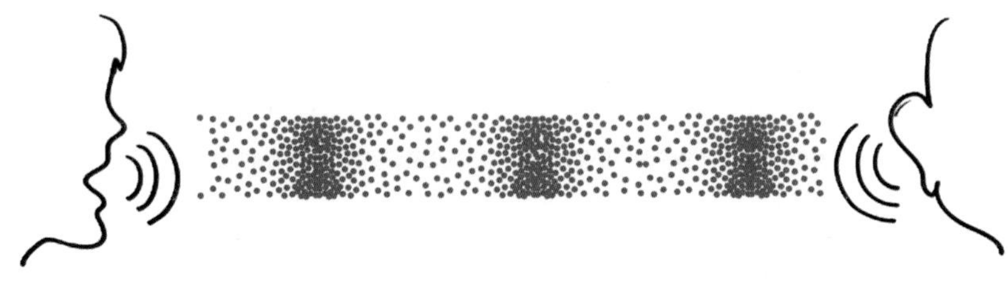

[그림 1] 공기 입자의 이동

그런데 공기 입자들은 인접한 공기 입자들을 움직이고 다시 원래의 자리로 돌아온다. 그러므로 엄밀히 말하면, 공기 입자들 자체가 이동하는 것이 아니라, 공기 입자들의 움직임이 형성하는 에너지 또는 압력(pressure)이 퍼지는 것이다. 따라서 음향과 청취의 측면에서 말소리는 기압의 변동이 고막을 진동시키면, 그 신호를 뇌로 전송하여 인식한 결과이다. 공기는 음파를 전달하는 가장 중요한 매개체이다. 진공 상태에서는 화자가 조음 행위를 하더라도 청자에게 말소리가 전달되는 것이 불가능하다. 말소리 음파가 전달되는 매개는 주로 공기이지만, 물이나 금속, 사람의 피부와 뼈 등도 음파가 통과할 수 있다. 보통 자신의 목소리를 녹음하여 들으면 낯설게 느껴지는데, 이는 음파가 전달되는 매개의 차이로 인한 것이다. 녹음된 음성은 공기를 매개로 음파가 전달되는 것이고, 화자 자신이 듣는 음성은 공기와 더불어 구강과 고막 사이의 뼈나 근육, 피부를 매개로 음파가 전달되는 것이기 때문이다. 따라서 녹음된 음성이 다른 사람이 듣는 화자의 목소리이다.

음파를 감지하는 청각 기관인 귀는 외이, 중이, 내이 세 부분으로 이루어져 있다. [그림 2]와 같이 외이는 귓바퀴(pinna)와 약 2.5cm 정도 길이의 통로인 외이도(external ear canal)를 지나 고막(tympanic membrance, eardrum)으로 막혀 있다. 음파가 고막에 이르면 압력의 변화로 인하여 고막이 진동하고, 이 진동이 중이에 전달된다. 중이에는 망치뼈(malleus), 모루뼈(incus), 등자뼈(stapes)가 있는데, 고막의 진동은 이 세 개의 뼈에 순차적으로 전달되면서 증폭된다. 이로써 소리의 청취가 더욱 용이해진다. 내이는 반고리관과 달팽이관(와우각, cochlea)을 포함하는데, 반고리관은 몸의 평형을 유지하는 작용을 하며 청각 기능은 담당하지 않는다. 등자뼈의 진동은 달팽이관으로 전달되어 그 표면에 연결된 청신경으로 전해지며, 이로써 대뇌에서 소리를 의미로 해석하는 작용이 일어난다.

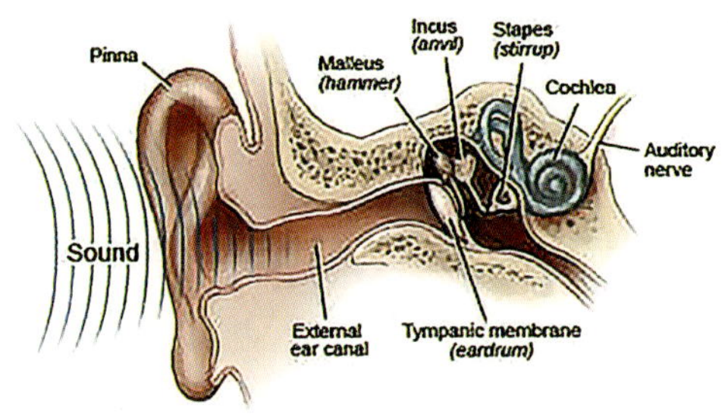

[그림 2] 귀의 구조와 음파의 전달

3.1.2. 음파의 특징과 분석

일반적으로 공기 입자가 밀집하면 압력이 높아지는데, 음파는 공기 입자의 밀도에 따라 압력이 변동하는 양상을 파형(waveform)으로 나타낸다. 음파는 매우 다양한 형태의 파형을 갖는다. [그림 3]의 파형은 가장 단순한 형식의 파형으로, 단순파(simple wave) 또는 사인파(sine wave)라고 한다. 그림에서 세로축은 기압(air pressure)을 나타내며, 진폭(amplitude)은 평균 기압에서 벗어난 차이의 정도를 의미한다. 공기 입자들이 가장 조밀한 부분이 압력의 양적(+) 정점에 해당하며, 가장 희박한 부분이 음적(-) 정점에 해당한다. 세로축의 '0' 즉 평균 기압에서 정점까지의 폭을 최대 진폭이라고 하고 음양 두 정점 사이의 폭을 정점 간 진폭이라고 하는데, 진폭은 소리를 생성하는 압력 변화의 크기이므로 진폭이 클수록 큰 소리로 청취된다.[01] 가로축은 시간을 나타내며, 파형이 한번 완성되는 데 걸리는 시간을 주기(cycle, wavelength)라고 한다. 진폭과 주기는 파형의 특징을 나타내는 가장 중요한 요소이다.

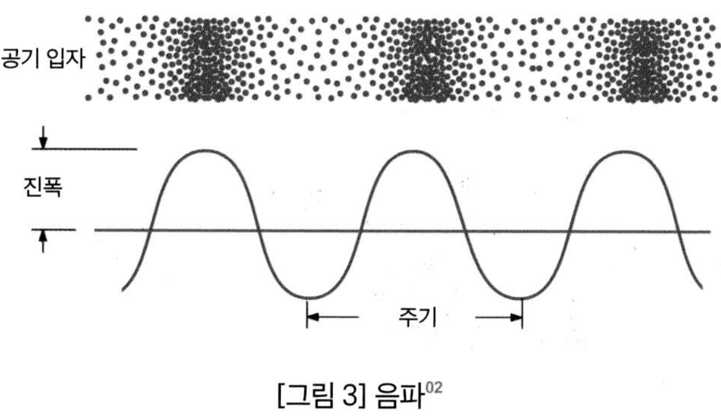

[그림 3] 음파[02]

　　진폭은 주로 소리 청취 척도인 데시벨(decibel, dB) 단위를 사용한다.[03] 음파의 주기는 주파수(frequency)로 측정하는데, 주파수는 주기성 파형이 주어진 시간 내에 몇 번 반복되는가를 나타낸다. 일반적으로 1초당 완성

01　일반적으로 청취되는 소리의 크기(loudness)는 음세기(intensity)라고 하며, 음세기는 기압의 변화 값인 진폭의 제곱에 비례한다.

02　그림 출처: https://www.soundproofingcompany.com/soundproofing_101/what-is-sound

03　dB = 20log10(Ix/Ir) (Ix는 측정된 진폭, Ir은 기준 진폭) (Johnson 2003:50)

되는 주기의 수로 측정하며, 단위는 헤르츠(hertz, Hz)를 사용한다. 만약 파형이 한번 완성되는 데 걸리는 시간이 0.005초이면, 1초에 반복되는 주기는 200회이므로, 주파수는 200Hz이다. 주파수는 음높이와 관련되며, 높은 주파수는 높은 음높이로, 낮은 주파수는 낮은 음높이 소리로 들린다. 대부분의 인간은 20-20,000Hz 정도의 소리를 듣지만, 돌고래와 같은 동물은 훨씬 더 높은 주파수를 감지할 수 있다. (1)은 주파수 산출 공식이다.

(1) f = 1 / T (f = 주파수, T = 파형의 주기가 한번 완성되는 데 걸리는 시간)

진폭과 주파수는 상호독립적으로 변화 가능하다. [그림 4]에서 (a)의 음파를 기준으로, (b)는 주파수는 동일하면서 진폭이 작아진 파형을, (c)는 진폭은 동일하면서 주파수가 커진 파형을 나타낸다. (d)는 (a)와 주파수는 동일하면서 진폭이 커진 파형이다.

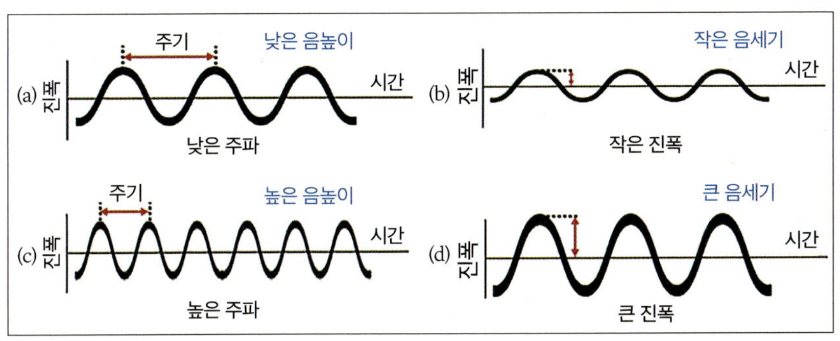

[그림 4] 진폭과 주파수

그런데 실제 말소리 파형은 이보다 훨씬 복잡하다. 말소리 파형은 수많은 단순파들로 구성된 복합파(complex wave)이기 때문이다. [그림 5]는 서로 다른 주기성(periodicity)과 진폭을 갖는 세 개의 단순파 (a), (b), (c)가 결합하여 복합파 (d)를 구성하는 방식을 보여준다. 복합파는 단순파와 마찬가지로 일정한 진폭과 주기를 갖는다. 특정 시점에서 측정한 복합파의 진폭은 그것을 구성하는 단순파 진폭의 총합과 같으며, 주파수는 단순파 주파수들의 최대공약수에 해당한다.[04] 한편, 일정한 패턴이 반복되지 않는 비주기파(aperiodic wave)인 복합파도 있다. 성대가 진동하는 모음, 비음 등의 유성음은 주기파인 반면, 무성 파열음이나 마찰음은 비주기파이다. 따라서 우리는 음파의 특징을 통하여 말소리의 음높이, 음길이, 음세기, 분절음의 특성에 대한 중요한 정보를 얻을 수 있다.

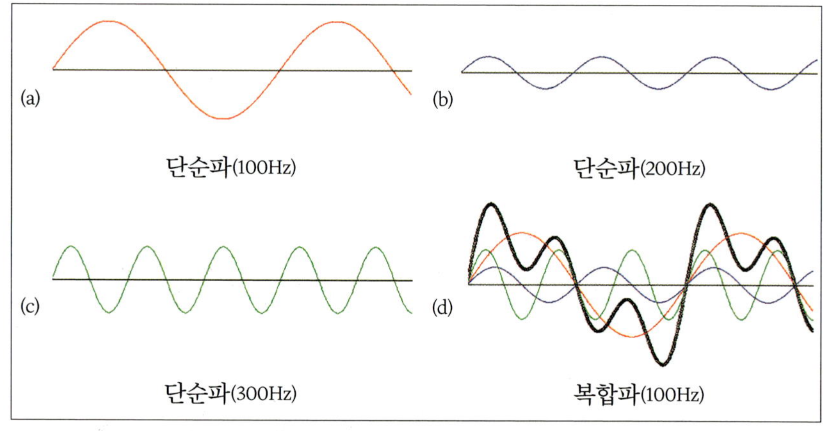

[그림 5] 단순파와 복합파

이제 방향을 바꾸어 복합파에 담긴 단순파 성분을 분해하여 분석하는 방법에 대하여 살펴보자. 복합파를 구성하는 단순파의 진폭과 주파수 정

04　예를 들어, 주기가 100Hz와 1,000Hz인 두 개의 단순파가 구성하는 복합파의 주기는 100Hz이다.

보를 분해하는 것을 스펙트럼 분석(spectral analysis)라고 한다. 이는 마치 무지개를 빨-주-노-초-파-남-보 색깔로 구분하는 것처럼 말소리의 주요 음향 특성을 파악하는 방법이다. [그림 6]은 복합파의 성분인 주기성 단순파들의 주파수와 진폭을 보여주는 스펙트럼(spectrum)이다. 스펙트럼은 단순파들의 주파수를 가로축에, 진폭을 세로축에 나타낸다.

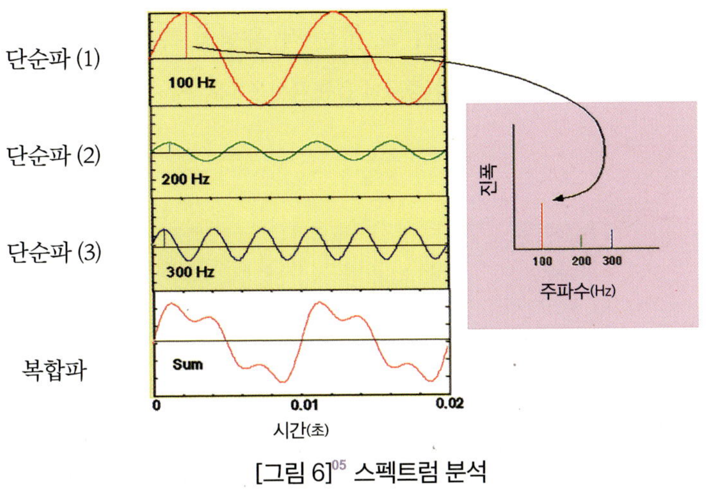

[그림 6][05] 스펙트럼 분석

[그림 6]에서 또 한 가지 주목할 것은 복합파를 구성하는 단순파들의 주파수가 100Hz에서 200Hz, 300Hz와 같이 배수로 증가한다는 점이다. 이들을 배음(harmonics)이라고 하는데, 주기성을 갖는 복합파는 단순파 배음들로 구성되며, 배음의 주파수가 증가할수록 진폭은 감소한다. 배음 가운데 첫 번째 음을 기본주파수(fundamental frequency, F0)라고 하며, 기본주파수는 1초당 성대가 진동하는 횟수에 해당한다.

---

05   그림 출처: https://sail.usc.edu/~lgoldste/General_Phonetics/Source_Filter/SFb.html

스펙트럼이 특정 시점에서 복합파의 속성을 분석하는 것이라면, 스펙트로그램(spectrogram)은 연속적으로 스펙트럼 분석을 수행한 것이다. 즉, 스펙트럼에 시간의 정보를 더하여, 시간의 변화에 따라 실현되는 소리의 속성을 분석하는 방법이다. [그림 7]과 같이 스펙트로그램의 가로축은 시간, 세로축은 주파수에 해당한다. 진폭은 음영으로 나타내는데, 음영이 진할수록 더 큰 에너지를 나타낸다. [그림 7]은 표준중국어 음절 gǎi 改의 스펙트로그램이다. 그림에서 'g', 'a', 'i'는 각 음성의 특징을 나타내는 스펙트로그램 위치에 표기하였다(중국어 음향 특성은 5장, 7장 참조).

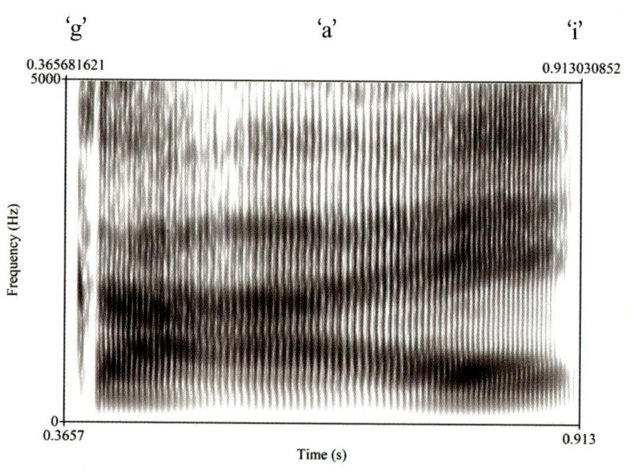

[그림 7] 표준중국어 gǎi의 스펙트로그램

3.1.3. 음성 녹음

음성 녹음은 말소리로 청취되는 기압의 변동을 전압으로 전환하여 저장하는 것으로, 일회성 음성 신호를 기록, 재생, 분석하는 데 필수적이다. 휴대전화나 녹음기 등으로도 저장할 수 있지만, 프라트(Praat, praat.org) 등의 프로그램을 사용하면 손쉽게 녹음과 음향 분석을 함께 수행할 수 있다. 프라트는 네델란드 암스테르담 대학(University of Amsterdam)의 보어스마(Boersma)와 위닌크(Weenink)가 개발한 프로그램으로, 무료로 다운로드할 수 있으며 음성 녹음과 분석, 합성 등의 다양한 작업을 할 수 있어 음성학 연구에 폭넓게 활용되고 있다. 이 책의 음향 분석 예시 또한 프라트를 사용한 것이다. 프라트를 비롯한 음성 분석 프로그램은 대부분 녹음 전에 스테레오(stereo)와 모노(mono)를 선택하도록 되어 있는데, 음성 분석은 너무 많은 저장 용량이 필요하지 않은 모노로 녹음해도 충분하다. 그 다음 표본추출률(sampling rate)과 양자화(quantization)를 설정해야 한다. 이는 우리가 산출하는 말소리, 즉 연속적인 아날로그 신호를 디지털 신호로 변환하기 위한 절차이다. 표본추출률은 음성 신호의 몇 개 지점에서 신호의 정보를 추출할 것인지를 결정한다. 예를 들어, [그림 8]의 단순파 파형을 살펴보자.

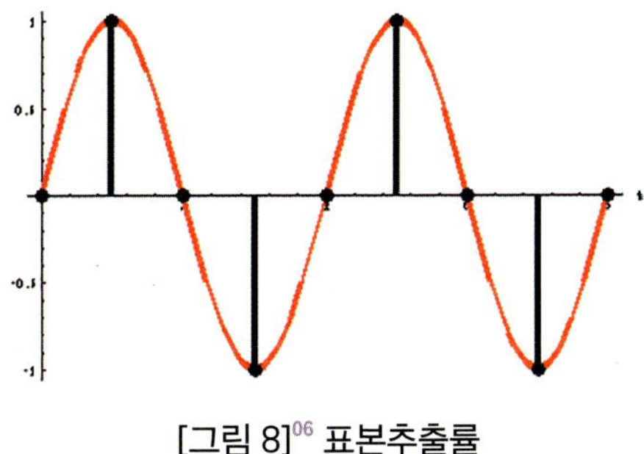

[그림 8][06] 표본추출률

파형의 주요 정보를 파악하려면, [그림 8]과 같이 최소한 한 파형에서 두 지점으로부터 음성 정보를 추출해야 한다. 물론 [그림 9(a)]처럼 두 지

---

06   그림 8, 9 출처: http://microscopy.berkeley.edu/courses/dib/sections/02Images/sampling.html

점 사이의 여러 지점에서 정보를 추출하면 원래의 음성 신호와 더 유사한 음성 정보를 담을 수 있다. 이를 과다추출(oversampling)이라고 하는데, 표본추출률이 높을수록 원신호, 즉 인간이 산출한 원래 말소리의 정보를 최대한 저장할 수 있다. 그러나 저장 용량이 지나치게 커지는 문제가 있다. 반대로, [그림 9(b)]와 같이 과소추출(undersampling)하면 원래의 음성 정보를 제대로 담을 수 없다.

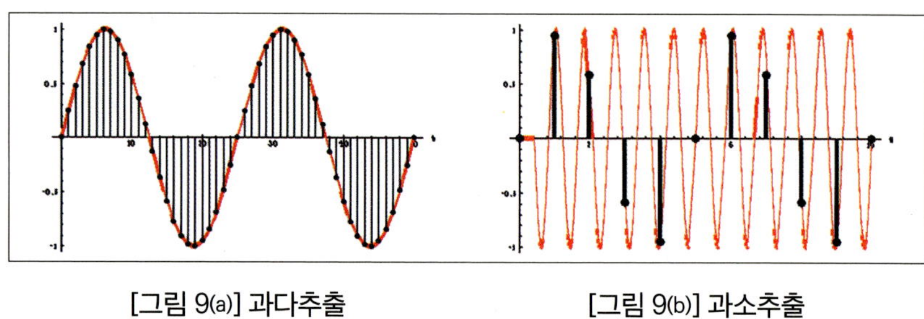

[그림 9(a)] 과다추출　　　　　[그림 9(b)] 과소추출

음성 정보를 복원하기 위한 최소 표본추출률은 분석 대상 음성의 최대 주파수의 2배이므로, 음성 녹음을 할 때는 이보다 높은 표본추출률을 선택해야 한다.[07] (2)는 이를 나타낸다.

(2) $f_S > 2f_{MAX}$ (f_S = 표본추출률, f_{MAX} = 분석 대상 음성의 최대 주파수)

우리가 녹음하려는 음성의 최대 주파수는 어떻게 예측할 수 있을까? 사람이 들을 수 있는 주파수 영역대는 20~20,000Hz이므로, 20Hz 이하 또는 20,000Hz 이상의 주파수 영역대는 음성 분석에서 중요하지 않

---

[07]　특정 표본추출률로 복원할 수 있는 신호의 최대 주파수를 나이퀴스트(Nyquist) 주파수라고 한다($fN = ½fS$).

다. 그런데 음성에서 중요한 정보는 대부분 10,000Hz 이하의 주파수 영역대에 집중되어 있기 때문에, 22,050Hz~44,100Hz 사이의 표본추출률을 선택하면 문제가 없다. 프라트에서 음성 녹음의 표본추출률 기본 값이 44,100Hz로 설정되어 있는 것도 이와 관련된다. [그림 10]은 프라트 프로그램에서 음성을 녹음할 때, 모노 또는 스테레오를 선택하고 표본추출률을 설정하는 창을 보여준다. 원하는 표본추출률을 선택하고, 왼쪽 하단의 Record 와 Stop 버튼을 사용하여 음성을 저장한 후, 오른쪽 하단의 Save to list 버튼을 누르면 오브젝트(Objects) 창에 음성 파일이 생성되는 것을 확인할 수 있다.

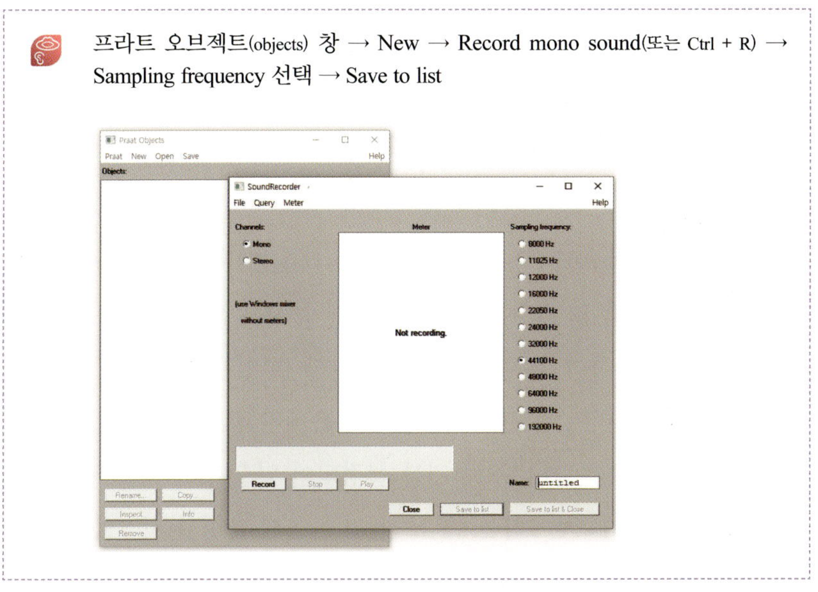

[그림 10] 프라트를 활용한 음성 녹음: 모노/스테레오 선택과 표본추출률 설정

표본추출률이 얼마나 많은 시간 지점에서 음성 정보를 추출할 것인가

를 결정한다면, 양자화는 정보 추출 지점에서 진폭을 얼마나 자세히 측정할 것인가와 관련된다. 음성 정보를 디지털 신호로 변환하는 데에는 2진법이 사용되므로 양자화의 단위는 비트(bit)를 사용한다. 가령 2비트는 2^2, 즉 4단계로 진폭의 정보를 나누어 추출하고, 8비트는 2^8인 256단계, 16비트는 2^{16}인 65,536단계로 나누어 정보를 추출한다. 비트가 커질수록 음성의 원신호와 가깝게 되지만, 표본추출률과 마찬가지로 원신호에 가까울수록 저장 용량이 커진다. [그림 11]은 원래 음성 신호와 양자화한 디지털 음성 파형을 비교한 것이다.

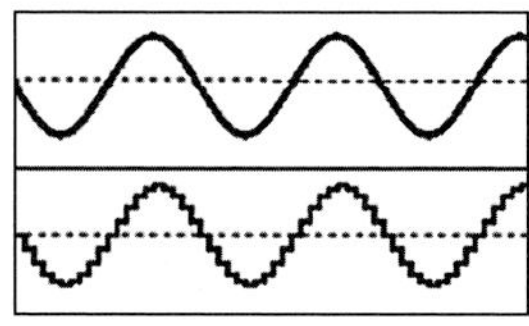

[그림 11][08] 음성 파형(위)과 양자화한 디지털 음성 파형(아래)

사람이 들을 수 있는 소리의 크기는 약 140dB인데, 말소리에 사용되는 영역대는 55dB 정도이다.[09] 따라서 음성 분석을 위한 양자화는 55dB 이상 추출하여야 한다. 음세기 정보를 복원할 수 있는 영역대는 대략 '비트 x 6'이므로, 16비트 정도 되어야 음성의 음세기 정보를 분석할 수 있다. 프라트에서 양자화는 16비트로 기본 설정되어 있으며, 24비트 32비트로도 변경가능하다. [그림 12]는 프라트에서 녹음한 음성을 저장할 때 양자화를 선택하는 창을 보여준다.

---

08   그림 출처: https://magroove.com/blog/en-us/audio-bit-depth/

09   신지영(2014:169-170)

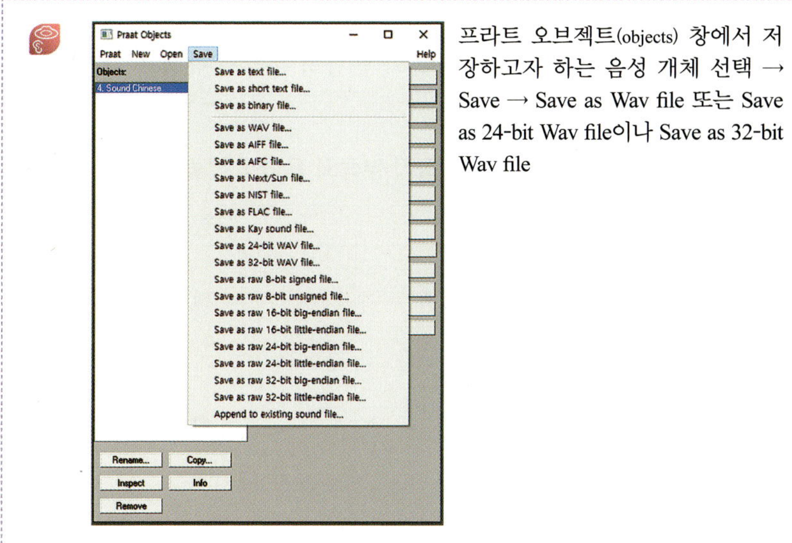

프라트 오브젝트(objects) 창에서 저장하고자 하는 음성 개체 선택 → Save → Save as Wav file 또는 Save as 24-bit Wav file이나 Save as 32-bit Wav file

[그림 12] 프라트를 활용한 음성 녹음: 양자화 설정

3.2. 말소리의 음향적 분류와 특징

3.2.1. 말소리의 음향적 분류

말소리는 음향 특성에 따라 공명음(sonorant)과 장애음(obstruent)으로 구분한다. 공명음과 장애음은 소리를 만드는 원료, 즉 음원에 차이가 있다. 공명음은 폐에서 올라온 기류가 장애를 받지 않고 성도를 통과하면서 공명 작용을 일으키며 생성되는 소리로, 모음이 대표적인 공명음이다. 접근음과 비음도 공명음에 속한다. 장애음은 기류가 성도를 통과하는 과정에서 흐름이 일시적으로 완전히 막히거나 난기류(turbulence airflow)가 형성되어 만들어지는 음이다. 장애로 인해 기류의 흐름이 막혔다가 일시에 해

소되어 만들어지는 음이 파열음이며, 난기류로 만들어지는 소리가 마찰음이다. [표 1]은 말소리의 조음적 분류와 음향적 분류의 대응을 나타낸다.

[표 1] 말소리의 조음적 분류와 음향적 분류

조음적 분류		음향적 분류
모음	모음	공명음
자음 또는 모음	접근음[10]	
자음	비음	
	마찰음	장애음
	파찰음	
	파열음	

음원은 화자의 조음 행위를 통하여 가공되어 여러 음향 신호로 산출된다. 개별 화자는 동일한 음색이나 음높이를 유지하면서 음원을 가공하여 다양한 말소리를 만들 수 있다. 마찬가지로, 여러 화자들은 음색이나 음높이는 다르지만 동일한 방식으로 성도를 통과하는 기류를 조절하여 특정 말소리를 산출할 수 있다. 이처럼 성도는 음원을 거르는 여과기(filter)의 역할을 한다. 음원 여과기 이론(source-filter theory)은 성도가 음원의 여과기 역할을 하여 음성을 출력하는 원리를 설명한다. 성도를 빈 병에 비교하여 생각해보자. 입을 빈 병 입구에 가까이 대고 바람을 훅 불면 병 안에서 소리가 생성된다. 병은 크기와 재질에 따라 서로 다른 공명 주파수(resonance frequency)를 가지기 때문에 병의 종류에 따라 다른 소리가 만들어지는데, 일반적으로 작고 짧은 병에서 높은 소리가 난다. 성도를 빈 병과 유사하다고 생각하면, 우리가 혀의 위치와 개구도, 입술 모양을

---

10   접근음은 개별 언어의 음운 체계에 따라 모음으로 간주되기도 하고 자음으로 간주되기도 한다. 이 책은 중국어 접근음을 자음으로 간주한다(4장 참조).

변화하여 모음을 조음하는 것은 병 모양을 여러 가지로 만들어 공명 주파수를 바꾸는 행위이다.

　이제 이 원리를 모음의 음원인 복합파에 대응하여 보자. 앞서 살펴본 바와 같이, 복합파는 기본주파수(fundamental frequency, F0)와 배음(harmonics)으로 구성된다. 기본주파수를 첫 번째 배음 H1으로, 이어지는 배음을 H2, H3... Hn으로 나타내자. 배음은 [그림 13]의 (a)와 같이 주파수가 증가할수록 진폭이 감소한다. 복합파는 성도를 거치면서 선호되는 특정 주파수 영역대가 증폭되어 (b)의 형태로 변형되며, 여러 배음들 사이에 (c)처럼 상대적으로 높은 에너지를 가지는 봉우리가 생긴다. 이렇게 에너지가 집중된 구역을 포먼트(formant)라고 하며, 낮은 주파수에서 높은 주파수 순서대로 F1, F2, F3...Fn으로 부른다.[11] 배음이 증가하면서 에너지는 계속 약화되기 때문에, 포먼트 가운데 음향 신호를 형성하는 데 중요한 역할을 하는 것은 F1, F2, F3 정도이다.

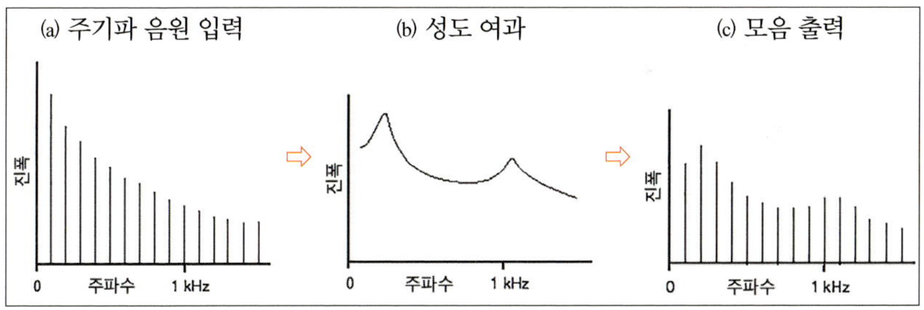

[그림 13] 음원 여과기 이론과 모음 포먼트

11　특정 주파수 영역대가 약화되는 현상도 있는데 이를 반포먼트(anti-formant) 또는 반공명(anti-resonance)이라고 한다(5장 참조).

3.2.2. 말소리의 음향적 특징

3.2.2.1. 자음

주기파 음원으로 만들어지는 모음을 포함한 공명음과는 달리, 대부분의 자음을 포함하는 장애음은 주기성을 갖지 않는 비주기적인(aperiodic) 음원으로 만들어진다. 따라서 공명음은 스펙트럼에서 특정 주파수 영역대에 에너지가 집중된 양상을 보이지만, 장애음은 불규칙적인 에너지가 상대적으로 넓게 분포하는 것이 특징이다. 먼저 파열음을 살펴보자. 파열음은 음향적으로 매우 흥미로운 소리이다. 파열음의 조음은 기류 흐름의 '장애 형성 — 장애 유지 — 장애 해소' 세 단계를 거치는데, 이 중 장애를 형성하고 유지하는 단계는 침묵(묵음, silence)밖에 없기 때문이다. 침묵은 음향 에너지가 산출되지 않는다. 따라서 파열음의 음향 에너지는 장애가 일시적으로 해소되는 순간의 가벼운 폭발 에너지, 즉 개방 파열(release burst)로 나타난다.[12] [그림 14]는 영어 bed, dead, [gɛg][13]의 스펙트로그램으로, 각 음절 시작 부분에 긴 세로 선은 기류 흐름의 장애가 해소되면서 발생하는 폭발 에너지의 흔적이 넓은 주파수 영역대에 걸쳐 나타난 것이다.

12　파열음은 인접 모음에 영향을 미치므로, 인접 모음의 포먼트를 살펴보면 조음 위치에 따른 파열음의 종류를 파악하는 데 도움이 된다(5장 참조). [그림 14]에서 흰 가로선이 모음 포먼트에 해당한다.

13　마지막 음절은 비단어(nonword) 형태 [gɛg]로 산출됨.

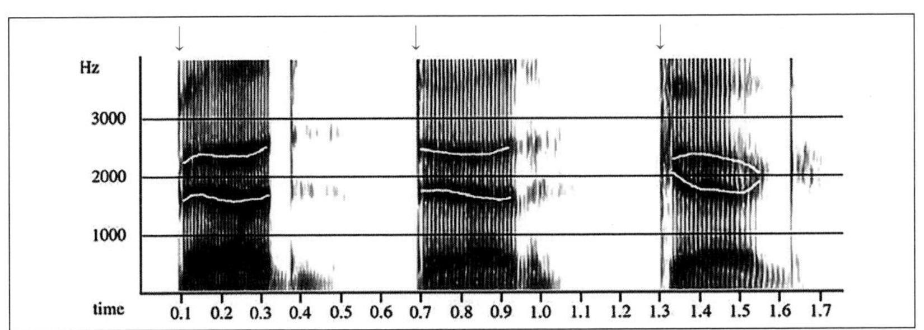

[그림 14] 파열음의 음향 특징: 영어 bed, dead, [gɛg]
(Ladefoged and Johnson 2011:199 그림 8.7)

마찰음은 기류가 조음 기관의 좁은 틈을 통과하면서 만들어지는 소음성 소리이다. 마찰이 지속되는 시간 동안 불규칙한 에너지가 넓은 주파수 영역대에 형성된다. [그림 15]는 영어 fie, thigh, sigh, shy의 마찰음 [f, θ, s, ʃ]를 보여주는 스펙트로그램으로,[14] 음영의 특징은 차이가 있지만 모두 불규칙한 에너지가 어지럽게 분포하는 특징이 각 음절 시작 부분에 보인다.

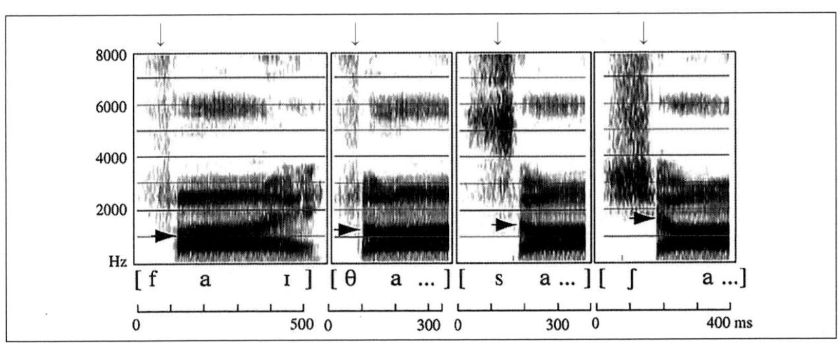

[그림 15] 마찰음의 음향 특징: 영어 fie, thigh, sigh, shy
(Ladefoged and Johnson 2011:201 그림 8.9)

---

14   그림에서 첫 단어 fie는 단어 전체가 포함되었으며, thigh, sigh, shy는 이중모음의 첫 부분까지만 포함되었다.

　　[그림 16]은 영어 pam, ten, kang의 음향 특징을 보여주는 스펙트로 그램으로, 각 단어의 두음 자음은 기식(aspiration)이 산출되는 유기파열음 [pʰ], [tʰ], [kʰ]이다. [그림 14]에서 무기파열음은 장애가 해소되고 모음이 바로 이어서 산출되는 것을 보았다. 반면 유기파열음은 장애가 해소되면서 소음성 기류가 산출된다. [그림 16]에서 개방 파열 후 모음이 시작되기 전 불규칙한 세로 선이 넓게 흩어져 있는 것을 볼 수 있는데, 이것이 마찰성 기류, 즉 기식이다(중국어 자음의 음향 특징은 5장 참조).

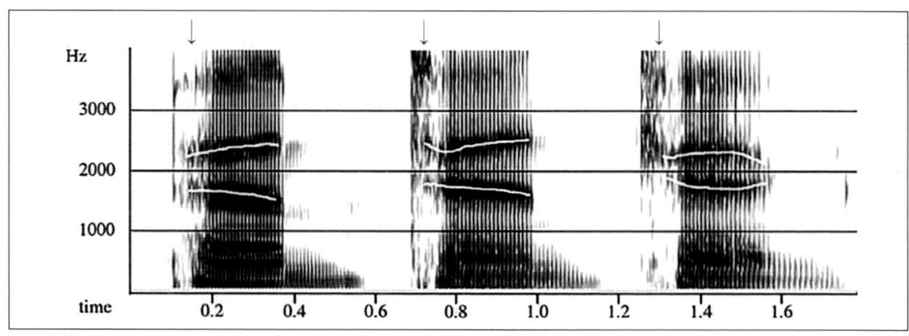

[그림 16] 유기음의 음향 특징: 영어 pam, ten, kang

(Ladefoged and Johnson 2011:200 그림 8.8)

3.2.2.2. 모음

　　모음의 음원인 복합파가 성도의 여과기 작용을 통하여 어떻게 서로 다른 모음으로 산출되는지에 대하여 3.2.1에서 살펴보았다. 모음의 조음 방식, 즉 혀의 위치, 개구도, 입술 모양 등에 따라서 성도의 모양이 변화하면서 서로 다른 공명 주파수가 형성되고, 이에 따라 모음의 포먼트가 달라진다. [그림 17]은 모음 [i], [a], [u]의 조음 방식과 성도 모양의 변화 및 그에 따라 생성되는 포먼트의 특성을 보여준다. 모음에 따라 혀의 좁힘점의 위치와 정도가 다르기 때문에 긴 튜브 모양인 성도가 서로 다른 길이를 갖는 두 개의 튜브가 연결되는 형태처럼 변화하는 것을 볼 수 있다. 이는 다양한 공명(resonance) 현상을 가능하게 하여 여러 가지 음향 특성을 생산한다.

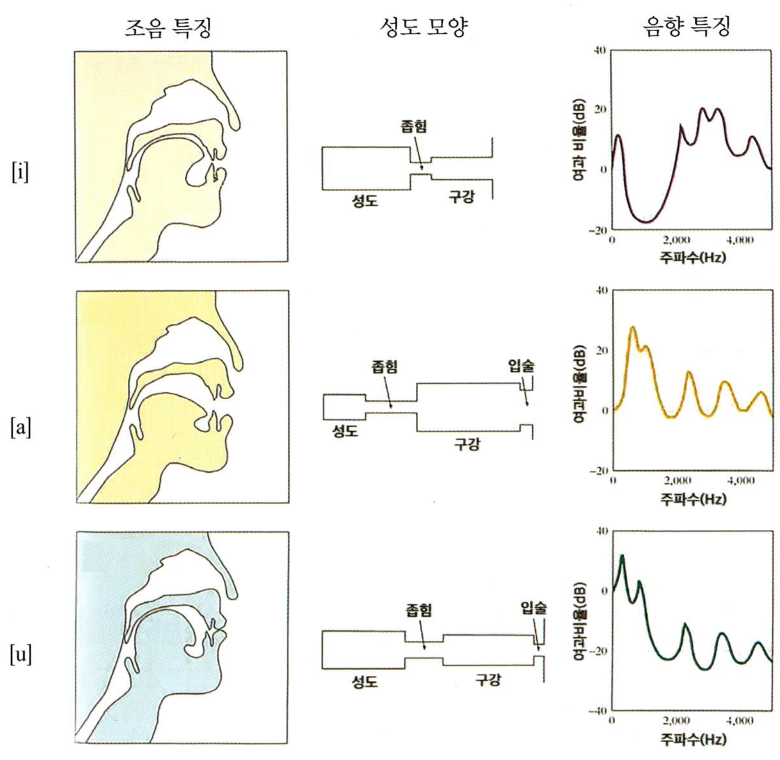

[그림 17] 모음의 조음 특징과 음향 특징[15]

[그림 18]은 영어 heed, hid, head, had, hod, hawed, hood, who'd의 모음 [i], [ɪ], [ɛ], [æ], [ɑ], [ɔ], [ʊ], [u]의 음향 특징을 나타내는 스펙트로

---

15 그림 출처: https://www.uni-bielefeld.de/lili/personen/vgramley/teaching/HTHS/acoustic_2010.html?__xsl=/unitemplate_2009_print.xsl

그램으로, 화살표로 표시된 짙은 가로선이 포먼트 F1, F2, F3에 해당한다. 모음 가운데 [i]는 낮은 F1과 높은 F2, [u]는 낮은 F1과 낮은 F2, [a]는 상대적으로 높은 F1과 낮은 F2를 지니는 것을 볼 수 있다. 모음 포먼트는 조음 특성을 반영하는데, F1은 혀의 고저, F2는 혀의 전후 위치와 관련된다. 일반적으로 혀의 위치가 높을수록 F1 값이 작고, 혀의 위치가 앞일수록 F2 값이 크다(중국어 모음의 음향 특징은 7장 참조).

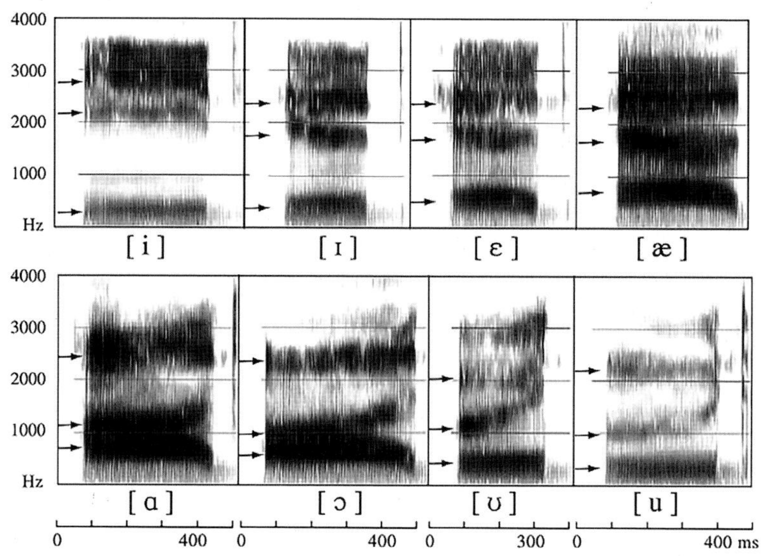

[그림 18] 모음의 음향 특징: 영어 heed, hid, head, had, hod, hawed, hood, who'd
(Ladefoged and Johnson 2011:194 그림 8.4)

3.2.2.3. 성조

성조는 어휘적 또는 문법적 의미를 변별하는 데 사용되는 음높이 (pitch)의 변화이다. 음높이는 성대 진동 횟수로 결정되는데, 일반적으로 기본주파수(fundamental frequency, F0)는 1초당 성대 진동수인 헤르츠(Hertz,

Hz)로 측정한다. 그러나 엄밀한 의미에서 기본주파수와 음높이는 다른 개념이다. 기본주파수는 물리적으로 성대가 진동하는 횟수를 측정하는 것인데 반해, 음높이는 청자가 인지하는 지각적 개념이기 때문이다. [그림 20]은 음향 주파수 척도 헤르츠와 청취 주파수 척도 바크(Bark)의 대응 관계를 보여준다.[16] 두 척도가 선형적으로 대응하지 않는다는 것을 볼 수 있는데, 낮은 주파수 영역대에서 청취 체계가 훨씬 민감한 것을 알 수 있다(Traunmüller 1990, Johnson 2003).[17] 그러나 말소리에 사용되는 주파수 영역대에서는 기본주파수와 음높이의 차이가 크지 않기 때문에, 음성학 연구에서는 기본주파수를 측정하여 음높이를 분석하는 것이 일반적인 관례이다. [그림 21]은 표준중국어의 네 가지 성조의 F0를 헤르츠로 측정한 음높이 곡선이다. 그림에서 세로축은 F0 값을, 가로축은 정규화(normalization)한 음길이를 나타낸다(중국어 성조는 8장 참조).

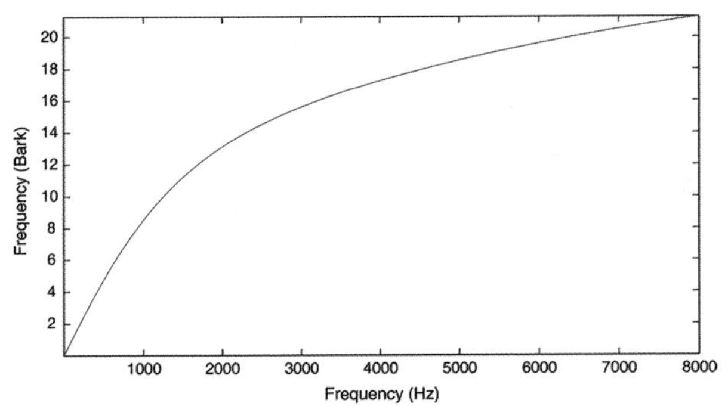

[그림 20] 음향 주파수와 청취 주파수

---

16 바크 척도 주파수 z = [26.81 x Hz / (1960 + Hz)] - 0.53 (Traunmüller 1990)

17 음향 주파수와 청취 주파수의 비선형적 관계는 내이(inner ear)의 기저막(basilar membrane)의 구조에 기인한다. 미로처럼 복잡한 내이는 두꺼운 정점(apex) 영역과 얇은 기저부(base) 영역이 연결되어 있는데, 낮은 주파수에 민감한 정점 영역이 더 많은 비중을 차지한다. 따라서 우리의 청취는 상대적으로 낮은 주파수에 훨씬 민감하다(Johnson 2003: 51-53).

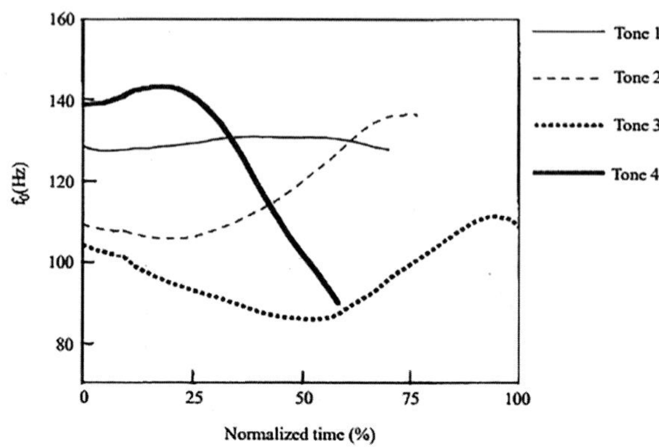

[그림 21] 표준중국어 성조 음높이 곡선(Xu 1997:67)

성조는 성대가 진동하는 유성음에서만 실현될 수 있기 때문에 무성 자음에서는 성조 음높이 곡선이 보이지 않는다. 또한 성대가 정상적으로 진동하는 발성이 아닌 짜내기 소리(creaky voice)의 경우에도 음높이 곡선이 나타나지 않거나 제대로 보이지 않는 경우가 있는데,[18] 이 현상은 낮은 성조인 표준중국어 3성에서 종종 나타난다.

---

18 짜내기 소리는 성대가 강하게 밀착되어 보통 발성에 비하여 성문을 통과하는 기류의 양이 적으며 성대 진동이 느리고 불규칙한 유형의 발성을 가리킨다.

1. 다음 개념을 설명하시오.

> 진폭, 기본주파수, 복합파, 배음, 포먼트, 스펙트럼, 스펙트로그램

2. 아래의 공식을 활용하여 성도의 길이가 17.5cm인 성인 화자의 첫 번째 공명 주파수와 두 번째 공명 주파수를 구해보시오. (이 공식은 슈와 [ə](힘을 들이지 않고 '어'를 발음하는 것과 유사)를 조음할 때 성도의 공명 주파수를 산출)

> $fn = (2n\text{-}1)c/4L$ ('fn' : 'n'번째 공명 주파수. 'c': 소리의 전파 속도 35,000cm/s, 'L': 성도 길이)

3. 프라트(Praat, praat.org)를 사용하여 자신이 발화한 là 辣와 lù 路를 녹음하시오. 두 음성의 스펙트로그램을 관찰하고 포먼트 특징을 설명하시오.

> 프랏트에서 포먼트 보기: 프라트 오브젝트(objects) 창에서 분석하고자 하는 음성 개체 선택 → 우측 메뉴에서 View & Edit (포먼트가 잘 보이지 않을 경우 상단 메뉴에서 Formant → Show formants 활용)

4. 자신이 녹음한 là 辣와 lā 拉의 F0 곡선을 관찰하고 음높이 특징을 설명하시오.

> 프랏트에서 F0 곡선 보기: 프라트 오브젝트(objects) 창에서 분석하고자 하는 음성 개체 선택 → 우측 메뉴에서 View & Edit (F0 곡선이 안 보이면 상단 메뉴에서 Pitch → Show pitch 체크)

5. 아래의 그림은 주기파 음원이 성도를 통과하면서 모음의 주요한 음향 특징인 포먼트가 형성되는 과정을 나타낸다. 이 그림은 [그림 13]과 어떠한 공통점과 차이점을 보이는지 관찰하고, 차이점이 발생한 원인을 설명하시오.

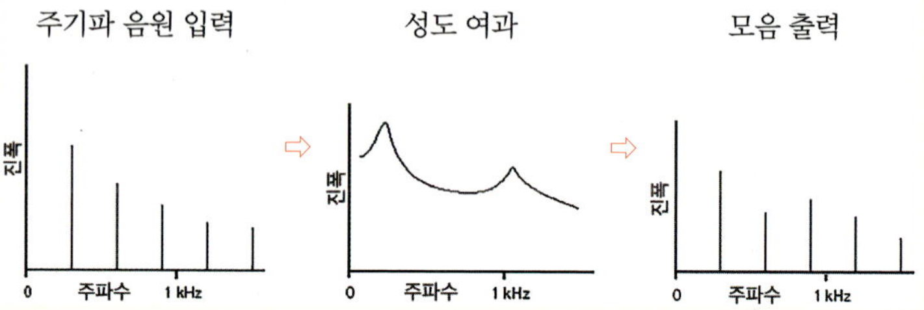

더 읽을거리

신지영. 2014. 말소리의 이해(개정판). 서울: 한국문화사.

조현관 역. 2020. 음향음성학 기초매뉴얼. 서울: 한국문화사.

Johnson, Keith. 2003. *Acoustic and Auditory Phonetics* (2nd edition) Hoboken: Wiley-Blackwell.

Kent, Raymond D. and Read, Charles. 2002. *Acoustic Analysis of Speech* (2nd edition). Stamford: Thomson Learning.

Ladefoged, Peter and Johnson, Keith. 2011. *A Course in Phonetics* (6th edition). Boston: Cengage Learning.

4장

중국어 자음의 조음 특징

2장에서 소개한 조음 음성학의 기본 개념을 토대로, 4장은 중국어 자음의 조음 특징을 논의한다. 먼저 표준중국어 자음의 조음 특징을 살펴보고(4.1), 표준중국어에는 보이지 않는 우(吳)방언과 웨(粤)방언 자음의 특성을 제시할 것이다(4.2). [들어가며]의 세 가지 물음에 대하여 잠시 생각해본다면 중국어 자음의 조음 특징에 대한 탐색을 시작하는 데 도움이 될 것이다.

4.1. 표준중국어 자음의 조음 특징

표준중국어 자음은 모두 폐에서 올라온 기류가 성도를 통과하면서 흐름의 방해를 받아서 만들어지는 소리이다. 중국어 자음은 조음 위치(place of articulation)와 방법(manner of articulation), 기식(aspiration)과 성대 진동(voicing)의 여부에 의하여 분류할 수 있다. 표준중국어 자음은 성대 진동, 즉 유성성의 여부가 의미를 구분하는 변별적 기능을 담당하지 않지만, 우(吳)방언을 비롯한 일부 방언에서는 변별적 기능을 담당한다(우방언 자음은 4.2.1 참조).

4.1.1. 조음 위치

　자음은 일차적으로 조음 위치와 조음 방법에 의하여 구분한다. 일반적으로 표준중국어 자음은 22개로 간주하며, [표 1]은 자음을 조음 위치와 방법에 따라 한어병음으로 제시한다. 표에서 가로행은 조음 위치를, 세로열은 조음 방법을 나타낸다.[01]

[표 1] 표준중국어 자음

	양순 (bilabial)		순치 (labio-dental)	치 (dental)		후치조 (post-alveolar)		경구개 (palatal)		연구개 (velar)	
파열음 (plosive)	b bà 爸	p pà 怕		d dà 大	t tā 他					g gē 歌	k kē 楝
마찰음 (fricative)			f fā 发	s sā 撒		sh shā 杀		x xiā 虾		h hē 喝	
파찰음 (affricate)				z zá 杂	c cā 擦	zh zhā 扎	ch chā 叉	j jiā 家	q qiā 掐		
비음 (nasal)	m mā 妈			n nà 那						ng gāng 刚	
(중앙) 접근음 (central approximant)						r rǎn 染					
설측 (접근)음 (lateral approximant)				l lā 拉							

01　(중앙)접근음 'i' [j], 'u' [w], 'y' [ɥ]는 음성적으로 자음과 모음의 성질을 모두 갖는 활음(glide)으로, 연구자에 따라서 자음으로 분류하기도 한다. 이 책은 이 음들을 어두 자음(consonant onset)인 성모(initial)와 구분하여 개음(medial)으로 분류한 중국어 연구 전통을 따라 모음으로 간주한다. 이에 대한 논의는 Duanmu(2007), Lin(2007), 엄익상 외 역(2010/2023), 엄익상(2016)을 참조할 수 있다.

자음의 조음 위치는 조음의 능동 기관이 수동 기관에 접촉하거나 가까이 접근하여 기류 흐름의 장애를 형성하는 위치를 의미한다. 혀와 입천장은 각각 능동 기관과 수동 기관을 대표한다. 조음 위치는 능동 기관이 수동 기관을 향해 움직이는 것이므로, 수동 기관 부위 및 해당 수동 기관으로 효과적으로 이동할 수 있는 능동 기관의 부위를 이해할 필요가 있다. [그림 1]은 능동 기관과 그것이 접근하는 수동 기관을 보여준다. 조음에서 가장 중요한 능동 기관인 혀는 크게 혀끝(tongue tip)과 혓날(tongue blade), 혓몸(tongue body), 혀뿌리(tongue root)로 구분하는데, 혀끝은 주로 윗니 뒷면이나 치조 부위에 접근한다. 일반적으로 혓날은 치조나 경구개 부위에 접근하며, 혓몸은 경구개, 연구개 부위, 혀뿌리는 구개수 또는 인두 쪽으로 접근한다.

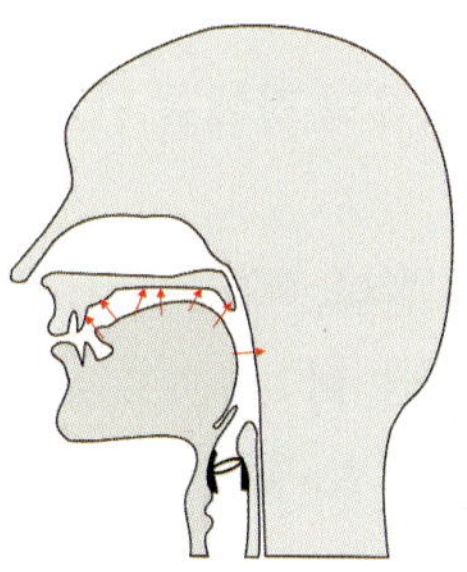

[그림 1] 조음의 능동 기관과 수동 기관

표준중국어 자음은 조음 위치에 따라 양순음(bilabial), 순치음(labiodental), 치음(dental), 후치조음(post-alveolar), 경구개음(palatal), 연구개음(velar)으로 구분하는데, 이는 기류의 장애가 형성되는 수동 기관의 위치를 활용하여 명명한 것이다. [그림 2]는 표준중국어 자음이 조음되는 위치와 조음 기관을 보여준다.

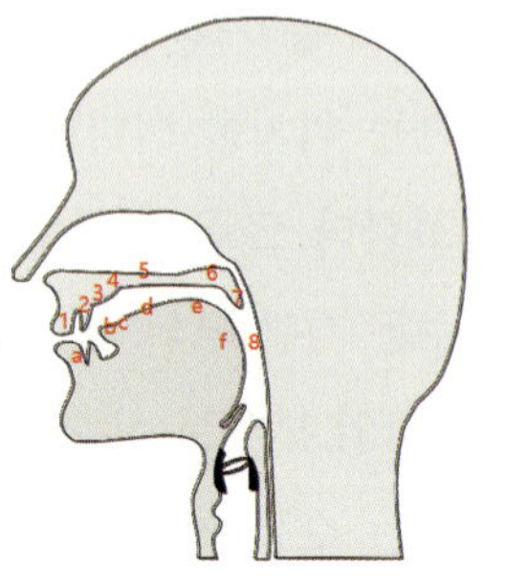

[그림 2] 표준중국어 자음의 조음 기관

이제 입술에서 뒤쪽으로 이동하면서 조음 위치에 따라 표준중국어 자음을 살펴보자.

[순음] 표준중국어 순음은 양순음 [p], [pʰ], [m]와 순치음 [f] 두 종류이다. 양순음은 윗입술과 아랫입술로 기류의 장애를 만들어 조음하며, 순치음은 윗니와 아랫입술로 기류의 장애를 만들어 조음한다.

(1) 양순음: [p] bá 拔 '뽑다, 빼다'   [pʰ] pá 爬 '기다, 기어가다'
　　　　　 [m] má 麻 '삼, 마'
　　순치음: [f] fá 罰 '처벌, 벌하다'

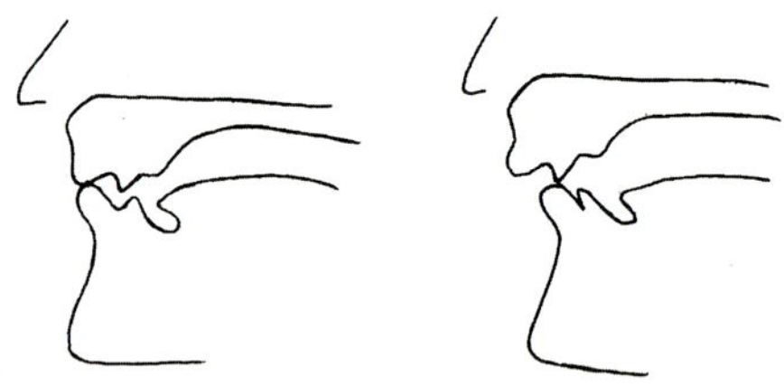

[그림 3] 양순음 [p](왼쪽)와 순치음 [f](오른쪽)[02]

02　　그림 3~8의 출처는 엄익상 외 역(2010/2023) 2장이다.

[치음] 표준중국어 치음 [t], [tʰ], [n], [l]와 [ts], [tsʰ], [s]는 혀끝이나 혓날이 윗니 뒷면이나 치조 앞부분에 접촉하거나 매우 가깝게 접근하여 기류의 장애를 만들어 조음한다. 화자에 따라 차이가 있지만, [ts], [tsʰ], [s]는 혀끝을 윗니 뒷면에 접근하여 치음으로 발음하는 경우가 더 많다 (Ladefoged and Wu 1984, Ladefoged and Maddieson 1996:151-2, Lee and Zee 2003). 따라서 표준중국어의 [s]는 영어의 [s]보다 조음 위치가 앞쪽이며, 혀끝이 윗니 뒷면에 매우 가깝게 이동한다. 이 책은 이들을 치음으로 간주하지만 (Chao 1968, Duanmu 2007, Lin 2007, 엄익상 외 역 2010/2023:54), 표준중국어에서 치음과 치조음은 개별 화자의 조음 특성에 따른 음성적 변이이다.

(2) [t] dà 大 '크다'   [tʰ] tà 踏 '밟다, 디디다'
   [n] nà 那 '저것, 그것'   [l] là 辣 '맵다'
   [ts] zā 咂 '혀를 차다'   [tsʰ] cā 擦 '문지르다, 닦다'
   [s] sā 撒 '뿌리다'

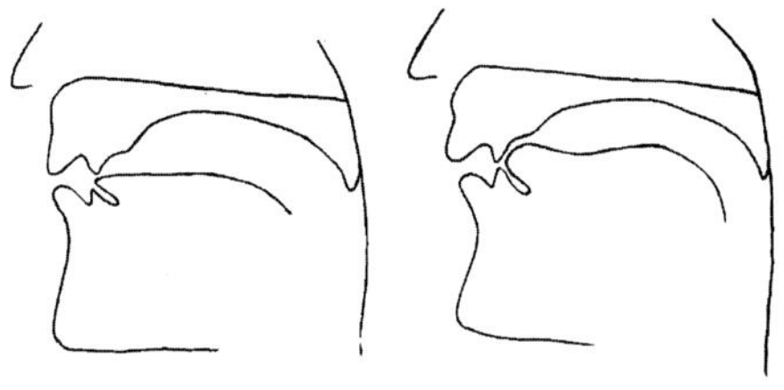

[그림 4] 표준중국어 치음 [s](왼쪽)와 영어 [s](오른쪽)

[후치조음] 표준중국어 후치조음은 전통적으로 권설음(retroflex)으로 불리는 [tʂ], [tʂʰ], [ʂ], [ɻ]이다. 후치조음은 치조의 뒷부분에 혀끝이나 혓날을 접근하여 조음하는데, 화자에 따라 혀끝을 사용하기도 하고 혓날을

사용하기도 한다.

(3) [tʂ] zhè 这 '이, 이것'　　　　[tʂʰ] chè 撤 '제거하다, 철수하다'
　　[ʂ] shè 射 '쏘다'　　　　　　[ɻ] rè 热 '열, 덥다'

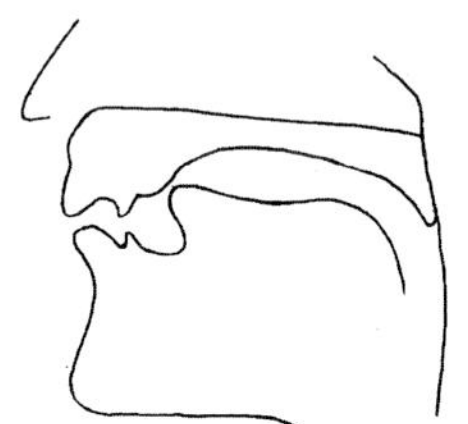

[그림 5] 표준중국어 후치조음 [ʂ]

[경구개음] 표준중국어의 경구개음 [tɕ], [tɕʰ], [ɕ]는 혓날이나 혓몸의 앞부분이 경구개의 앞부분에 접근하여 조음한다. 경구개는 입천장에서 상당히 넓은 면적을 차지하는데, [tɕ], [tɕʰ], [ɕ]는 치조에 맞닿은 경구개 앞부분에서 만들어지므로 치조경구개음(alveo-palatal)이라고도 한다. 표준중국어는 경구개의 뒷부분에서 조음되는 자음 음소가 존재하지 않기 때문에, 이 책은 경구개의 위치를 세분하지 않고 이들을 경구개음으로 간주한다.

(4) [tɕ] jī 鸡 '닭'　　[tɕʰ] qī 七 '7, 일곱'　　[ɕ] xī 西 '서쪽'

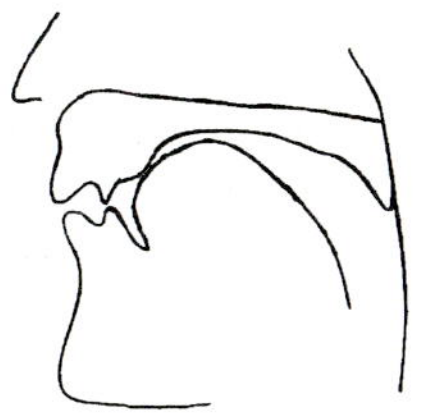

[그림 6] 표준중국어 경구개음 [ɕ]

[연구개음] 연구개음 [k], [kʰ], [x], [ŋ]은 혓몸의 뒷부분이 연구개에 접근하여 조음한다. 이 가운데 [ŋ]은 음절 말음 위치에서만 출현한다.

(5) [k] gē 哥 '형, 오빠'   [kʰ] kē   棵 '그루, 포기'
    [x] hē 喝 '마시다'   [ŋ] hēng 亨 '순조롭다'

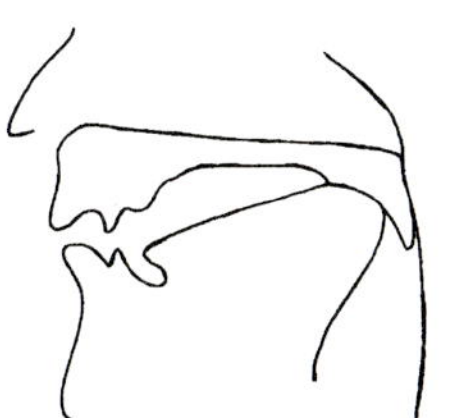

[그림 7] 표준중국어 연구개음 [k]

4.1.2. 조음 방법

자음의 조음 방법은 성도를 통과하는 기류의 흐름에 장애를 형성하는 방법을 가리키는데, 기류의 흐름을 일시적으로 완전히 차단하는 완전 장애와 기류가 흐르는 통로를 매우 좁게 만드는 불완전 장애로 구분한다. 불완전 장애는 자음의 종류에 따라 기류의 흐름을 방해하는 정도가 다르다.

4.1.1의 [표 1]에서 세로열의 파열, 비음, 마찰음, 파찰음, 접근음, 설측음
(lateral)은 표준중국어 자음을 조음 방법에 따라서 구분한 것이다. 이 책은
일반적 관례를 따라 중앙 접근음은 접근음으로, 설측 접근음은 설측음으
로 지칭한다.

[파열음] 파열음은 기류의 흐름을 일시적으로 완전히 막았다가 순간
적으로 해소하여 조음하는 자음이다. 표준중국어는 두 입술로 기류 흐름
의 장애를 형성했다가 해소하는 양순 파열음 [p], [pʰ], 혓끝이나 혓날을
윗니 뒷면이나 치조 앞부분에 접촉하여 장애를 형성했다가 해소하는 치
파열음 [t], [tʰ], 혓몸 뒷부분을 연구개에 접촉하여 장애를 형성했다가 해
소하는 연구개 파열음 [k], [kʰ]가 있다.

(6) 양순 파열음　　[p] bù 不 '아니다, 부정사'　[pʰ] pù 瀑 '폭포'
　　치 파열음　　　[t] dù 度 '도(도량형)'　　　　[tʰ] tù 兔 '토끼'
　　연구개 파열음 [k] gù 故 '사고, 원인'　　　　[kʰ] kù 酷 '잔혹하다'

[비음] 엄밀히 말하면 파열음은 구강 파열음과 비강 파열음으로 구분
할 수 있다. 앞서 살펴본 **[파열음]**은 구강 파열음으로, 연구개가 상승하여
비강으로 기류가 흐르지 않도록 한 상태에서 조음하는 자음이다. 이에 반
해 비강 파열음은 구강에서 장애를 형성, 해소하는 동안 연구개가 하강하
여 기류가 계속해서 비강으로 빠져나간다. 따라서 비강 파열음은 파열의
정도가 상대적으로 약하다. 비강 파열음은 일반적으로 비음이라고 부르
며, 표준중국어의 비음은 양순 비음 [m], 치 비음 [n], 연구개 비음 [ŋ] 세
가지가 있다. 이 3개를 제외하면 표준중국어 자음은 모두 구강음이다. [그

림 8]은 양순 파열음 [p]와 양순 비음 [m]의 조음 방법을 보여준다.

(7) 양순 비음   [m] mù   木 '나무'
    치 비음   [n] nù   怒 '분노, 분노하다'
    연구개 비음   [ŋ] nòng 弄 '다루다, 가지고 놀다'

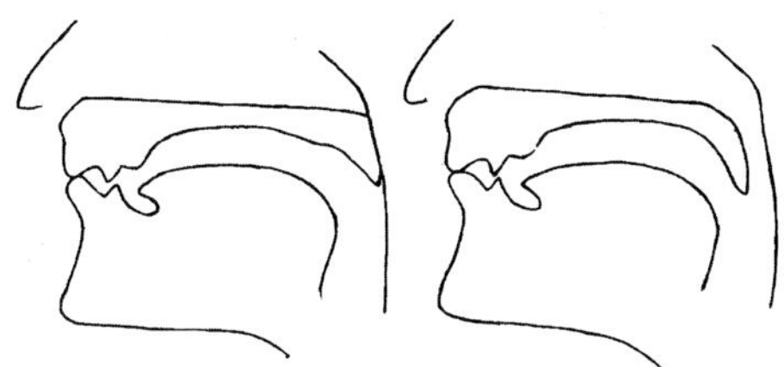

[그림 8] 구강 파열음 [p](왼쪽)와 비강 파열음 [m](오른쪽)

[마찰음] 마찰음은 기류의 흐름을 완전히 차단하는 것은 아니나, 능동 기관이 수동 기관에 매우 가깝게 접근하여 형성된 좁은 틈으로 기류가 어렵게 빠져나가도록 하여 조음하는 자음이다. 표준중국어는 윗니가 아랫입술에 접근하여 조음하는 순치 마찰음 [f], 혓끝이 윗니 뒤쪽이나 치조 앞부분에 접근하여 조음하는 치 마찰음 [s], 혓끝이나 혓날이 치조 뒷부분에 접근하여 조음하는 후치조 마찰음 [ʂ], 혓날이나 혓몸의 앞부분이 경구개 앞부분에 접근하여 조음하는 경구개 마찰음 [ɕ], 혓몸의 뒷부분이 연구개에 접근하여 조음하는 연구개 마찰음 [x]가 있다.

(8) 순치 마찰음   [f] fù   富 '부유하다, 풍부하다'
    치 마찰음   [s] sù   速 '빠르다, 속도'
    후치조 마찰음 [ʂ] shù   树 '나무'

경구개 마찰음 [ɕ] xiù   袖 '옷소매'
연구개 마찰음 [x] hù   互 '서로'

이 가운데 치 마찰음, 후치조 마찰음, 경구개 마찰음은 혀의 앞부분이 치조나 경구개 앞부분에 접근하여 조음되므로, 표준중국어 마찰음은 특정 조음 위치에 상당히 밀집되어 있다고 할 수 있다. 그러나 이들은 기류가 어렵게 통과하면서 마찰 소음을 만드는 성도의 좁힘(constriction)이 형성되는 방식과 정도에 있어 차이를 보인다. [그림 9]와 같이 치 마찰음은 성도의 좁힘 정도가 크기 때문에 강한 난기류가 형성될 뿐만 아니라, 좁힘점을 통과한 난기류가 윗니의 뒷면에 부딪히면서 매우 강한 소음성 마찰음이 형성된다. [그림 9]는 세 명의 화자의 조음 특성을 보여준다.

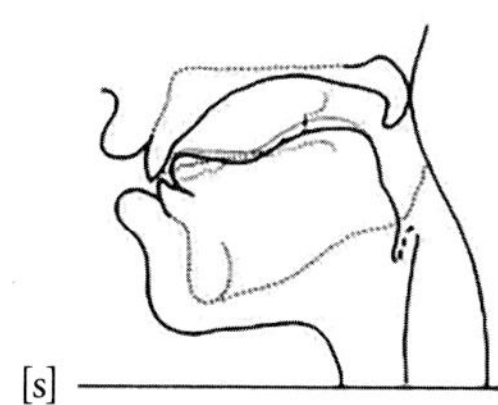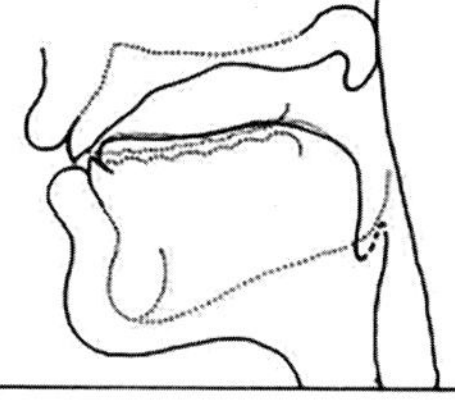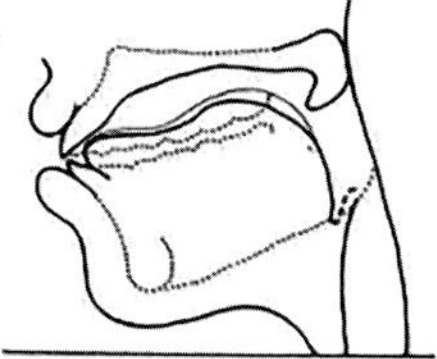

[그림 9] 표준중국어 [s] 조음 특성[03]

이에 반해 후치조 마찰음과 경구개 마찰음은 좁힘의 정도가 상대적으로 작기 때문에, 치 마찰음에 비하여 혀와 입천장 사이의 틈이 넓다. 후치조 마찰음은 혀끝이 후치조 부위로 상승하는데, 치 마찰음과 마찬가지로 혓몸의 뒷부분도 함께 상승하여 혀 가운데가 평평해지거나 약간 하강하

───────────────

03   그림 출처: Ladefoged and Wu(1984:269)

는 화자가 많다. 그러나 화자에 따라서 혓몸의 뒷부분이 상승하지 않기도 한다. 경구개 마찰음은 좁힘이 형성되는 영역이 상대적으로 넓다. 이는 혀 끝에 비하여 혓날이나 혓몸이 면적이 넓고 운동성이 제한적이기 때문이다. [그림 10]은 세 명의 화자의 후치조 마찰음과 치 마찰음의 조음 특성이다.[04]

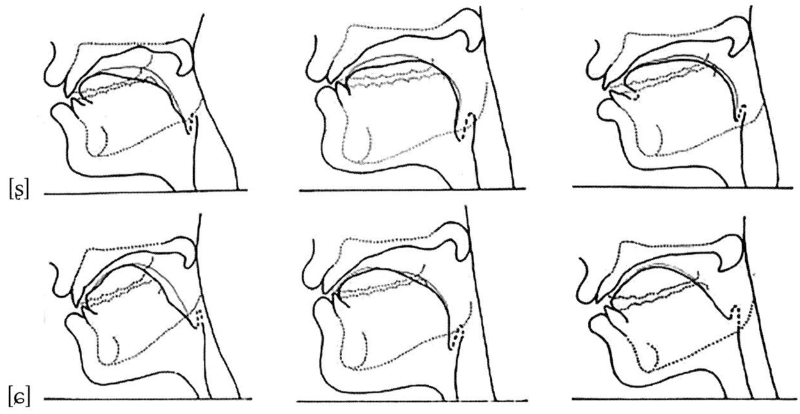

[그림 10] 표준중국어 [ʂ]와 [ɕ] 조음 특성[05]

[파찰음] 파찰음은 명칭이 나타내는 바와 같이 파열음과 마찰음의 두 가지 조음 방식을 순차적으로 사용하는 자음이다. 기류의 흐름을 완전히 차단하는 것은 파열음과 동일하나, 장애를 순간적으로 해소하는 것이 아니라 좁은 틈을 만들어 기류가 천천히 빠져나가도록 하는 방식은 마찰음

---

04 표준중국어에서 좁힘 정도가 가장 작은 마찰음은 연구개 마찰음이다. 이는 혓몸 뒷 부분의 운동성이 가장 제한적이기 때문에 연구개로 가깝게 상승하는 것이 상대적으로 어렵기 때문이다.

05 그림 출처: Ladefoged and Wu(1984:269)

과 동일하다. 따라서 파찰음은 파열음의 장애 형성 방식과 마찰음의 장애 해소 방식이 결합된 자음이다. 표준중국어는 치 파찰음 [ts], [tsʰ], 후치조 파찰음 [tʂ], [tʂʰ], 경구개 파찰음 [tɕ], [tɕʰ]가 있다. 일반적으로 파찰음은 기류를 차단할 때보다 후행하는 마찰 부분을 조음할 때 혀의 위치가 약간 낮아지는 경향이 있다(Ladefodged and Wu 1984:272).

(9) 치 파찰음　　　　[ts] zāng　脏 '더럽다'　[tsʰ] cāng　舱 '객실'
　　후치조 파찰음 [tʂ] zhāng 张 '펼치다'　[tʂʰ] chāng 昌 '번창하다'
　　경구개 파찰음 [tɕ] jiāng 江 '강'　　　 [tɕʰ] qiāng 枪 '총, 창'

[접근음] 접근음은 능동 기관이 수동 기관에 가깝게 접근하지만, 마찰 이 생성될 정도로 좁은 틈을 형성하지는 않는다. 접근음은 일반적으로 중 앙 접근음을 가리키며, 표준중국어는 후치조 접근음 [ɹ]가 이에 해당한다.

(10) 후치조 접근음　[ɹ] rǎn　　染 '물들이다, 감염되다'

[설측음] 설측 접근음(lateral approximant)은 일반적으로 설측음이라고 하며, 혀의 중앙 부분은 기류의 흐름을 막지만 혀의 양 옆쪽과 입천장 사 이에 틈을 만들어 기류가 옆으로 빠져나가도록 조음한다. 표준중국어는 치 설측음 [l]가 있다.

(11) 치 설측음　　　 [l] lǎn　　懒 '게으르다, 나른하다'

이상에서 살펴본 자음 가운데 후치조에서 조음하는 마찰음 [ʂ], 파찰 음 [tʂ], [tʂʰ], 접근음 [ɹ]는 혀가 말려서 소리나는 음을 의미하는 권설음으로 부르는 경우가 많다. 이 책은 이들을 권설음으로 보는 입장을 채택하지 않는데, 이들이 조음 방법의 측면에서 전형적인 권설음과 차이를 보이기 때문이다. 우선, 표준중국어의 후치조음은 드라비다어(Dravidian languages)에 보이는 권설음처럼 혓끝의 아랫면이 치조에 접근하여 조음되지 않는다(Ladefoged and Bhaskararao 1983, Ladefoged and Maddieson 1996:25-28, Lee and Zee 2003, Lin 2007, 엄익상 외 역 2010/2023:57). [그림 11]은 인도에서 사용되는 테루구어(Telugu)에서 혀의 아랫면이 사용되는 권설음의 조음 특성을 보여준다. 또한 표준중국어 [ɻ]는 혀와 입천장의 거리가 마찰이 형성될 정도로 가깝지 않다. 이 음을 권설음 [ʐ]로 표기하는 경우도 있으나, [ʐ]는 [ɻ]와 음성적 특성이 상당히 다르다.[06]

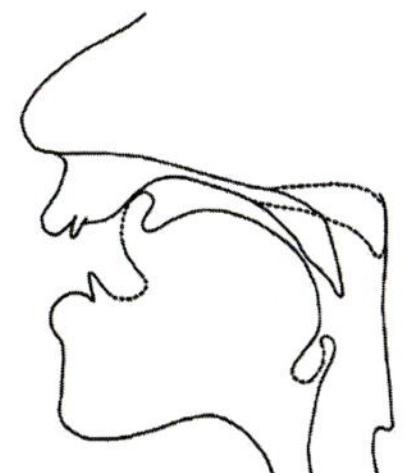

[그림 11] 테루구어의 권설음[07]

4.1.3. 무기음과 유기음

4.1.1의 [표 1]에서 살펴본 바와 같이, 표준중국어의 파열음과 파찰음은 동일한 조음 위치와 방식을 갖는 두 개의 음이 쌍을 이룬다. 이는 한국

---

06   [ɻ]와 [ʐ]의 음성 차이는 캐나다 빅토리아 대학 언어학과에서 제공하는 IPA 기호와 음성을 참조할 수 있다: http://web.uvic.ca/ling/data/IPAlab/IPAlab.htm

07   그림 출처: Ladefoged and Bhaskararao(1983:296)

어와 마찬가지로 표준중국어 자음이 기식(aspiration) 여부에 따라 유기음(aspirated)과 무기음(unaspirated)으로 구분되기 때문이다. 기식은 자음과 후행하는 모음 사이에 생성되는 마찰성 소리로 [h]와 유사하며, IPA 표기에서 기호 [ʰ]를 사용하여 나타낸다. 손바닥을 입 가까이에 대고 bān 搬과 pān 攀을 연이어 발음해보자. 마찬가지로, 한국어 '반'과 '판'을 발음해보자. 후자를 발음할 때에는 입 밖으로 나오는 기류가 손바닥에 닿는 것을 느낄 수 있는데, 그것이 유기음 [pʰ]의 기식이다. [표 2]는 표준중국어 무기음과 유기음의 예이다.

[표 2] 표준중국어의 무기음과 유기음

	파열음		파찰음	
	무기음	유기음	무기음	유기음
양순	[p] (bān 搬 '이사하다')	[pʰ] (pān 攀 '기어오르다')		
치	[t] (dān 单 '단독의')	[tʰ] (tān 贪 '탐내다')	[ts] (zāo 糟 '망치다')	[tsʰ] (cāo 操 '조작하다')
후치조			[tʂ] (zhāo 招 '손짓하다')	[tʂʰ] (chāo 抄 '베껴 쓰다')
경구개			[tɕ] (jiāo 交 '건네다')	[tɕʰ] (qiāo 敲 '두드리다')
연구개	[k] (gān 干 '건조하다')	[kʰ] (kān 刊 '간행하다')		

모음은 성대가 진동하는 유성음이다(중국어 모음의 조음 특성은 6장 참조). 따라서 무성 자음의 장애가 해소된 후 후행하는 모음 조음을 위하여 성대가 진동하는데, 일반적으로 성대 진동이 시작될 때까지 약간의 시간이 소요된다. 이를 성대 진동 시작 시간(voice onset time, VOT)이라고 하며, 엄밀

한 의미에서 성대 진동 시작 지연 시간을 가리킨다.[08] 기식은 자음의 장애가 해소되는 시점과 후행 모음의 성대 진동 시작 시점 사이에 산출되므로, 무기음에 비하여 유기음이 긴 VOT를 갖는다. 따라서 VOT는 무기음과 유기음을 구분하는 중요한 특징이다. [그림 12]는 양순 파열음 [pa], [pʰa], [ba]의 VOT를 도식화한 것으로, 그림에서 세로선은 양순 파열음의 장애가 개방되는 시점을 나타낸다. 곧은 가로선은 성대가 진동하지 않는 상태를, 물결 가로선은 성대가 진동하는 상태를 나타낸다.

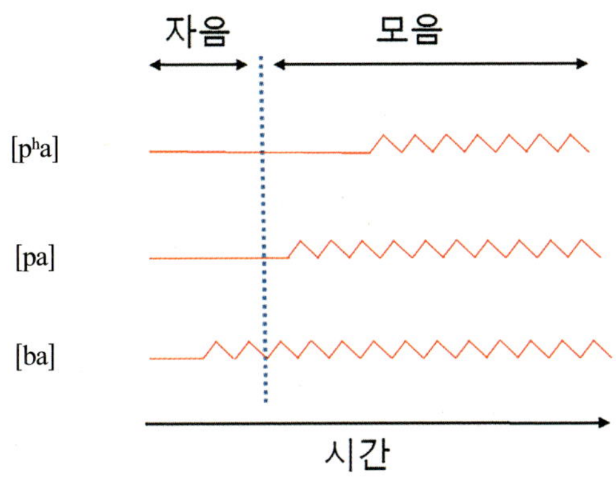

[그림 12] 파열음의 VOT

무성 무기음 [p]는 장애 개방 후 곧바로 성대 진동이 시작되어 모음 [a]가 조음된다. 이에 반해 무성 유기음 [pʰ]는 장애 개방 후 성대 진동이 시작되기까지 시간적 지연 현상이 보인다. [pa]를 발음할 때와는 달리 [pʰa]를 발음할 때 공기가 손바닥에 부딪히는 것을 느낄 수 있는 것은 무기 파열음의 경우 VOT가 매우 짧기 때문에 기식이 느껴지지 않지만, 유

기 파열음의 VOT는 상대적으로 길기 때문에 느낄 수 있을 만큼 충분한 기식이 산출되기 때문이다. 표준중국어에는 포함되지 않으나, [b]와 같은 유성 자음은 자음 조음 시 이미 성대가 진동하기 때문에 음수 값 VOT를 가진다(Ladefoged 2001:125-31).[09]

4.1.4. 무성음과 유성음

무성음과 유성음은 조음 시 후두 안쪽에 위치한 성대가 진동하는지의 여부에 따른 구분으로, 성대가 진동하지 않는 음이 무성음, 성대가 진동하는 음은 유성음이다. 표준중국어 자음 가운데 비음, 설측음, 접근음 [ɹ]는 유성음이며, 파열음과 마찰음, 파찰음은 모두 무성음이므로 유성성의 여부가 의미를 구분하는 변별적 기능을 담당하지 않는다. 반면 영어는 유성성의 여부에 따라 의미가 달라지지만, 기식성은 의미 변별의 기능을 하지 않는다. 예를 들어, ⑫에서 ban의 'b'는 유성음 [b]이지만, pan이나 span의 'p'는 무성음이다. 한편, pan처럼 'p'가 어두에 출현할 경우는 유기음 [pʰ]인 데 반해, span에서와 같이 's' 뒤에서는 무기음 [p]이다. 그런데 이 경우 [p]와 [pʰ]를 바꾸어 발음하면 원어민처럼 들리지 않지만, 의미를 바꾸지는 않는다.

⑿ [bæn]　　ban　'금지하다'

　　[pʰæn]　pan　'(냄비) 팬'

　　[spæn]　span　'폭, (~기간에) 걸치다'

09　유성 자음의 VOT는 언어마다 차이가 있으며, 영어와 같은 언어는 유성 자음이 아주
　　작은 양수 값의 VOT를 갖는다.

표준중국어는 자연 발화에서 모음에 인접하거나 두 모음 사이에 출현하는 무성 자음이 유성음으로 변하는 경우가 있는데, 특히 비강세 음절인 경성 음절에서 자주 발생한다. ⒀의 단어를 두 번째 음절 첫 자음에 유의하며 발음해보자.[10] 상대적으로 발화 속도가 빠른 일상 발화에서 'b'와 'd', 'g'는 종종 유성음 [b]와 [d], [g]로 발음된다.

⒀ [weiba]　　wěiba　尾巴　'꼬리'

　　[tʂˌdau]　zhīdao　知道　'알다'

　　[igə]　　　yíge　　一个　'한 개'

4.2. 중국어 방언 자음의 조음 특징

4.2.1. 우(吳)방언

우(吳)방언은 표준중국어보다 다양한 자음을 갖는 것이 특징이다. 상하이(上海) 우방언은 표준중국어와 조음 위치와 방법이 유사한 자음도 있지만, 표준중국어에는 보이지 않는 조음 특성을 지니는 자음도 있다. [표 3]은 상하이 우방언의 28개의 자음이다. 조음 위치에 따라서 양순음, 순치음, 치음, 경구개음, 연구개음, 성문음으로 구분할 수 있으며, 조음 방법에 따라 파열음, 마찰음, 파찰음, 설측음으로 나눌 수 있다.[11] 빠른 속도로 진

10　표준중국어 비강세 음절 자음의 유성음화 현상은 Chao(1968:36), '个'의 음성 약화 현상은 한서영(2020)을 참조할 수 있다.

11　상하이 우방언의 자음 목록은 赵元任(1928/2011), Chao(1967), 许宝华, 汤珍珠(1988), Chen and Gussenhoven(2015) 등을 참조하였으며, 상하이 우방언의 로마자 표기는 주로 许宝华, 汤珍珠(1988)를 따랐다.

행된 인구 유입과 표준중국어의 영향으로 인하여 상하이 우방언의 말소리는 빠르게 변화하고 있다. 따라서 화자의 연령과 교육 정도 등에 따라 자음의 음성 특성에 차이가 있다는 점에 유의할 필요가 있다.

[표 3] 상하이 우방언 자음

	양순 (bilabial)	순치 (labiodental)	치 (dental)	경구개 (palatal)	연구개 (velar)	성문 (glottal)
파열음 (plosive)	[p] [pʰ] [b]		[t] [tʰ] [d]		[k] [kʰ] [g]	[ʔ]
마찰음 (fricative)		[f] [v]	[s] [z]	[ɕ] [ʑ]		[h] [ɦ]
파찰음 (affricate)			[ts] [tsʰ]	[tɕ] [tɕʰ] [dʑ]		
비음 (nasal)	[m]		[n]	[ɲ][12]	[ŋ]	
설측음 (lateral)			[l]			

치음은 학자에 따라서 치조음으로 분류하기도 하는데, 마찰음 [s], [z] 와 파찰음 [ts], [tsʰ]는 혀끝을 사용하여 치음으로 조음하며, [n]와 [l]는 혀끝 또는 혓날을 사용하여 조음한다. 후행하는 모음이 전설 고모음 [i], [y] 또는 [j]일 경우, 치음은 경구개와 가까운 부위에서 치조음으로 조음되는 경향이 있다. 경구개음 [ɕ], [ʑ], [tɕ], [tɕʰ], [dʑ]는 혓날이나 혓몸의 앞부분이 경구개의 앞부분에 접근하여 조음한다. 따라서 이들을 치조경구개음(alveo-palatal)으로 구분하기도 한다. 표준중국어와 마찬가지로 상하이 우방언도 경구개의 뒷부분에서 조음하는 자음 음소가 존재하지 않

---

12 许宝华, 汤珍珠(1988) 등은 기호 [ȵ]를 사용한다.

기 때문에, 이 책은 경구개의 위치를 세분하지 않고 이들을 경구개음으로 간주한다.

치 파찰음과 경구개 파찰음은 대응하는 마찰음에 비하여 약간 뒤쪽에서 조음되는 경향이 있다. 따라서 [s], [z]는 [ts], [tsʰ]보다 약간 앞쪽에서 조음되며, [ɕ], [ʑ]는 [tɕ], [tɕʰ], [dʑ]에 비하여 약간 앞쪽에서 조음된다(平悦铃 2005). 성문 파열음 [h]는 표준중국어 [x]에 비하여 뒤에서 조음하지만, [w]나 후설 모음 앞에서는 [x]로 조음하기도 한다. ⒁는 각 자음을 포함하는 음절의 예이다.

⒁ [파열음] [pu] 布 '천, 포'   [pʰu] 破 '깨다'   [bu] 步 '걸음'
　　　　　　[tu] 朵 '꽃송이'   [tʰu] 兔 '토끼'   [du] 杜 '두(성씨)'
　　　　　　[ka] 街 '길'   [kʰa] 卡 '카드'   [ga] 茄 '가지'
　　　　　　[pɐʔ] 伯 '백부'

　　[마찰음] [fu] 富 '부유하다' [vu] 负 '메다'
　　　　　　[su] 蔬 '야채'   [zu] 坐 '앉다'
　　　　　　[ɕi] 希 '바라다'   [ʑi] 徐 '천천히'
　　　　　　[ha] 蟹 '게'   [ɦa] 鞋 '신발'

　　[파찰음] [tsu] 做 '하다'   [tsʰu] 粗 '굵다'
　　　　　　[tɕi] 鸡 '닭'   [tɕʰi] 气 '기체'   [dʑi] 旗 '기'

　　[비음]   [mu] 母 '어머니'   [nu] 努 '힘쓰다' [ni] 泥 '진흙'
　　　　　　[ŋu] 饿 '배고프다'

　　[설측음] [lu] 路 '길'

표준중국어와는 다른 상하이 우방언 자음의 주요 특징을 살펴보자. 첫째, 가장 잘 알려진 상하이 우방언의 특징은 유성음의 존재이다. 파열음, 파찰음, 마찰음에 유성음이 존재하기 때문에, 파열음과 파찰음은 무성 무기음, 무성 유기음, 유성음, 세 종류로 구분되며, 마찰음은 무성음과 유성음 두 종류로 나뉜다. 유성음은 단독으로 발음할 때, 또는 단어나 짧은 상용구의 첫 음절에서 무성음화하는 경향이 있지만, 모음과 모음 사이 또는 유성 자음과 모음 사이에서는 유성음으로 실현된다. 예를 들어, [dɔ] 道 '길'은 단독으로 발음할 때 두음 자음이 무성음화하지만, [dadɔ] 大道 '큰길'에서 道의 자음은 유성음으로 실현된다. 일반적으로 유성 파열음은 무성 파열음에 비하여 파열의 세기가 약하며, 유성 마찰음은 무성 마찰음에 비하여 마찰 소음이 약하고 짧은 경향이 있다. 또한 상하이 우방언에서 무기음의 유성음과 무성음은 발성의 차이를 동반하는 것이 특징이다. 전자는 이완(lax) 발성, 후자는 긴장(tense, fortis) 발성이다. 무성 무기음을 들으면 한국어의 경음처럼 들리는 이유도 발성과 관련된다.

둘째, 상하이 우방언에는 표준중국어의 후치조음 [tʂ], [tʂʰ], [ʂ], [ɻ]가 없다. (15)는 표준중국어와 상하이 우방언의 발음을 비교한다. 표준중국어 [tʂ], [tʂʰ], [ʂ]는 상하이 우방언에서 치음으로, [ɻ]는 비음 [ɲ]로 발음되는 것을 볼 수 있다.

(15) 표준중국어　　　[tʂən] 針 '바늘'　[tʂʰun] 春 '봄'　[ʂən] 深 '깊은'
　　　　　　　　　　[ɻən] 人 '사람'
　　　상하이 우방언 [tsən] 針 '바늘'　[tsʰən] 春 '봄'　[sən] 深 '깊은'
　　　　　　　　　　[ɲin] 人 '사람'

셋째, 성문 파열음 [ʔ]이 존재한다. 이 자음은 어말 위치에만 출현하는데, 역사적으로 입성(入聲)으로 분류되는 파열음 말음 [p], [t], [k]가 병합한 것이다. 따라서 상하이 우방언의 자음 말음은 [n], [ŋ], [ʔ], 세 가지이다. 넷째, 상하이 우방언은 표준중국어에 보이지 않는 경구개 비음 [ɲ]가 있다. 그러나 젊은 화자들의 발화에서 경구개 비음은 치 비음 [n]와 구분되지 않는 경향이 있다(Zhu 2006, Chen and Gussenhoven 2015). 또한 연구개 비음 [ŋ]은 표준중국어에서 말음 위치에만 출현하지만, 상하이 우방언에서는 두음 위치에도 출현할 수 있다. (16)은 연구개 비음 [ŋ]이 음절 두음으로 출현하는 예이다.

(16) [ŋu] 我 '나'   [ŋu] 饿 '배고프다' [ŋa] 牙 '이'   [ŋe] 眼 '눈'

4.2.2. 웨(粤)방언

홍콩에서 사용되는 웨(粤)방언은 17개의 자음이 있으며, 조음 위치에 따라서 양순음, 순치음, 치조음, 치조경구개음, 연구개음, 순연구개음, 성문음으로 구분할 수 있다.[13] 이들은 조음 방법에 따라서 파열음, 마찰음, 파찰음, 비음, 설측음으로 나뉜다. 표준중국어에는 보이지 않는 조음 특성을 지니는 자음을 위주로 살펴보기로 하자. [표 4]는 홍콩 웨방언의 자음 목록이다.

---

[13] 홍콩 웨방언의 자음 목록은 Handbook of the International Phonetic Association(1999:58), Lee et al.(2006), Lee and Zee(2010), 이영규(2012), Matthews and Yip(2011) 등을 참조하였다. 학자에 따라서 접근음 [w]와 [y]를 자음으로 간주하여 자음을 19개로 보기도 한다. 이 책은 표준중국어 분석과 마찬가지로, 홍콩 웨방언의 접근음을 모음으로 간주한다.

[표 4] 홍콩 웨방언 자음

	양순 (bilabial)		순치 (labiodental)	치조 (alveolar)		치조경구개 (alveo-palatal)		연구개 (velar)		순연구개 (labio-velar)		성문 (glottal)
파열음 (plosive)	[p]	[pʰ]		[t]	[tʰ]			[k]	[kʰ]	[kʷ]	[kʷʰ]	
마찰음 (fricative)			[f]			[s]						[h]
파찰음 (affricate)						[ts]	[tsʰ]					
비음 (nasal)	[m]			[n]				[ŋ]				
설측음 (lateral)				[l]								

치조음은 화자에 따라 치음으로 발음하기도 하는데, 특히 [t]와 [tʰ]를 치음으로 발음하는 경향이 있다(Lee and Zee 2010). 또한 [n]와 [l]는 일상 발화에서 구분하지 않고 사용하는 경우가 많다. 치조경구개음은 혓날 또는 혓몸의 앞부분을 사용하여 치조 또는 후치조 부위에서 발음하므로, [ts], [tsʰ], [s] 대신 [tʃ], [tʃʰ], [ʃ]로 전사할 수도 있다.[14] 또한 [i] 또는 [y] 모음이 후행할 때 조음 부위가 뒤로 이동하여 경구개음으로 발음하는 경향이 있다(Bauer and Benedict 1997:28-29). 순연구개음 [kʷ]와 [kʷʰ]는 연구개음을 조음하는 동시에 입술을 동그랗게 모아서 발음하며, 원순연구개음이라고도 한다. 성문 마찰음 [h]는 표준중국어 [x]보다 더 뒤쪽에서 조음되는 소리이다. (17)은 각 자음을 포함하는 음절의 예이다.

---

14   이들을 후치조음(post-alveolar)으로도 구분할 수도 있으나, 이 책은 표준중국어의 후치조음과 혼동을 피하기 위하여 치조경구개음으로 구분한다.

(17) [파열음] [pa]　爸 '아빠'　　　[pʰa]　趴 '엎드리다'

　　　　　　　[ta]　打 '다스(12개)'　[tʰa]　她 '그녀'

　　　　　　　[ka]　加 '더하다'　　[kʰa]　卡 '트럭'

　　　　　　　[kʷa]　瓜 '수박'　　[kʷʰa]　夸 '과장하다'

　　　[마찰음] [fa]　花 '꽃'　　　　[sa]　沙 '모래'

　　　　　　　[ha]　蝦 '새우'

　　　[파찰음] [tsa]　揸 '잡다'　　　[tsʰa]　叉 '포크'

　　　[비음]　 [ma]　妈 '엄마'　　　[na]　攀 '오르다'

　　　　　　　[paŋ]　烹 '삶다'

　　　[설측음] [lau]　瞜 '힐끗 보다'

　표준중국어와는 다른 홍콩 웨방언 자음의 주요 특징을 살펴보자. 첫째, 상하이 우방언과 마찬가지로, 표준중국어의 후치조음 [tʂ], [tʂʰ], [ʂ], [ɻ]가 없다. (18)은 표준중국어와 홍콩 웨방언의 발음을 비교한다. 표준중국어 [tʂ], [tʂʰ], [ʂ]은 치조경구개음으로, [ɻ]는 활음 [j]로 발음되는 것을 볼 수 있다.

(18) 표준중국어　[tʂən]　针 '바늘'　　　[tʂʰun]　春 '봄'

　　　　　　　[ʂən]　深 '깊다'　　　[ɻən]　人 '사람'

　　　홍콩 웨방언　[tsam]　针 '바늘'　　[tsʰœn]　春 '봄'

　　　　　　　[sam]　深 '깊다'　　　[jan]　人 '사람'

둘째, 두 종류의 연구개음이 있다. 연구개음 [k], [kʰ]와 순연구개음 [kʷ], [kʷʰ]가 구분되는데, 순연구개음은 입술을 동그랗게 모으고 연구개음을 내는 동시 조음(coarticulation)으로 만드는 자음이다. 셋째, 홍콩 웨방언은 표준중국어보다 파찰음의 종류가 적다. 즉, 표준중국어는 치, 후치조, 경구개 부위에 세 쌍의 파찰음 [ts], [tsʰ]와 [tʂ], [tʂʰ], 그리고 [tɕ], [tɕʰ]가 있는 반면, 홍콩 웨방언은 한 쌍의 치조경구개 파찰음 [ts], [tsʰ]가 있다. 또한 홍콩 웨방언은 마찰음이 순치, 치조경구개, 성문 부위에 분포하는데, 이는 치, 후치조 부위에 마찰음과 파찰음이 밀집하여 분포하는 표준중국어와는 다른 특징이다.

넷째, 파열음 [p], [t], [k]가 두음 위치뿐만 아니라 말음 위치에도 출현하여, 역사적으로 입성(入声)으로 분류되던 말음의 구분이 모두 유지된다. 또한 비음 [m], [n], [ŋ]도 모두 말음 위치에 출현할 수 있다. 다섯째, 표준중국어와 달리 연구개 비음 [ŋ]가 두음 위치에도 출현하며, 이는 상하이 우방언과 공통된 특성이다. (19)는 홍콩 웨방언에서 연구개 비음 [ŋ]이 음절 두음으로 출현하는 예이다.

(19) [ŋo] 我 '나'　　[ŋan] 眼 '눈'　　[ŋa] 牙 '이'　　[ŋau] 咬 '물다'

1. 아래 표에 제시된 음절 '자음'의 표준중국어 발음을 IPA로 전사하고, 조음 특성에 따라 이름하시오.

	IPA (자음)	조음 특성		IPA (자음)	조음 특성
常			忙		
别			纸		
谈			是		
强			个		
肉			草		

2. 표준중국어 모어 화자가 일상 발화에서 xiānsheng 先生과 bàoshàng 报上을 빠르게 발음하면, 각 단어에서 두 번째 음절의 'sh'가 'r'처럼 발음되는 현상이 나타난다. 직접 빠르게 발음해보면서 유사하게 발음하는지 관찰하고, 이러한 현상이 일어나는 이유를 조음의 측면에서 생각해보시오.

3. 표준중국어 자음 가운데 자신이 모어 화자처럼 발음하지 못하는 자음이 있다면 자음의 종류와 원인을 생각해보시오.

4. 표준중국어를 포함한 세계 언어에는 [b], [d], [g] 등의 유성 파열음보다 [p], [t], [k] 등의 무성 파열음이 보편적으로 나타난다. 이러한 현상을 조음 또는 청취의 측면에서 생각해보시오.

5. 아래는 어말 자음 분포를 보여주는 중국어 방언 지도이다(출처: 汉语方言地图集
语音卷 124). 무색은 어말 자음 [p, t, k]가 없는 방언, 초록 색은 어말 자음 [p, t,
k]가 [ʔ]와 같이 하나로 병합한 방언, 붉은 색은 어말 자음 [p, t, k]가 있는 방
언을 나타낸다. 어말 자음의 지역 분포 특성을 관찰하시오.

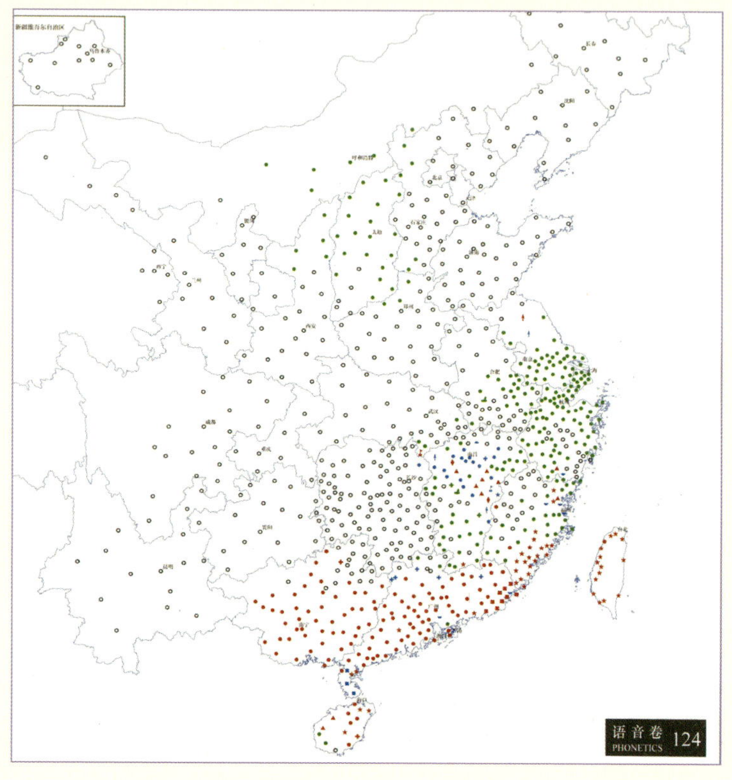

이영규. 2012. 중국어와 광동어. 서울: 학고방.

한서영. 2020. 현대중국어 베이징방언 연속발화 기능어 個의 음성적 약화 변이. 중국언어연구 80:1-58.

许宝华, 汤珍珠. 1988. 上海市区方言志. 上海: 上海教育出版社.

Chen, Yiya and Gussenhoven, Carlos. 2015. Shanghai Chinese. *Journal of the International Phonetic Association* 45(3):321-337.

Ladefoged, Peter and Wu, Zongji. 1984. Places of Articulation: An Investigation of Pekingese Fricatives and Affricates. *Journal of Phonetics* 12:267-278.

Matthews, Stephen and Yip, Virginia. 2011. *Cantonese: A Comprehensive Grammar* (2nd edition). Oxford: Routledge.

5장

중국어 자음의 음향 특징

1. 아래 두 스펙트로그램에서 화살표로 가리키는 부분의 '모양'은 어떻게 다른
   가?

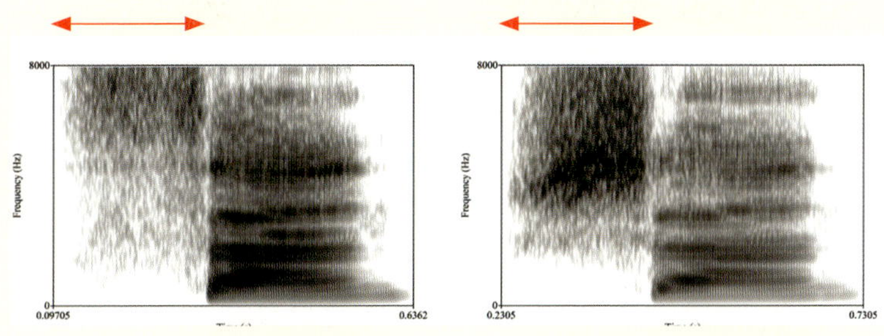

2. 표준중국어 dà 大와 nà 那를 발음해보자. 어떤 음절을 더 크게 소리낼 수 있
   는가?
3. 표준중국어 gān 干, kān 刊은 각각 한국어 '간', '깐', '칸' 가운데 무엇과 유사
   한가?

3장에서 소개한 음향 음성학의 기본 개념을 토대로, 5장은 중국어 자음의 음향 특징을 논의한다. 말소리는 음향 특징에 따라서 크게 장애음과 공명음으로 나눌 수 있으며, 중국어 자음은 주로 장애음으로 이루어져 있다. 이 장은 먼저 장애음의 음향 특징을 논의하고(5.1), 공명음의 음향 특징을 소개할 것이다(5.2). 표준중국어 자음을 위주로 논의하되, 표준중국어에 보이지 않는 다양한 중국어 자음의 특성을 이해하기 위하여 우(吳)방언과 웨(粵)방언의 예를 함께 제시할 것이다. [들어가며]의 세 가지 물음에 대하여 잠시 생각해본다면 중국어 자음의 음향 특징에 대한 탐색을 시작하는 데 도움이 될 것이다.

5.1. 장애음의 음향 특징

자음은 조음 방법에 따라 파열음, 마찰음, 파찰음, 비음, 접근음 등으로
구분한다(4장 참조). 이 가운데 파열음, 마찰음, 파찰음은 대표적인 장애음
으로, 각각 기식(aspiration)과 유성성(voicing) 여부에 따라 더욱 세분할 수
있다. 모음과는 달리 주로 비주기성(aperiodic) 성분으로 이루어져 있는 자
음의 음향 특징을 이해하기 위해서는 스펙트로그램에 보이는 네 가지 단
서를 살펴볼 필요가 있다: (1) 음향 신호의 공백 및 공백에 후행하는 파열
을 보여주는 길게 뻗은 세로 선, (2) 기류가 조음 기관의 좁은 틈을 지나면
서 만드는 마찰성 소음을 보여주는 불규칙하며 복잡하게 퍼져있는 여러
개의 짧은 세로 선, (3) 넓은 주파수 영역에 불규칙하게 퍼져있는 수많은
짧은 세로 선, (4) 낮은 주파수 영역에 나타나는 가로 띠. 이 가운데 (1)과
(2)는 각각 파열음과 마찰음에 해당하는 음향 특징이며, (3)은 기식을, (4)는
성대의 진동, 즉 유성성을 보여주는 특징이다. 이제 자음의 유형에 따라
중국어 자음의 음향 특성을 살펴보자.

5.1.1. 파열음

파열음은 구강을 통과하는 기류의 흐름을 막았다가 일시에 해소하여
생성하는 소리이다. 기류 흐름의 장애를 형성하여 지속하는 동안은 음향
신호가 산출되지 않으므로, 음성 파형(waveform)과 스펙트로그램에 신호
의 공백 상태가 나타난다. [그림 1]은 주기성 음성 사이에 출현하는 파열
음의 장애 형성과 해소를 보여주는 파형이다.

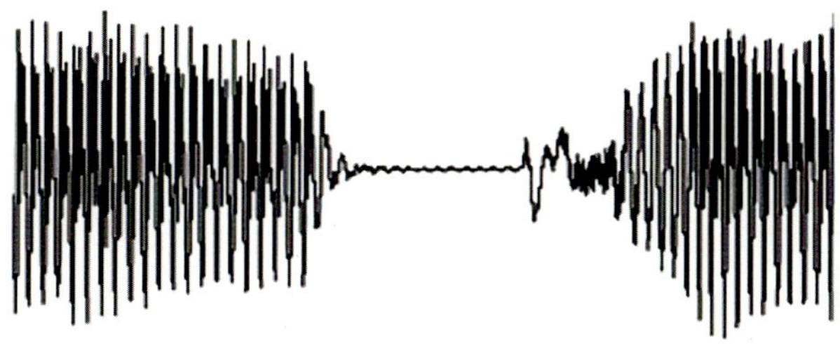

[그림 1] 파열음 파형

스펙트로그램은 파열음의 장애 지속 단계와 해소 단계를 좀 더 명확하게 보여준다. [그림 2]와 같이, 장애가 형성되어 지속되는 구간은 음향 신호가 산출되기 이전이므로 스펙트로그램에서 공백 상태로 나타난다. 장애 해소, 즉 파열은 갑작스러운 소리의 진동을 형성하는데, 이는 스펙트로그램에서 긴 세로 선으로 나타난다. (a)와 (b)는 각각 표준중국어의 [pa] bá 拔와 [ta] dà 大로, 음절 시작 부분의 긴 세로 선이 파열에 해당한다.

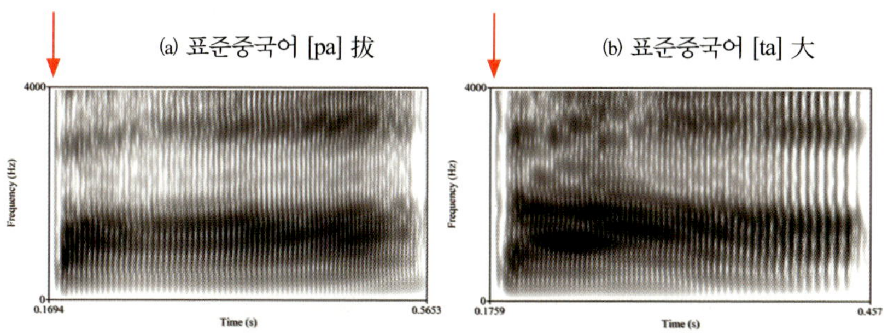

[그림 2] 파열음 스펙트로그램

표준중국어의 파열음은 조음 위치에 따라 양순 파열음, 치 파열음, 연구개 파열음으로 나뉜다. 그런데 파열음의 특징인 긴 세로 선은 파열 또는 폭발의 순간을 매우 짧게 보여주기 때문에 파열음 종류에 대한 자세한 정보를 나타내지 못한다. 오히려 파열음의 조음 위치는 인접하는 모음의 포먼트(formant)에 단서가 보인다. [그림 3]은 표준중국어 음절 [pan] bān 搬, [tan] dān 单, [kan] gān 干으로, 파열음 [p], [t], [k]에 후행하는 모음의 포먼트를 살펴보자. 그림에서 점선은 모음의 F1, F2, F3인데, 선행하는 파열음의 종류에 따라 모음 시작 부분에서 포먼트가 서로 다른 것을 볼 수 있다. 특히 아래에서 두 번째 점선인 F2 시작 부분을 보면, 선행 자음이 [p]일 경우 자음과 가까울수록 F2가 낮아진다(모음 포먼트에 대한 논의는 3장, 6장 참조). 반면 선행 자음이 [t]일 때는 F2가 비교적 평평하며, [k]가 선행할 경우 F2는 자음과 가까울수록 높아진다. 이와 같은 현상은 선행하는 파열음과 모음 사이에 발생하는 포먼트 전이(formant transition)로 인한 것이다. 모음의 포먼트 주파수에서 시작하여 시간을 거꾸로 추적해가면 더 이상 포먼트는 보이지 않지만, 파열음에 속할 것으로 '추정'되는 포먼트의 근원점(locus, 로커스 주파수)을 파악할 수 있다. 근원점은 파열음의 장애지속 구간에 있을 것으로 '추정'되므로, 엄밀한 의미에서 근원점을 정확히 측정할 수는 없다.

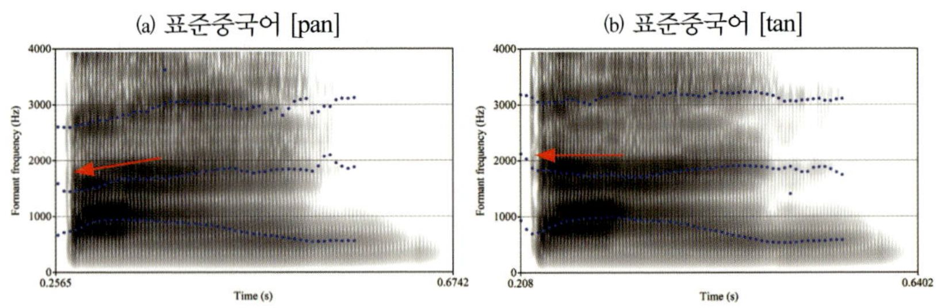

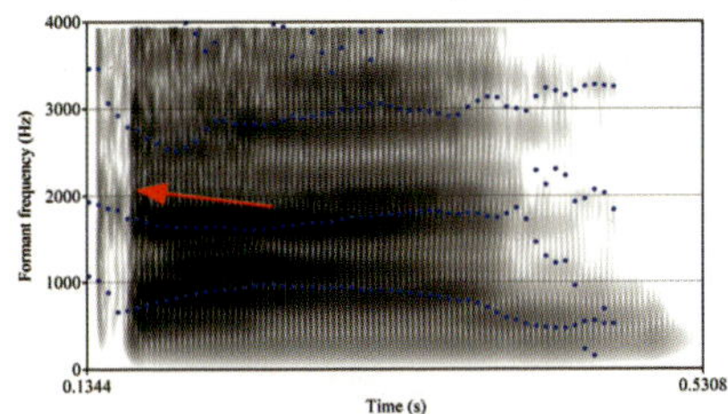

[그림 3] 포먼트 전이와 근원점 (1)

선행하는 파열음의 조음 특성이 후행 모음에 반영되는 현상은 자연 발화의 조음 환경을 생각하면 쉽게 이해할 수 있다. 우리가 자음과 모음을 단독으로 발음하는 경우는 매우 드물다. 자음과 모음은 말소리 연쇄에서 산출되기 때문에 인접한 음은 서로 영향을 주고받는다. 파열음과 모음의 연쇄를 조음할 때, 파열음의 장애를 형성하는 단계에서 혀는 이미 후행 모음을 조음하기 위하여 움직이기 때문에 후행 모음의 포먼트 시작 부분은 선행 자음과 모음의 특징을 동시에 지니게 된다. 따라서 포먼트 전이는 인접하는 자음과 모음의 영향 관계가 음향적으로 반영된 것으로, 자음의 주파수가 인접한 모음의 주파수에 영향을 주는 것이다.[01] [그림 4]는 파열음 [b], [d], [g]가 서로 다른 모음에 선행할 때 나타나는 F2 전이와 근원점을 도식화한 것이다. 여기에서 치 파열음의 경우 모음의 F2의 근원점 주파수 (locus frequency)는 약 1,700~1,800Hz 정도일 것으로 추정되며, 양순 파열음은 더 낮고, 경구개 파열음은 더 높을 것으로 파악할 수 있다. 이는 파열음이 고유한 근원점 주파수를 가지며, 모음의 포먼트 전이는 파열음의 특징을 파악하는 데 유용한 단서가 된다는 것을 보여준다.

---

01   파열음이 모음에 후행하는 경우는 모음의 끝부분에서 포먼트 전이가 나타난다.

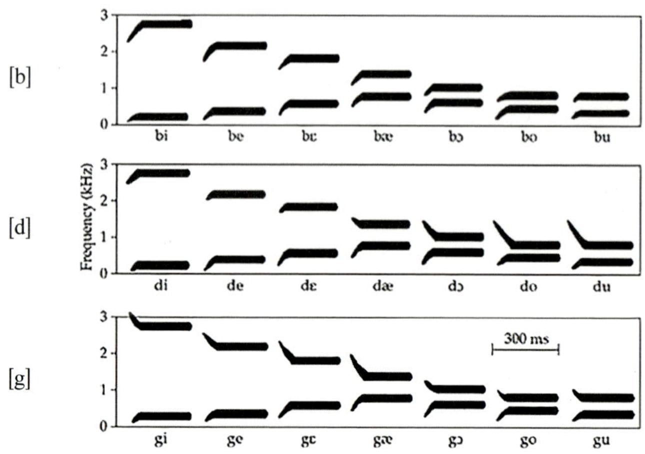

[그림 4] 포먼트 전이와 근원점 (2) (Delattre et al. 1955:770, Johnson 2003:233)

　　연구개 파열음은 모음의 F2뿐만 아니라 F3의 전이도 중요한 음향 특징이다. [그림 5]는 표준중국어 [kɣ] gē 哥의 스펙트로그램이다. 선행하는 연구개 파열음에 가까울수록 F3가 낮아지는 것을 볼 수 있는데, 하향하는 F3가 상승하는 F2와 가까워지면서 두 포먼트가 가까워지는 현상을 연구개 핀치(velar pinch)라고 한다. 3장의 [그림 14], [그림 16]을 다시 보자. 이제 영어 파열음에서도 연구개 핀치를 발견할 수 있을 것이다.

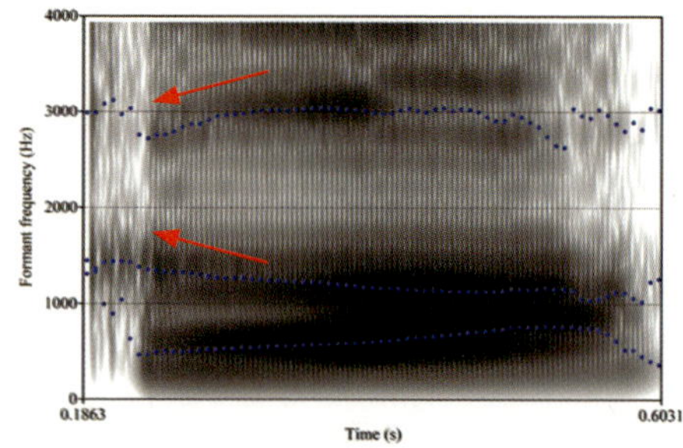

[그림 5] 연구개 핀치: 표준중국어 [kɣ]

이상의 논의를 정리하면, 스펙트로그램에 나타나는 파열음의 음향 신호는 장애 형성과 지속을 나타내는 공백, 장애 해소로 인한 순간적 폭발을 나타내는 긴 세로 선, 인접한 모음의 포먼트 전이를 포함한다.

5.1.2. 마찰음

마찰음은 기류가 조음 기관의 좁은 틈을 지나면서 만드는 마찰성 소음이다. 마찰이 지속되는 동안 불규칙한 에너지가 비교적 넓은 주파수 영역대에 형성되기 때문에, 마찰음의 음향 특징은 스펙트로그램에서 불규칙하며 복잡하게 퍼져있는 수많은 짧은 세로 선으로 나타난다. 표준중국어의 치 마찰음 [s]는 상대적으로 고주파수 영역대에 강한 에너지가 밀집되어 있는 것이 가장 큰 특징이다. 이에 반해 후치조 마찰음 [ʂ]나 경구개 마찰음 [ɕ]는 [s]보다 상대적으로 낮은 주파수 영역대에 에너지가 넓게 분산되어 있다. 순치 마찰음 [f]와 연구개 마찰음 [x]는 에너지가 상당히 약하며, 넓은 주파수 영역대에 에너지가 골고루 분산되는 특징을 보인다. [그림 6]은 표준중국어 [fan] fān 翻, [san] sān 三, [ʂan] shān 山의 마찰음 [f], [s], [ʂ]의 에너지 분포 특징을 보여준다.

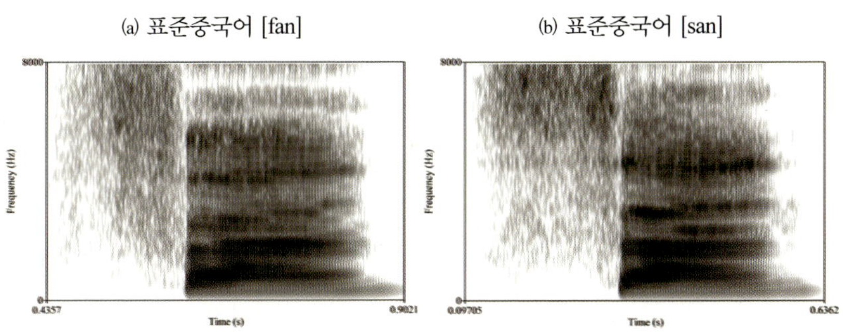

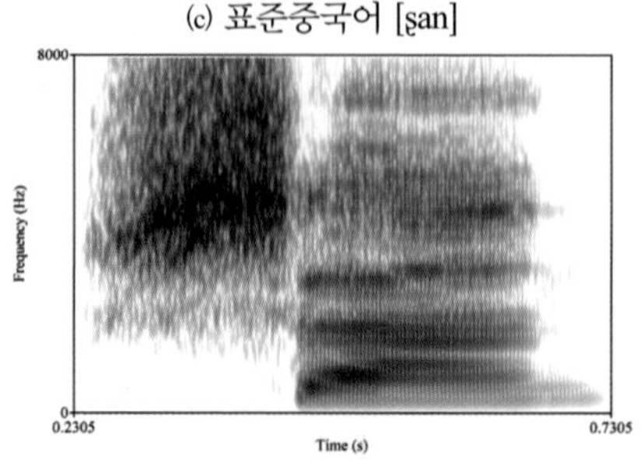

[그림 6] 마찰음 스펙트로그램

마찰음 가운데 성문 마찰음 [h]는 에너지가 매우 넓은 주파수 영역대에 분산된다. [그림 7]은 상하이 우방언 [ha] 蟹에 나타나는 성문 마찰음의 에너지 분포 특성이다.

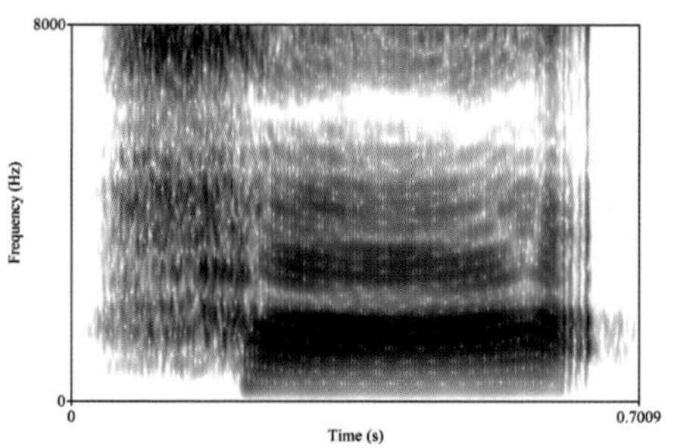

[그림 7] 상하이 우방언 마찰음 [h]

5.1.1에서 논의한 바와 같이, 파열음은 인접한 모음의 포먼트 전이를 활용하여 조음 위치를 추측하는 것이 가능하다. 그렇다면 마찰음의 조음 위치도 추측할 수 있는 방법이 있을까? 우리는 [그림 6]에서 표준중국어의 마찰음 종류에 따라 에너지의 세기나 주파수 영역대 분포 특징이 다르

다는 것을 살펴보았다. 이처럼 소음 에너지의 분포 유형과 밀집 정도를 측정하면 마찰음의 대략적인 특성을 판단할 수 있다. 이는 마찰 에너지의 크기를 에너지가 집중된 영역의 무게중심값(center of gravity)으로 측정할 수 있는데, 조음 위치가 앞쪽일수록 대체로 값이 커지는 경향이 있다.[02] 또한 마찰 에너지가 집중되어 있을수록 분산(variance)이 작다.[03] [표 1]은 표준 중국어 [san] sān 三과 [ʂan] shān 山, [sɿ] sì 四와 [ʂʅ] shì 事에서 [s]와 [ʂ]의 에너지 무게중심값을 측정하여 비교한 것이다. 조음 위치가 앞쪽인 치 마찰음 [s]가 후치조 마찰음 [ʂ]에 비하여 마찰 에너지가 상대적으로 큰 것을 알 수 있다. 또한 동일한 마찰음이라도 후행하는 모음에 따라서 무게 중심값이 다른 것을 볼 수 있는데, 개구도가 큰 [a]에 비하여 개구도가 작은 고모음에 선행할 때 값이 커지는 현상이 [s]와 [ʂ]에서 모두 나타난다.

[표 1] 표준중국어 [s]와 [ʂ]의 마찰 에너지 무게중심값 비교

[san]	5424.62	[ʂan]	4480.12
[sɿ]	7071.03	[ʂʅ]	4710.15

 프라트 프로그램에서 마찰음 에너지를 분석해보자. 먼저 분석하고자 하는 음성 파일을 'view & edit'를 실행하여 열고 ⒜와 같이 마찰 구간을 선택한 후,

---

02 이는 대체적인 경향을 나타내는 것으로, 마찰음의 조음 위치를 에너지 평균값으로 늘 판단할 수 있는 것은 아니다. 예를 들어 순치 마찰음 [f]는 치 마찰음 [s]보다 에너지 평균값이 작다.

03 마찰 에너지 특성은 왜도(skewness)와 첨도(kurtosis)에도 나타난다. 에너지가 집중된 주파수 영역이 높을수록 왜도가 작아지며, 에너지가 집중되어 있을수록 첨도가 커진다. 스펙트럼의 적률 분석(spectral moment analysis)에 대해서는 Forrest et al. (1988), Jongman et al. (2000) 등을 참조할 수 있다.

object 창에서 'File → extract selected sound (time from 0)'를 실행하여 (b)와 같이 마찰 구간을 추출한다. 그 다음, 오브젝트 창에 새롭게 생성된 마찰 구간 음성을 선택한 후 'Analyze Spectrum → To spectrum'을 실행하면 (c)처럼 마찰음의 스펙트럼이 생성된다. 마지막으로 object 창에 생성된 'spectrum'을 선택한 후 'Query → Get centre of gravity'를 선택하면 프라트 인포(info) 창에 값이 제공된다. 그 아래에 있는 'Get standard deviation'은 분산 정도를 알려주는 표준편차값이다. (프라트 스크립트 기능을 활용하면, 마찰 특정 구간(예: 중앙 10ms)에서도 마찰 에너지 무게중심값을 측정할 수 있다.)

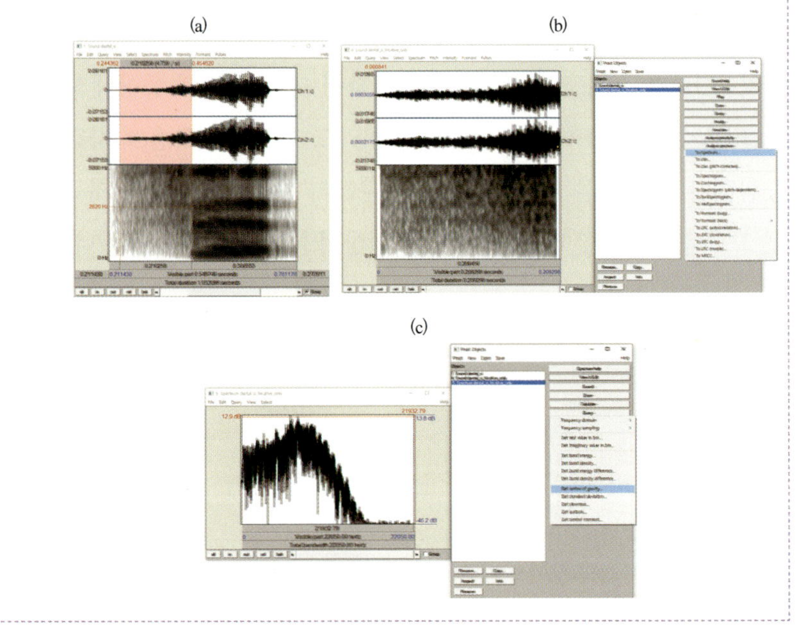

5.1.3. 파찰음

파찰음은 기류 장애의 형성과 지속이 파열음과 같지만 장애 해소의 방식은 마찰음과 같은 조음 특성을 갖는다. 따라서 파찰음의 음향 특성은 파열음과 마찰음의 특성을 모두 보인다. [그림 8]은 표준중국어 [tsɑŋ] zāng 脏과 [tʂɑŋ] zhāng 张의 치 파찰음 [ts]와 후치조 파찰음 [tʂ]을 분석한 스펙트로그램이다. 파열을 보여주는 세로 선과 그에 후행하는 마찰 에너지가 불규칙하고 복잡한 짧은 세로 선으로 나타나는 것을 볼 수 있다. [그림 6]에서 보았던 [s]와 [ʂ]의 에너지 분포 양상의 차이가 [ts]와 [tʂ]에도 나타나는 것을 알 수 있다.

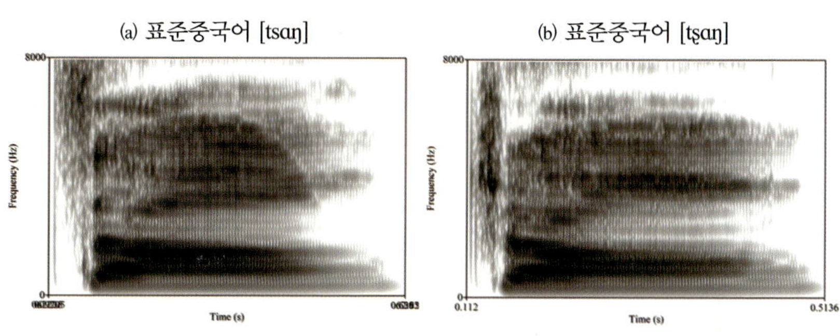

[그림 8] 파찰음 스펙트로그램

5.1.4. 무기음과 유기음

표준중국어의 파열음과 파찰음은 기식의 유무에 따라 구분되는 유기음과 무기음 쌍으로 이루어져 있다. 기식은 자음과 후행 모음 사이에서 산출되는 [h]와 같은 마찰성 소리이다. 유기음은 후행 모음을 조음하기 위하여 성대가 진동하기까지 무기음보다 많은 시간이 소요되므로 긴 성대 진동 시작 시간을 갖는다(4장 참조). 표준중국어의 [p]와 [pʰ], [t]와 [tʰ], [k]와 [kʰ]는 각각 무기 파열음과 유기 파열음의 쌍이다. [그림 9]는 표준중국어 [tan] dān 单, [tʰan] tān 贪, [kan] gān 干, [kʰan] kān 刊의 스펙트로그램으로, 무기 파열음과 유기 파열음 쌍 [t]와 [tʰ], [k]와 [kʰ]를 보여준다. 우선, [t]와 [k]에 비하여 [tʰ]와 [kʰ]는 파열에 해당하는 긴 세로 선이 출현한 후 짧은 세로 선이 넓은 주파수 영역대에 걸쳐 불규칙하게 흩어져 있는 것을 볼 수 있다. 이것이 기식의 음향 특징으로, [그림 7]의 상하이 우방언의 성문 마찰음 [h]와 비교하면 유사성을 쉽게 이해할 수 있다. 또한 [t]와 [k]를 자세히 보면, 무기 파열음 [t]와 [k] 또한 파열에 해당하는 긴 세로 선 뒤에 짧은 기식 구간이 있는 것을 알 수 있다. 무기음이라고 해서 기식이 전혀 없는 것은 아니다. 따라서 유기음과 무기음의 구분은 기식 정도의 상대적 차이로 이해해야 한다. 즉 무기음은 매우 짧은 VOT 값을 지니는 음이며, 유기음은 긴 VOT 값을 갖는 음이다. 실제로 언어나 방언에 따라 무기음과 유기음의 VOT 특성은 차이를 보인다.

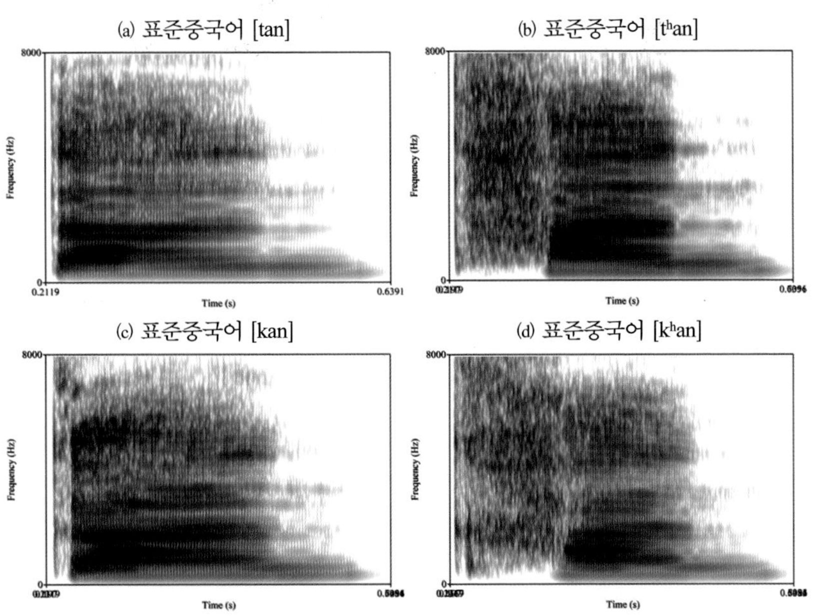

[그림 9] 무기 파열음과 유기 파열음 스펙트로그램

이제 파찰음을 살펴보자. 표준중국어의 [ʦ]와 [ʦʰ], [tʂ]와 [tʂʰ], [tɕ]와 [tɕʰ]는 각각 무기 파찰음과 유기 파찰음의 쌍이다. [그림 10]은 표준중국어 [tsɑŋ] zāng 脏과 [tsʰɑŋ] cāng 舱의 스펙트로그램으로, [ts]와 [tsʰ]의 음향 특성 차이를 보여준다. [ts]에 비하여 [tsʰ]는 마찰 구간이 긴 특징을 보인다. 이는 [tsʰ]는 치마찰음 [s]의 마찰 에너지에 이어 기식이 산출되기 때문이다. 또한 [tsʰ]를 자세히 보면, [t]의 파열에 해당하는 긴 세로 선에 이어 고주파수 영역대에 밀집한 [s] 마찰 에너지, 그에 후행하여 넓은 주파수 영역대에 분포하는 기식 구간을 볼 수 있다.

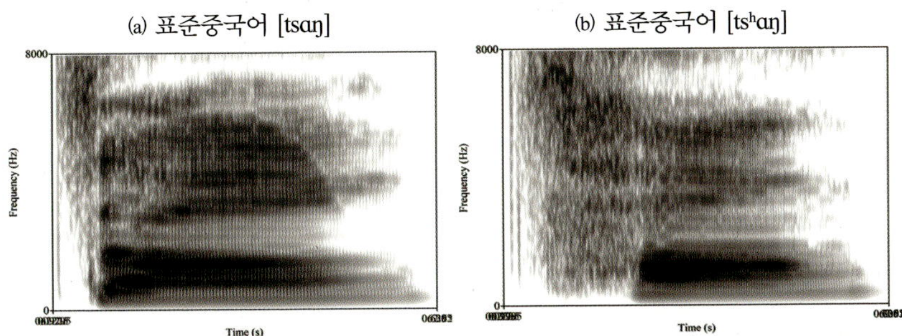

[그림 10] 무기 파찰음과 유기 파찰음 스펙트로그램

프라트 프로그램으로 VOT를 분석해보자. 먼저 분석하고자 하는 음성 파일을 'view & edit'를 실행하여 창을 열고, (a)와 같이 파열 개방과 모음 시작 사이의 기식 구간을 선택한다. 기식 구간을 선택한 후, 상단 메뉴에서 'Query → Get selection length'를 선택하면, Praat Info 창에 VOT 값이 출력된다.

(a)

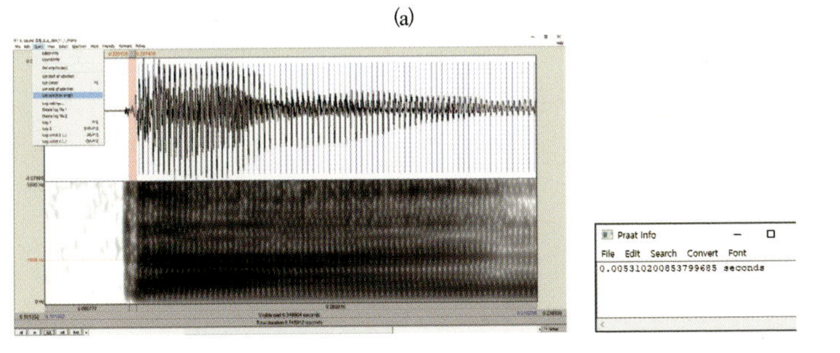

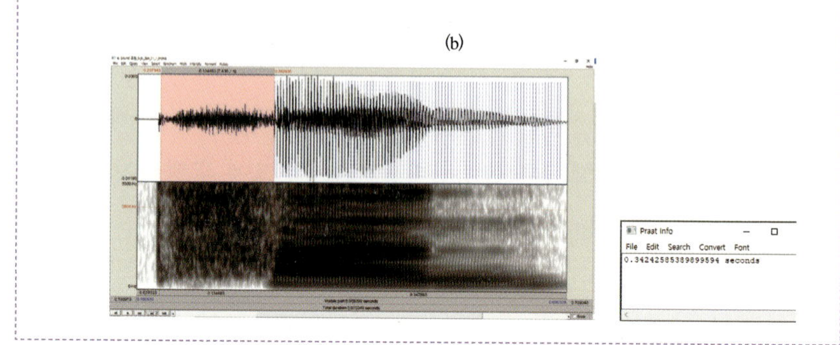

5.1.5. 무성음과 유성음

표준중국어의 파열음이나 마찰음, 파찰음은 유성음과 무성음이 음소적으로 대립하지 않는다. 그러나 상하이 우방언을 비롯하여 유무성의 대립이 의미 변별 작용을 하는 방언들이 있다(4장 참조). [그림 11]은 상하이 우방언의 [dadɔ] 大道 '큰길'과 [ɦubin] 和平 '평화'의 스펙트로그램이다. (a)와 (b)에서 두 번째 음절의 두음인 유성 파열음 [d]와 [b]의 장애 형성 구간을 보면, 하얀 공백 구간에 낮은 주파수 영역에 걸쳐 모음 포먼트와 유사한 가로 띠가 있는 것을 볼 수 있다. 이는 장애 형성 시에도 성대가 진동하는 것을 나타내며, 장애음의 유성음과 무성음을 구별하는 중요한 음향 단서이다. 또한 유성 파열음의 경우 장애 해소 시 발생하는 폭발의 정도가 무성음보다 약하기 때문에 파열을 나타내는 긴 세로 선이 흐리거나 잘 보이지 않는 경우가 종종 있다.

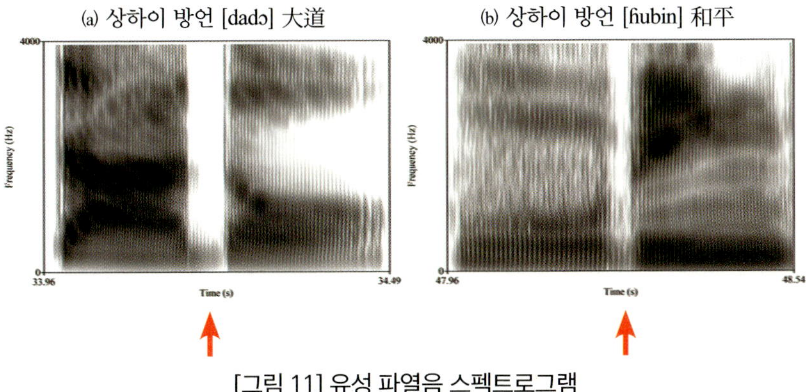

[그림 11] 유성 파열음 스펙트로그램

유성 마찰음도 성대 진동을 보여주는 낮은 주파수 영역의 가로 선이 나타난다. [그림 12]는 상하이 방언의 [fon] 风 '바람'과 [von] 凤 '봉황'이다. (a)의 무성 마찰음 [f]와 달리, (b)의 유성 마찰음 [v]는 낮은 주파수 영역대에 가로 띠가 있는 것을 볼 수 있다. 마찰음의 경우에도 유성음은 마찰 에너지가 상대적으로 작다. 따라서 에너지를 보여주는 음영이 무성음에 비해서 흐리거나 에너지 집중 구간이 뚜렷하게 보이지 않는 경우가 많다. [f]와 비교하여 [v]는 에너지 분포가 매우 흐리게 보인다.

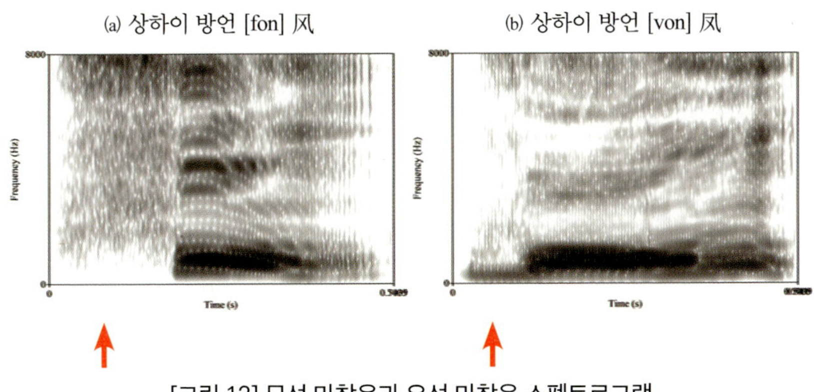

[그림 12] 무성 마찰음과 유성 마찰음 스펙트로그램

표준중국어도 자연 발화에서 유성 파열음이나 유성 마찰음이 출현할할 때가 있는데, 이는 주로 빠른 발화에서 무성음이 모음에 인접하거나 두 모음 사이에 출현할 때 유성음으로 변하는 경우이다. 특히 비강세 음절인 경성 음절에서 유성음화가 많이 발생한다(4장 참조). [그림 13]을 살펴보자. (a)와 (b)는 각각 wěiba 尾巴의 'b'가 무성음 [p]와 유성음 [b]로 발음되는 것을 보여준다. 유성음은 낮은 주파수 영역대에 가로 띠, 즉 성대 진동을 나타내는 포먼트가 보인다. 마찬가지로 (c)와 (d)는 zhīdao 知道의 'd'가 각각 무성음 [t]와 유성음 [d]로 발음되는 것을 나타낸다.

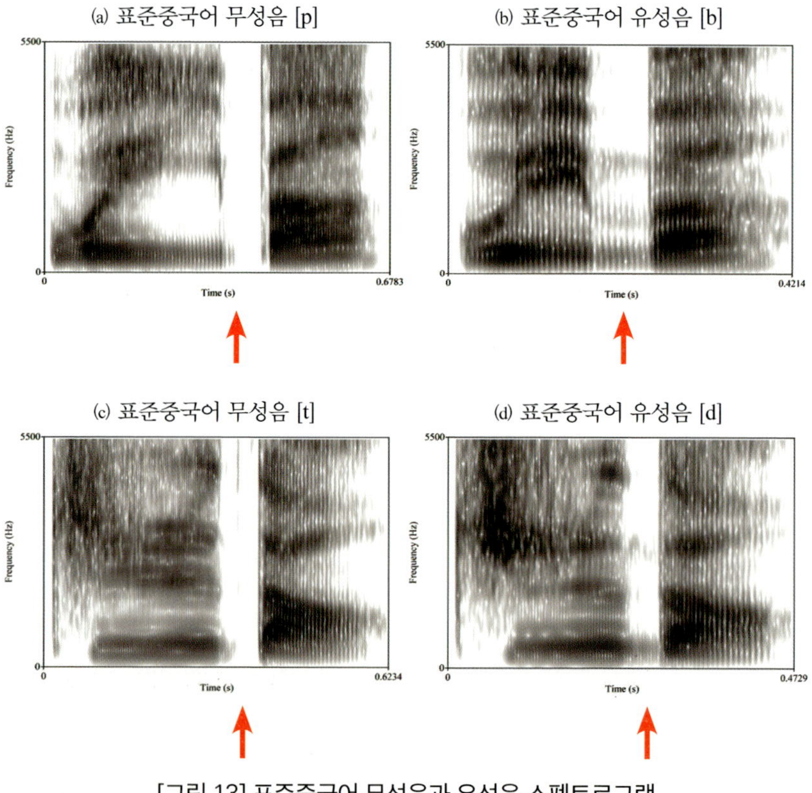

[그림 13] 표준중국어 무성음과 유성음 스펙트로그램

5.2. 공명음의 음향 특징

5.2.1. 비음

공명음은 성대 진동을 통하여 생성된 주기파 음원으로 만들어진 음성으로, 모음과 비음, 접근음 등이 대표적인 공명음이다. 먼저 비음의 음향 특징에 대하여 살펴보자. 비음은 구강에서 장애를 형성, 해제하는 동안 연구개가 하강하여 기류가 계속해서 비강으로 빠져나간다(비음의 조음 특성은 2장, 4장 참조). 비음은 조음에 구강과 비강이 동시에 활용되기 때문에 구강과 비강에서 모두 공명 작용이 일어난다. 그러나 구강은 장애가 형성되어 막혀 있기 때문에 비강이 공명강의 역할을 한다. 따라서 비강의 공명 주파수와 가까운 주파수 성분이 증폭하는 현상이 나타난다. 이는 모음에서 구강의 공명 주파수와 가까운 성분들이 증폭되는 현상과 유사하지만, 비음은 모음에 비하여 에너지가 약하다(모음의 공명 주파수는 3장, 6장 참조). 이와 동시에, 막혀 있는 구강의 공명 주파수와 가까운 주파수 성분은 에너지를 산출하지 않고 구강에서 흡수되어 버린다. 이렇게 구강에서 흡수되는 에너지를 반공명(anti-resonance) 주파수 또는 반포먼트(anti-formant, AF)라고 하는데, 스펙트로그램에서 특정 주파수 영역대에 흰색 공백으로 나타난다. [그림 14]는 비음 [m], [n], [ŋ]에서 공명 주파수와 반공명 주파수가 형성되는 비강과 구강의 구조를 도식화한 것이다.

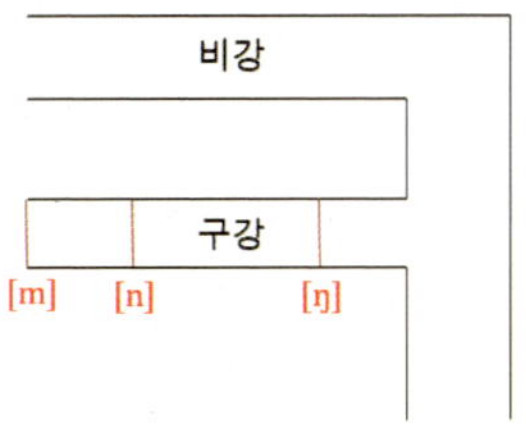

[그림 14] 비음의 공명 주파수와 반공명 주파수

비음은 에너지가 약하기 때문에 낮은 주파수 영역대에 F1만 보이고 F2와 그 이상의 포먼트는 잘 보이지 않는 경우가 많다. 표준중국어의 비음 [m], [n], [ŋ]와 같이 조음 위치에 따른 비음의 종류를 포먼트에 근거하여 정확히 구별하는 것은 쉽지 않다. 따라서 반공명 주파수에 근거하여 종류를 판단하기도 하는데, 조음 위치가 뒤쪽일수록 반공명 주파수가 높다. 예를 들어 양순 비음 [m]의 경우 구개수에서 입술까지 구강 길이가 8cm라고 가정하면, 구강의 공명 주파수, 즉 반공명 주파수 AF1과 AF2는 각각 약 1,094Hz, 3,281Hz이다. [n]는 구강 길이가 짧아지므로, 구강 길이를 약 5.5cm라고 가정하면 반공명 주파수 AF1과 AF2는 각각 약 1,591Hz, 4,773 Hz이다.[04] [그림 15]는 표준중국어 [ma] má 麻 '삼'으로, [m]의 저주파수 영역대에 포먼트 가로 띠가 보인다. 포먼트 띠 위에 하얀 공백을 볼 수 있는데, 이것이 첫 번째 반공명 주파수이며, 두 번째 공백은 두 번째 반공명 주파수에 해당한다. 그림에서 점선 화살표는 공명 주파수를, 실선 화살표는 반공명 주파수를 가리킨다.

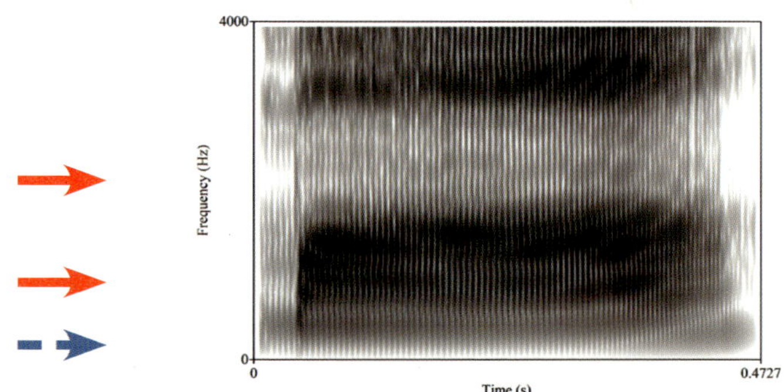

[그림 15] 표준중국어 비음 [m]의 공명 주파수와 반공명 주파수

표준중국어에서 연구개 비음 [ŋ]은 음절 말음 위치에만 출현할 수 있다. 그러나 상하이 우방언을 비롯한 많은 방언에서 [ŋ]은 다른 자음과 마찬가지로 음절 두음 위치에 출현할 수 있다(4장 참조). [그림 16]은 상하이 우방언의 [ŋu] 饿 '배고프다'를 보여주는 스펙트로그램으로, 음절 시작 부분에 비음 포먼트가 낮게 분포하며, [그림 15]의 [m]에 비하여 첫 번째 반공명 주파수가 다소 높은 것을 볼 수 있다. 그림에서 점선 화살표는 공명 주파수를, 실선 화살표는 반공명 주파수를 가리킨다.

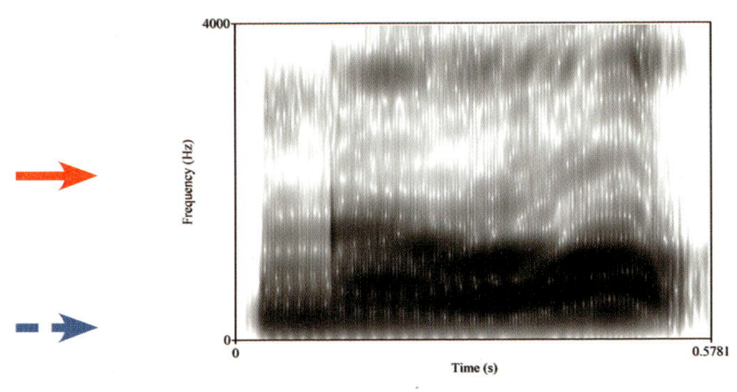

[그림 16] 상하이 방언 음절 두음 [ŋ]

5.2.2. 접근음

표준중국어의 중앙 접근음 [ɹ]와 설측 접근음 [l]는 비음과 마찬가지로 낮은 주파수 영역대에 약한 포먼트 가로 띠가 나타난다. [ɹ]는 전통적으로 유성 권설 마찰음 [ʐ]로 취급되었으나, 마찰음으로 간주하기에는 마찰의 정도가 약하다. 따라서 후치조 접근음 [ɹ]로 간주하는 것이 적합하다(2장, 4장 참조). [ɹ]의 중요한 음향 특징은 F2와 F3가 상대적으로 낮으며, 특히 F3가 매우 낮아 F2에 근접하는 현상이 나타나는 것이다. [그림 17]은 [ɹɤ] rè

熱 '덥다'의 스펙트로그램으로, 화살표가 가리키는 바와 같이 F2와 F3가 약 1,600~1,700Hz 정도 영역에서 서로 접근하는 것을 보여준다.

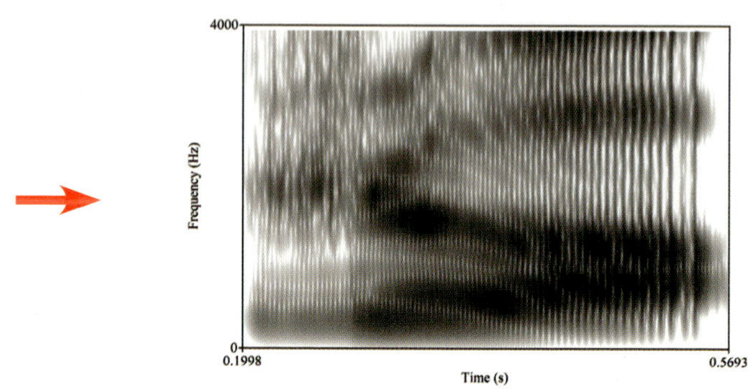

[그림 17] 표준중국어 후치조 접근음 [ɻ]

설측 접근음 [l]는 스펙트로그램에서 비음과 상당히 유사하게 보인다. 비음과 마찬가지로 에너지가 약하기 때문이다. 설측음을 조음할 때 혀의 앞부분이 치조 부위에 접근하여 작은 공기 주머니를 만드는데, 이 공기 주머니가 공명강의 역할을 하여 반공명 주파수를 만든다. 공기 주머니의 길이를 4cm라고 가정하면, 첫 번째 반공명 주파수는 약 2,188Hz 정도이다. [그림 18]은 설측음에서 공명 주파수와 반공명 주파수가 형성되는 구강과 공기 주머니를 도식화한 것이다. [그림 19]는 표준중국어 [la] là 辣의 스펙트로그램으로, 설측음의 화살표는 반공명 주파수를 가리킨다.

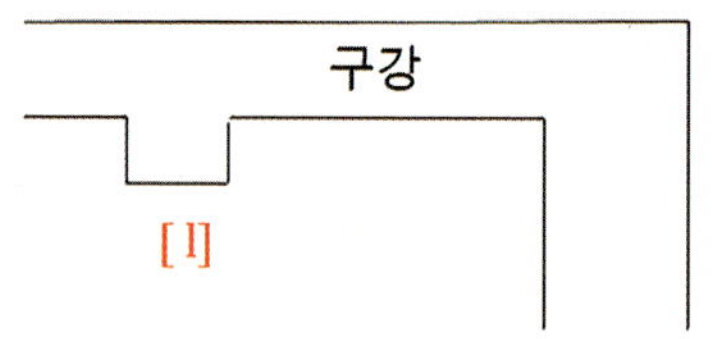

[그림 18] 설측음의 공명 주파수와 반공명 주파수

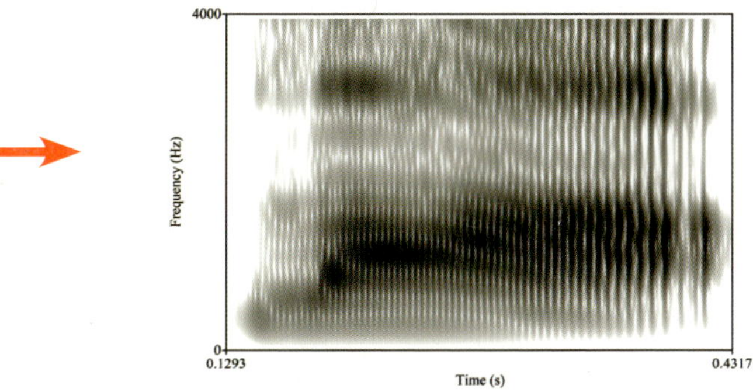

[그림 19] 표준중국어 설측음 [l]

1. 공식을 활용하여 후두에서 비강 끝까지 길이가 21.5cm인 성인 화자의 비음 의 첫 번째와 두 번째 공명 주파수 값을 구하시오.

> $f_n = (2n-1)c/4L$ ('f_n': 'n'번째 공명 주파수. 'c': 소리의 전파 속도 35,000cm/s, 'L': 성도 길이)

2. 스펙트로그램 (a), (b), (c)에서 각 음절 두음의 자음 유형을 추측하고 근거를 설명하시오.

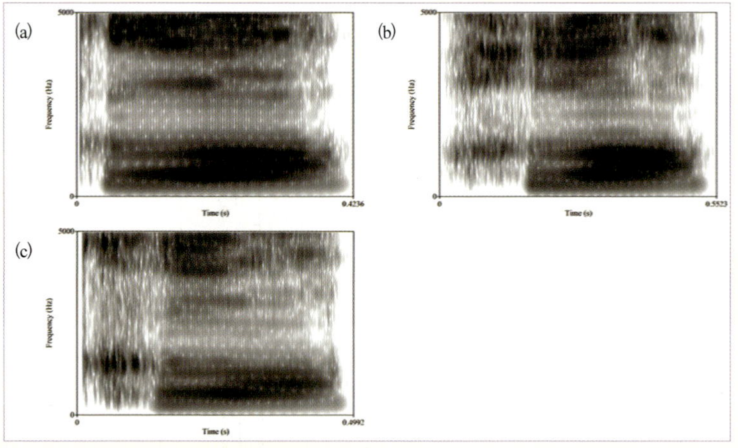

3. 표준중국어 bān 搬, pān 攀, dān 单, tān 贪, gān 干, kān 刊의 VOT를 측정 하고, VOT 차이를 설명하시오.

4. 홍콩 웨방언 [tap] 搭 '타다'의 스펙트로그램에 보이는 F2의 특징을 후행 자음과 관련하여 설명하시오.

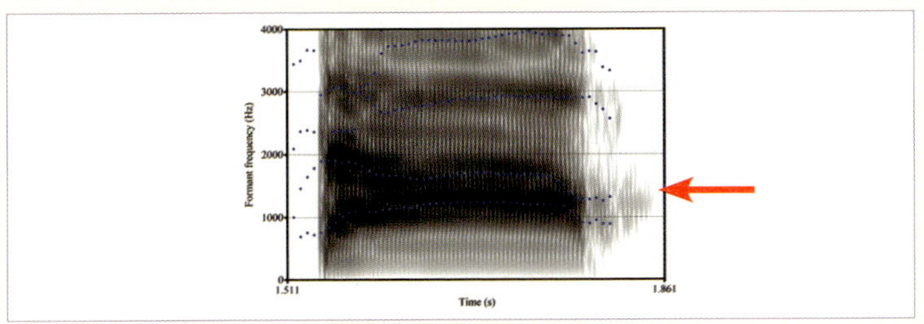

5. 한국어 '간, 깐, 칸'의 파열음 'ㄱ, ㄲ, ㅋ'와 중국어 'gān 干, kān 刊'의 파열음 'g, k'의 VOT를 측정하여 비교하시오. 중국어 'g'는 한국어 'ㄱ'와 'ㄲ' 가운데 어느 것과 비슷한가?

더 읽을거리

맹주억, 권영실. 2007a. 한중 파열음의 음성학적 대조연구 - 한국어 'ㄷ/ㄸ'과 중국어 'd'에 대하여. 중어중문학 41:81-104.

李善鹏, 顾文涛. 2016. 普通话塞擦音的声学特性研究. 清华大学学报 (自然科学版) 56.11:1202-1208.

许宝华, 汤珍珠 主编. 1988. 上海市区方言志. 上海: 上海教育出版社.

严菡波, Jongman, Allard. 2018. 普通话及台湾国语舌尖音与卷舌音的声学比较分析. 语言研究集刊 20: 322-344.

Jongman, Allard, Wayland, Ratree, and Wong, Serena. 2000. Acoustic Characteristics of English Fricatives. *Journal of the Acoustical Society of America* 108.3:1252-1263.

6장

중국어 모음의 조음 특징

1. gàn 干과 gùn 棍을 발음해보자. 모음 'a'와 'u'는 어떤 차이점이 있는가? 이제 gàn 干과 gàng 钢을 발음해보자. 두 음절에서 모음 'a'는 같은가, 다른가?
2. juéde 觉得의 'de'와 dézuì 得罪의 'dé'를 발음해보자. 두 단어에서 모음 'e'는 어떻게 다른가?
3. bó 脖, pó 婆, mó 磨, fó 佛에서 모음 'o' 발음을 한글로 전사해보자.

2장에서 소개한 조음 음성학의 기본 개념과 4장에서 논의한 중국어 자음의 조음 특징을 토대로, 6장은 중국어 모음의 조음 특징을 논의한다. 먼저 표준중국어 모음의 조음 특징을 살펴보고(6.1), 표준중국어에는 보이지 않는 우(吴)방언과 웨(粤)방언 모음의 특성을 제시할 것이다(6.2). [들어가며]의 세 가지 물음에 대하여 잠시 생각해본다면 중국어 모음의 조음 특징에 대한 탐색을 시작하는 데 도움이 될 것이다.

6.1. 표준중국어 모음의 조음 특징

모음은 폐에서 올라온 기류가 흐름의 방해를 받지 않고 성도를 통과하면서 만들어지는 소리이다. 모음은 일반적으로 유성음이며, 음절에서 가장 주요한 성분인 핵음(nucleus)을 담당한다. 모음을 분류하는 가장 기본적인 방법은 혀의 위치와 입술 모양에 따라 구분하는 것이다. 또한 모음을 조음할 때 조음 특성이 변하는가의 여부에 따라 단모음(monophthong)과 이중모음(diphthong), 삼중모음(triphthong)으로 나눌 수 있다. 이 외에도, 표준중국어는 혀끝을 사용하여 조음하는 설첨모음(apical vowel)과 전통적으로 '얼화운(儿化韵)'으로 부르는 r-음화(rhotacized) 모음이 있으며, 웨(粤)방언

은 모음의 길이에 따라 단모음(short vowel)과 장모음(long vowel)이 구분된
다(웨방언 자음은 6.2.2 참조).

6.1.1. 혀의 위치와 입술 모양

모음의 조음 특징을 결정하는 가장 중요한 요소는 혀의 위치로, 이는
혀의 전후와 고저 두 가지를 포함한다. 혀의 전후, 즉 혀의 위치가 앞, 중
간, 뒤인지에 따라 모음은 전설모음(front vowel), 중설모음(central vowel), 후
설모음(back vowel)으로 구분한다. 또한 혀의 고저 위치에 의하여 고모음
(high vowel), 중모음(mid vowel), 저모음(low vowel) 세 단계로 나누기도 하고,
고모음, 중고모음(mid high vowel), 중저모음(mid low vowel), 저모음 네 단계
로 나누기도 한다. 이 책은 고, 중, 저 세 단계로 표준중국어 모음을 구분
한다. 혀의 고저는 턱을 올려 입을 다무는지 아니면 턱을 내려 입을 벌리
는지에 따라 변화하므로 입을 벌리는 정도인 개구도(openness)와 관련된
다. 따라서 고모음을 폐모음(close vowel), 저모음을 개모음(open vowel)이라
고도 한다. 또한 모음은 입술 모양에 따라서 입술을 동그랗게 만드는 원순
모음(rounded vowel)과 그렇지 않은 비원순(unrounded vowel) 모음으로 나눈
다. 비원순 모음은 평순 모음이라고도 한다.

그런데 자음에 비해서 모음을 조음할 때는 혀의 위치를 판단하기가 쉽
지 않다. 예를 들어, 자음 [s] 's'를 소리 낼 때는 혀끝이 앞니 뒷면이나 치
조 앞부분에 접근한다는 것을 쉽게 알 수 있지만, 모음 [u] 'u'를 발음할
때는 혀가 어디에 있는지 금방 판단하기 어렵다. 모음은 주로 혀의 몸통을
움직여 조음하므로 혀의 다양한 부위를 사용하여 접촉이나 좁힘을 만드
는 자음과 다르기 때문이다. 따라서 모음의 조음 특성을 이해하기 위해서
는 모음 생성에 사용되는 공간을 살펴보는 것이 도움이 된다. 국제음성기

호(International Phonetic Alphabet, IPA)는 모음을 모음 공간(vowel space)에 배치하는데, 이를 편의상 모음 사각도(vowel chart)라고 한다. [그림 1]과 같이 모음 사각도는 윗면이 아랫면보다 넓고, 앞면이 뒷면보다 넓다. 이는 입천장을 포함하는 구강의 윗면이 혀가 놓인 구강의 아랫면보다 넓으며, 턱을 내려서 입을 벌리면 구강의 앞면이 뒷면보다 더 넓어지기 때문이다. 이와 같은 모음 공간의 특징으로 인하여 고모음은 혀의 전후 위치의 차이가 많이 나지만, 저모음은 그렇지 않다. 마찬가지로, 혀의 고저 위치의 차이는 전설모음이 후설모음보다 더 크다.

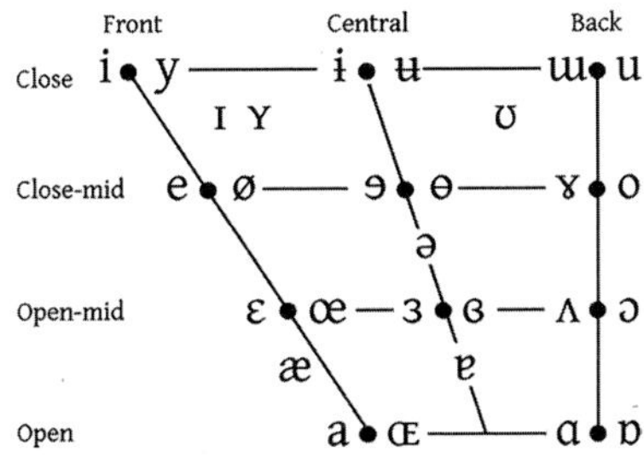

[그림 1] 모음 사각도와 IPA 모음 기호[01]

모음 사각도에서 주변부에 위치한 [i], [e], [ɛ], [a], [ɑ], [ɔ], [o], [u]는 여러 언어에서 자주 사용되는 모음으로, 1차 기본 모음(Daniel Jones' 8 primary cardinal vowels)이라고 한다. [그림 2]는 8개 기본 모음의 조음 동작을 보여주는 MRI 이미지이다.[02] 기본 모음 가운데 전설모음은 비원순 모

---

[01]　동일한 위치에 2개의 모음이 쌍으로 제시된 경우, 왼쪽 모음은 비원순 모음, 오른쪽 모음은 원순 모음이다.

[02]　Lawson et al.(2018, https://www.seeingspeech.ac.uk/ipa-charts/)에서 제공하는 IPA 기호의 음성, MRI, 애니메이션, 초음파 영상을 참조할 수 있다.

음이고, 후설모음은 대부분 원순 모음이다. 이는 혀의 전후와 입술 모양이 완전히 독립적인 조음 행위가 아님을 의미한다. 전설모음은 후설모음에 비하여 혀의 고저 위치에 따라서 개구도가 크게 차이 나며, 개구도가 커질수록 입술을 동그랗게 오므리는 조음 행위가 동시에 이루어지기 어렵기 때문일 것이다. 실제로 여러 언어의 모음을 보면, 전설모음은 비원순 모음이 일반적이며, 후설모음은 원순 모음이 더 보편적이다. 또한 고모음은 전설과 후설의 혀 위치를 쉽게 볼 수 있지만, 저모음은 차이가 명확하지 않다. 이는 모음 공간의 아랫면이 좁아서 혀의 전후 움직임이 크지 않기 때문이다. 전설 저모음과 후설 저모음이 음소적으로 대립하여 의미를 변별하는 언어가 거의 없는 것도 이와 같은 조음 기관의 특성에 기인한다.

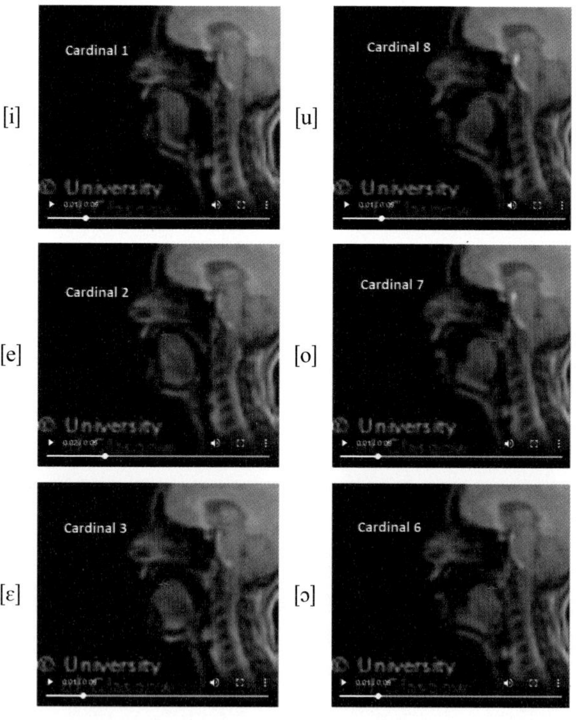

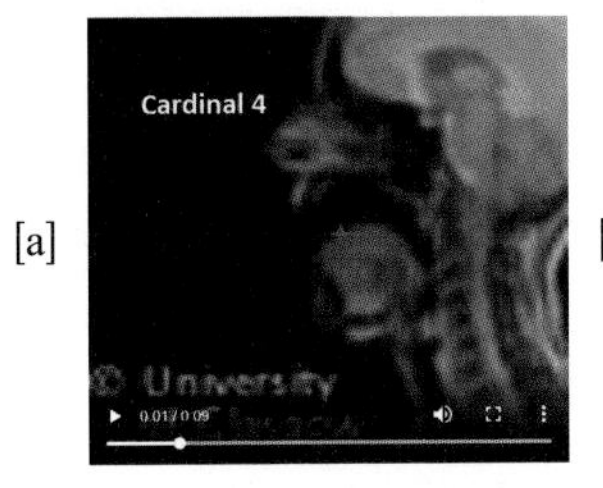

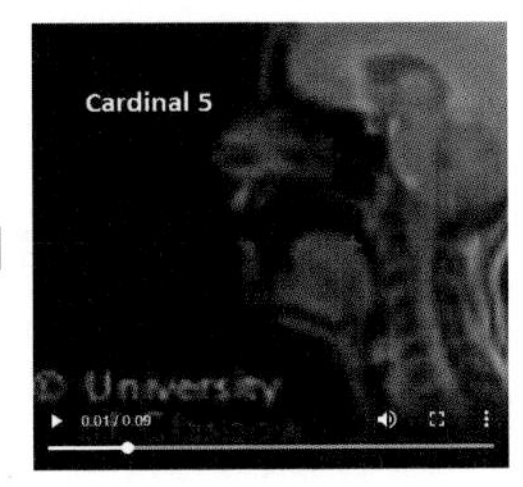

[그림 2] 기본 모음과 조음 동작 MRI 이미지[03]

　표준중국어 모음의 종류는 학자들 간에 이견이 있으며, 분석 방법에 따라 5개부터 14개까지 다양한 모음 목록이 제시된 바 있다.[04] 이 책은 [표 1]의 12개 모음을 위주로 표준중국어 모음의 음성 특징을 소개하며, 필요한 경우 추가 설명을 제공할 것이다. [표 1]은 표준중국어의 모음을 한어병음과 IPA로 제시하는데, 한어병음 기호에 둘 이상의 IPA 기호가 해당하는 모음에 주의하자.[05] 표에서 가로행은 혀의 전후와 입술 모양을, 세로열은 혀의 고저를 나타낸다.

03　Lawson et al.(2018)의 MRI 동영상에서 추출한 화면으로 동영상 출처는 다음과 같다. https://www.jsvoicecoach.com/resources/speech-and-accent-resources/articulation/vowel-space/

04　이에 대한 논의는 Lee and Xiong(2021)을 참조할 수 있다.

05　[표 1]의 목록이 표준중국어에 12개 모음 음소가 있다고 주장하는 것은 아니다. 예를 들어, 상보적 분포 관계에 있는 모음인 [a], [ɑ], [ɛ]는 하나의 음소로 설정할 수 있다. 마찬가지로, [ʌ], [ə], [e]도 하나의 음소로 보는 것이 일반적이다(표준중국어 모음의 음소화에 대한 논의는 Duanmu(2007), Lin(2007), 엄익상(2016) 등 참조).

[표 1] 표준중국어 모음

	전설		중설	후설	
	비원순	원순	비원순	비원순	원순
고모음	i[i, ɿ, ʅ]	ü[y]			u[u]
	li 力, ci 次, chi 吃	lü 绿			lu 路
중모음	e[e], a[ɛ]		e[ə]	e[ɤ]	o[o]
	lie 列, lian 恋		le 了	le 乐	lou 漏
저모음	a[a]			a[ɑ]	
	lan 烂			lang 浪	

    표준중국어 모음을 조음할 때 혀의 위치를 이해하기 위하여, 먼저 혀가 앞뒤 또는 위아래로 치우치지 않고 중립적 위치에 놓이는 모음에서 시작하자. 문말 조사 [lə] le 了를 발음하고, 모음 [ə]를 조음할 때 혀의 위치를 기억하자. [ə]는 혀가 중립적 위치에 놓이는 중설모음으로, 슈와(schwa) 또는 애매모음이라고 한다. 영어에서 슈와는 단어 around, about의 첫 음절과 같이 비강세 음절에서 출현한다. 표준중국어에서 슈와는 일반적으로 강세를 받지 않는 경성 음절에서 출현한다.

    [lə] le 了를 발음한 후 연이어 [li] lì 力와 [ly] lǜ 绿를 발음하면, [lə] le 了를 발음할 때보다 혀가 앞쪽으로 이동하는 것을 감지할 수 있다. 이제 [lje] liè 列와 [ljɛn] liàn 恋을 발음하며, 모음 [e], [ɛ]와 [i]를 발음할 때 혀의 위치가 어떻게 달라지는지 비교해보자. [e], [ɛ]는 [i]보다 개구도가 커지지만, [ə]보다 혀의 위치가 여전히 앞쪽이라는 것을 판단할 수 있다. 반면, [lə] le 了를 발음하고 연이어 [lɤ] lè 乐와 [lu] lù 路를 발음하면, 혓몸이 뒤쪽으로 움직이는 것을 느낄 수 있다. 이제 [lou] lòu 漏를 발음하면서 모음 [o]를 [ə]와 비교해보자. [o]가 [ə]보다 혀의 위치가 약간 뒤쪽이라는 것을 감지할 수 있다. 이와 같이 조음할 때 혀의 위치가 앞쪽인 [i],

[e], [ɛ]가 전설모음이고, 혀의 위치가 뒤쪽인 [u], [o]는 후설모음이다.

그런데 [la] là 辣와 [lə] le 了를 연이어 발음해보면, [a]는 [i]나 [y]에 비하여 혀가 앞으로 이동하는 인상이 명확하지 않다. 이제 [la] 辣 là를 [lan] lán 蓝, [lɑŋ] 狼 láng과 함께 연이어 발음해보면, [lɑŋ] 狼 láng을 발음할 때 혀가 뒤쪽으로 약간 당겨지는 것을 감지할 수 있다. [a]와 [ə], 또는 [a]와 [ɑ]를 발음할 때 혀의 위치 변화가 덜 명확하게 느껴지는 것은 모음 공간의 아랫면이 좁아서 혀의 전후 위치의 차이가 크지 않기 때문이다. 이 책은 표준중국어에서 [a]를 전설모음, [ɑ]를 후설모음으로 구분하지만, 이 둘을 구분하지 않고 하나의 모음으로 간주하는 견해도 있다.

(1) 표준중국어 모음의 혀의 전후 위치

전설모음: [i] lì 　力 '힘'　　　　[y] lù 　绿 '녹색'

　　　　　[e] liè 　列 '늘어놓다' [ɛ] liàn 恋 '사랑'

　　　　　[a] là 　辣 '맵다'

중설모음: [ə] le 　了 '문말 조사'

후설모음: [u] lù 　路 '길'　　　　[ɤ] lè 　乐 '즐겁다' [o] lòu 漏 '새다'

　　　　　[ɑ] làng 浪 '물결'

이제 표준중국어 모음을 혀의 고저에 따라서 고모음, 중모음, 저모음 세 단계로 구분해보자. 고모음에서 저모음으로 갈수록 입이 크게 벌어지기 때문에, 혀의 고저는 비교적 쉽게 눈으로 확인할 수 있다. [li] lì 力, [lə] le 了, [la] là 辣를 연이어 발음하면, 입이 점점 크게 벌어지는 것을 알 수 있다. 마찬가지로, [lu] lù 路, [lə] le 了, [la] là 辣를 순차적으로 발음하면, 점점 턱이 낮아지면서 입이 점점 크게 벌어진다. 반면, [li] lì 力 와 [ly] lù

绿, [lu] lǜ 路를 연속하여 발음하면 개구도의 차이, 즉 혀의 고저 차이를 그다지 느낄 수 없다.

전설모음 [i], [e], [ɛ], [a]를 연이어 발음하면, 입을 벌리는 정도가 점점 커지는 것을 알 수 있다. 혀의 고저를 세분하면, [e]와 [ɛ]는 각각 반고모음과 반저모음으로 분류할 수 있다. 그러나 화자에 따라서 이 두 모음의 구분이 뚜렷하지 않은 경우가 많이 있으므로, 이 책은 이 둘을 중모음으로 분류한다. 마찬가지로, 후설모음 [u], [o], [ɤ], [ɑ]를 연이어 발음하면, 개구도가 증가하는 것을 알 수 있다.

(2) 표준중국어 모음의 혀의 고저 위치

고모음: [i] lì 力 '힘'　　　　　[y] lǜ 绿 '녹색'　[u] lù 路 '길'

중모음: [e] liè 列 '늘어놓다'　[ɛ] liàn 恋 '사랑'　[ə] le 了 '조사'

　　　　[ɤ] lè 乐 '즐겁다'　　[o] lòu 漏 '새다'

저모음: [a] là 辣 '맵다'　　　[ɑ] làng 浪 '물결'

개구도는 소리의 공명도(sonority)에 상응하는데, 공명도는 청취되는 소리의 크기와 관련된다. 즉 동일한 강세, 길이, 높이로 발음할 경우, 공명도가 큰 소리는 그렇지 않은 소리보다 더 크게 들린다. 모음은 개구도가 큰 저모음이 중모음보다 공명도가 크며, 중모음은 고모음보다 공명도가 크다. 일반적으로 공명도가 큰 소리는 음절의 중심 요소를 담당하며, 음절의 주변 요소는 공명도가 상대적으로 작다. 공명도는 한어병음표기의 성조 표기 원칙과도 관련된다. 공명도가 가장 큰 모음 위에 성조를 표기하는 것이 원칙이다.

(3) 개구도와 성조 표기

[tʰje]　tiě　铁 '철'　[lwo] luò 落 '떨어지다'　[tʂou] zhōu 粥 '죽'
[pʰjɑu] piào 票 '표'

마지막으로, 표준중국어 모음을 입술 모양에 따라서 살펴보자. 绿 [ly] lǜ와 路 [lu] lù의 모음은 두 입술을 동그랗게 모아서 조음하는 원순 모음이다. [ly] lǜ 绿를 [li] lì 力와 연속으로 발음하면, 혀의 전후, 고저는 크게 변하지 않지만 입술 모양이 변화하는 것을 알 수 있다. 표준중국어의 원순 모음은 [y], [u], [o]이며, 나머지는 비원순 모음이다. 엄밀히 말하면 입술 모양의 변화와 혀의 위치는 완전히 독립적이지 않다. 예를 들어, 표준중국어의 전설고모음 [i]와 [y]를 비교하면, 원순 모음인 [y]의 혀의 위치가 약간 낮으며 뒤쪽이다. 또한 원순 모음 [u]도 혀의 위치가 [i]에 비해 조금 낮은 경향이 있다.

(4) 표준중국어 모음의 입술 모양
원순 모음:　[y] lǜ　绿 '녹색' [u] lù 路 '길'　　[o] lòu 漏 '새다'
비원순 모음: [i] lì　力 '힘'　[e] liè 列 '늘어놓다' [ɛ] liàn 恋 '사랑'
　　　　　　[ə] le　了 '조사' [ɤ] lè 乐 '즐겁다'　[a] là 辣 '맵다'
　　　　　　[ɑ] làng 浪 '물결'

6.1.2. 설첨모음

6.1.1의 [표 1]의 표준중국어 모음 가운데 아직 살펴보지 않은 [ɿ]와 [ʅ]에 대해서 알아보자. 이 두 모음은 특수한 조음 특징을 갖는 모음으로, [sɿ] sì 四 '넷, 4'와 [ʂʅ] shī 诗 '시' 등의 음절에 나타난다. 전통적으로 [ɿ]는 '설

첨전모음', [ɻ̩]는 '설첨후모음'이라고 부르는데, 학자에 따라 이 두 모음을 설첨모음으로 보기도 하고 성절자음(syllabic consonant)으로 구분하기도 한다. 명칭의 차이에서 볼 수 있듯이, 이 음을 모음으로 볼 것인가, 자음으로 볼 것인가, 아니면 접근음으로 간주할 것인가에 대한 이견이 존재한다. 이러한 이견이 존재하는 이유는 [ɿ]와 [ɻ̩]가 적어도 세 가지 주요한 측면에서 다른 모음들과 차이를 보이기 때문이다.

첫째, [ɿ]와 [ɻ̩]는 다른 모음과 달리 제한적인 환경에서 출현한다. [ɿ]는 치 마찰음과 치 파찰음 뒤에서만 출현하며, [ɻ̩]는 후치조 마찰음과 후치조 파찰음, 접근음 [ɹ] 뒤에서만 출현한다. 또한 이들은 말음이 후행할 수 없다. 따라서 *[sɿŋ] *sing , *[tsɿn] *zin, *[ʂɻ̩u] *shiu와 같은 음절은 없다. 둘째, 모음은 일반적으로 혓몸을 사용하여 조음하는 데 반해, [ɿ]와 [ɻ̩]는 자음처럼 혀끝을 사용하여 조음한다. 설첨모음으로 명명하는 견해는 이들을 '설첨'을 사용하여 조음하는 특수한 모음으로 보는 것이다. 셋째, [ɿ]와 [ɻ̩]를 조음할 때 선행하는 자음의 조음 위치나 모양이 크게 변화하지 않는다. 예를 들어, 음절 [sa]는 자음 [s]와 모음 [a]를 조음할 때 사용되는 혀의 위치와 모양이 명확히 다르다. 그러나 [sɿ]와 [ʂɻ̩]는 각각 [s]와 [ɿ], [ʂ]와 [ɻ̩]의 조음 위치를 구분하기가 쉽지 않다. 이에 따라서, [ɿ], [ɻ̩]를 선행 마찰음이나 파찰음의 유성성이 음절 핵(nucleus) 위치로 연장되어 실현되는 성절자음으로 간주하거나(Chao 1968:24, Duanmu 2007:36-37), 선행 자음과 동일한 조음 위치를 지니는 접근음으로 보기도 한다(Lee and Zee 2003, Lin 2007, Lee-Kim 2014). [그림 3]은 [sɿ]와 [ʂɻ̩]를 조음할 때 혀의 모습을 보여주는 초음파 이미지로, 자음과 후행 모음에서 혀의 모양이 매우 유사하게 유지되는 것을 알 수 있다. 각 그림에서 점선은 입천장, 입천장에서 아래로 향하는 화살표가 가리키는 것이 혀끝이다.

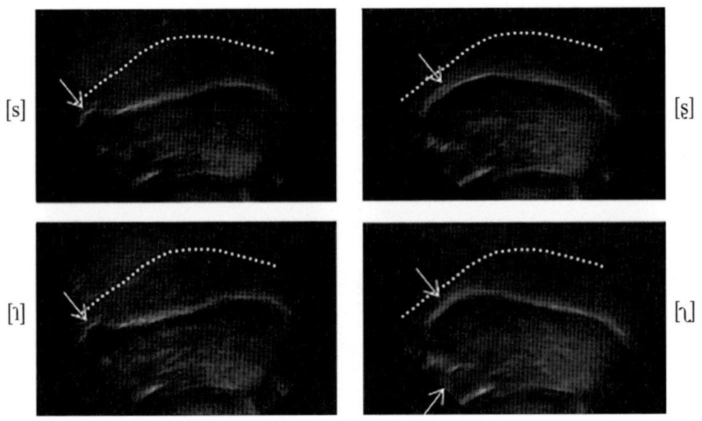

[그림 3] 자음 [s], [ʂ](위)와 후행 모음 [ɿ], [ʅ](아래)[06]

　　이 책은 조음과 음향 특성에 근거하여 [ɿ], [ʅ]를 설첨모음으로 간주한다(음향 특성은 7장 참조). 이 모음은 혀끝이 조음에 중요한 역할을 하는 특수한 모음이라는 점에서 '설첨'이라는 용어를 사용하지만, 단순히 혀끝만 사용하는 것이 아니라 혓몸 또는 혀뿌리도 중요한 역할을 한다. [그림 3]에 보이는 바와 같이, [ɿ], [ʅ]는 혀의 앞부분이 상승함과 동시에 혀의 뒷부분이 뒤로 당겨져 상승한다. 따라서 혓몸이 상승하는 정도는 고모음 [i]나 [u]에 비해 다소 낮지만, [ɿ], [ʅ]를 혀끝으로만 조음한다고 보기는 어렵다. [ɿ], [ʅ]를 조음할 때 혀의 모양을 말안장에 비유하기도 하는데, 특히 [ɿ]는 혀끝의 상승과 더불어 혀뿌리가 상승하며 뒤로 수축하는 특징을 보여준다. [ʅ]는 혓날(blade)이 상승하며 혀의 뒷부분이 [ɿ]에 비해서 다소 작은 폭으로 상승하는 것으로 보이는데, 혀 뒷부분이 상승하는 정도는 화자에 따라서 차이가 있는 것으로 알려져 있다(4장 [그림 9, 10] 참조).

06　　Lee-Kim(2014:271)의 Figure 7을 좌우 대칭 회전하였음.

(5) 표준중국어 설첨모음

[tsɿ] zì 字 '글자'   [tʂʅ] zhì 志 '뜻'
[tsʰɿ] cì 次 '순서'   [tʂʰʅ] chì 赤 '날개'
[sɿ] sì 四 '4, 넷'   [ʂʅ] shì 市 '도시'

　[ɿ]와 [ʅ]를 설첨모음으로 분석하면 두 가지 문제를 해결할 필요가 있다. 첫 번째는 혀의 위치에 근거하여 설첨모음을 분석하는 문제이다. 모음의 조음 특징은 일반적으로 혀의 전후, 고저 위치에 따라서 설명하는데, 설첨모음의 경우 혀끝과 혀의 뒷부분이 동시에 조음에 사용되기 때문이다. 이 책은 설첨, 즉 혀끝의 조음 특징을 기준으로 설첨모음을 전설 고모음으로 분류하되, 혀의 뒷부분이 함께 상승하는 동시 조음(coarticulation)의 특성을 갖는 모음으로 간주한다. 두 번째 문제는 음성 기호 [ɿ], [ʅ]와 관련된다. 기본 모음을 포함하는 [그림 1]의 모음 사각도에는 이 모음 기호가 포함되지 않는 것을 볼 수 있다. 실제로 [ɿ]와 [ʅ]는 칼그렌(Karlgren) 이후 중국어 음운론이나 음성학 연구에서는 오랫동안 사용되었지만(赵元任, 罗常培, 李方桂 1948:197-199),[07] 이 기호들은 중국어의 설첨모음을 표기하기 위한 특수한 기호로 IPA 확장 기호에 수록되어 있다. 따라서 중설 고모음 IPA 기호 [ɨ]를 사용하여 [ɿ]와 [ʅ]를 나타내기도 한다(Cheng 1973). 그러나 [ɨ]를 사용하면 기호의 가독성에는 도움이 되지만, [ɨ]는 [그림 4]와 같이 설첨모음과는 상당히 다른 조음 특징을 보인다. 따라서 이 책은 기호 [ɿ]와 [ʅ]를 사용한다.

07　'설첨모음'이라는 용어와 음성 기호 [ɿ, ʅ]는 칼그렌(Karlgren, *Études sur la Phonologie Chinoise*, 1926)이 처음 제안하였으며, 이후 중국언어학계에서 널리 사용되고 있다.

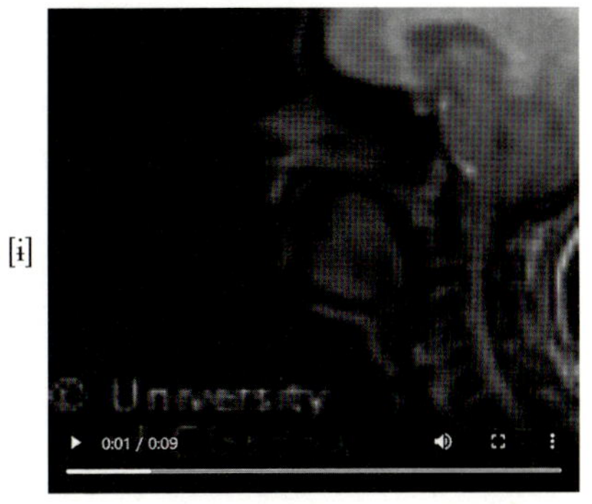

[그림 4][08] 모음 [ɨ]의 조음 동작 MRI 이미지

6.1.3. 단모음

모음을 발음할 때 조음 특징, 즉 혀의 위치나 입술 모양이 변화하지 않고 동일하게 유지되면 그 모음을 단모음이라고 한다. [표 2]는 표준중국어의 단모음이며, [그림 5]는 단모음의 조음 위치를 모음 사각도에 나타낸 것이다. 표준중국어에서 단모음은 선행 또는 후행하는 다른 모음 없이 단독으로 음절 핵을 구성할 수 있다.

<table>
<tr><td colspan="2" rowspan="2"></td><td colspan="2">전설</td><td>중설</td><td colspan="2">후설</td></tr>
<tr><td>비원순</td><td>원순</td><td>비원순</td><td>비원순</td><td>원순</td></tr>
<tr><td>고모음</td><td>i, ɿ, ʅ</td><td>y</td><td></td><td></td><td>u</td></tr>
<tr><td>중모음</td><td></td><td></td><td>ə</td><td>ɤ</td><td></td></tr>
<tr><td>저모음</td><td>a</td><td></td><td></td><td></td><td></td></tr>
</table>

[표 2] 표준중국어 단모음

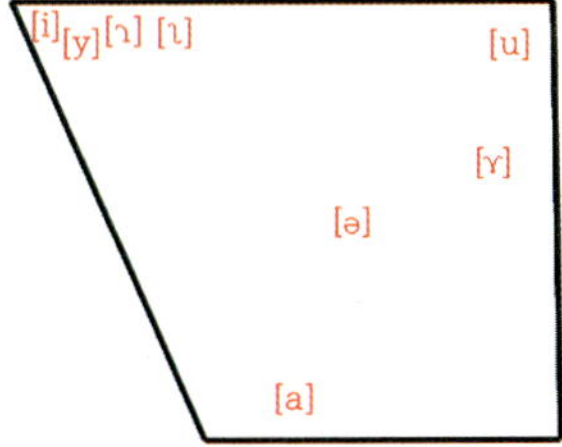

[그림 5] 표준중국어 단모음의 조음 위치

---

08   Lawson et al.(2018)의 MRI 동영상에서 추출한 화면으로 동영상 출처는 다음과 같다. https://www.jsvoicecoach.com/resources/speech-and-accent-resources/articulation/vowel-space/

그렇다면 'bo', 'po'나 'dong', 'zhong' 등에 출현하는 모음 'o'는 왜 단모음에 포함되지 않는가? 감탄사(ō 噢, 哦 '오, 아')를 제외하면, 한어병음에서 'o'가 다른 모음과 인접하지 않고 단독으로 등장하는 경우는 脖 bó '목', 婆 pó '할머니', 磨 mó '마찰하다', 佛 fó '부처'와 같이 순음이 두음인 음절과 연구개 비음이 후행하는 东 dōng '동쪽', 通 tōng '통하다', 龙 lóng '용', 容 róng '받아들이다', 总 zǒng '총괄적인', 从 cóng '좇다', 送 sòng '보내다', 中 zhōng '가운데', 充 chōng '가득하다'와 같은 음절이다. 일반적으로 [o]는 표준중국어 단모음 목록에 포함되지 않는다(林焘, 王理嘉 1992:114, 曹文 2000:79 등). 그러나 'o'의 정확한 음가를 정의하는 것은 쉽지 않다. 'o'는 출현 환경에 따라서 음성 특징이 상당히 다르기 때문이다.

우선 순음에 후행하는 'o'를 살펴보면, 이 모음은 한국어의 '오'처럼 단모음으로 들리지 않는 경우가 많다([들어가며] 3번 물음에 어떻게 답했는지 생각해보자). 실제로 'o'는 발음 과정에서 개구도가 점점 커지는 동시에 원순의 정도도 줄어든다(吴宗济, 林茂灿 1989, 吴宗济 1992). 따라서 순음 뒤에 출현하는 'o'의 음가를 [ʊo]로 정밀 전사(narrow transcription)하기도 한다. 그렇다면 한어병음은 왜 'uo'가 아니라 'o'로 표기하는가? 이는 표기의 편의를 위하여 순음 뒤에서 'o'로 표기한 것으로,[09] 동일한 모음이 치음이나 후치조음, 연구개음 뒤에 출현할 때는 多 'duo', 坐 'zuo', 说 'shuo', 过 'guo' 등과 같이 'uo'로 표기한다. 따라서 순음에 후행하는 'o'를 순수한 단모음으로 보기 어렵다.

이제 연구개 비음이 후행하는 'o'를 살펴보자. 이 모음은 조음 특징이 [o]보다 [u] 또는 [ʊ]에 가깝다고 보는 견해가 일반적이다. [ʊ]는 [u]보

다 약간 낮고 앞쪽에서 조음되는 이완모음이다([그림 1] 참조). 예를 들어, zhōng 中의 'o'는 [u]나 [ʊ]로 발음하는 화자가 상대적으로 많다. 그러나 容 róng을 [u]나 [ʊ]로 발음하는 화자는 많지 않다. 또한 1958년 한어병음방안이 제정된 후, 오랫동안 한어병음을 사용하여 발음을 배우면서 'o'를 [o]로 발음하는 화자도 많아지고 있다. 이 책은 [o]를 단모음 목록에 포함하지 않지만, 'o' 발음의 화자 변이의 다양성을 인정한다.

표준중국어의 단모음과 관련하여 살펴봐야 할 또 다른 모음은 'e'이다. dé 得 '얻다', tè 特 '특히', nè 讷 '말을 더듬다', lè 乐 '즐겁다' 등과 같이 다른 모음과 인접하지 않고 단독으로 출현하는 'e'는 [ɤ]로 전사한다. 그러나 이 모음은 조음할 때 개구도가 점점 커지면서 혀의 위치도 약간 앞쪽으로 움직인다. 한국어 모어 화자에게 이 모음이 한국어의 '어'와 같은 하나의 음절로 들리지 않고 두 개의 음절 '으어'를 빠르게 발음하는 것처럼 들리는 것도 이러한 조음 특징으로 인한 것이다. 그러나 많은 중국어 모어 화자가 이 모음을 단모음으로 인식하며, 표준중국어의 다른 이중모음과 속성이 다르다는 점을 고려하여(이중모음은 6.1.4 참조), 이 책은 [ɤ]를 단모음으로 구분한다. 그러나 다른 단모음과 구별되는 [ɤ]의 조음 특성에 유의할 필요가 있다.

6.1.4. 이중모음과 삼중모음

조음하는 과정에서 조음 특성, 즉 혀의 위치나 입술 모양이 변하는 모음을 이중모음 또는 삼중모음이라고 한다. 이중모음은 조음 특징이 한 번 변화하는 모음이고, 삼중모음은 조음 특징이 두 번 변화하는 모음이다. 표준중국어에 어떠한 이중모음과 삼중모음이 있는가에 대한 견해는 핵모음에 선행하는 활음을 자음으로 간주하는가, 아니면 모음으로 간주하는가에 따라 달라진다. 이 책은 핵모음에 선행하는 핵전 활음(on-glide)을 모음으로 간주하되, 음성적 안정성이 낮은 특성을 고려하여 모음 기호 대신 접근음 기호 [j], [w], [ɥ]를 사용하여 나타낸다. 접근음 [j], [w], [ɥ]는 IPA에서 자음 목록에 포함되지만, 음성적으로 자음과 모음의 특성을 둘 다 지니기 때문에 언어에 따라 혹은 분석 목적에 따라 자음으로 분류하기도 하고 모음으로 구분하기도 한다. 이에 반해, 핵모음에 후행하는 핵후 활음(off-glide)은 모음으로 간주하는 데 학자들의 의견이 일치하므로, 이 책 또한 모음 기호 [i], [u]를 사용한다.[10]

(6) 표준중국어 핵전 활음

순연구개음	경구개음	순경구개음
[w] wǎn 碗 '공기, 그릇'	[j] yǎn 眼 '눈'	[ɥ] juǎn 卷 '말다, 감다'

이중모음은 공명도가 커지는 상향 이중모음(rising diphthong)과 공명도가 작아지는 하향 이중모음(falling diphthong)으로 구분하기도 한다. 개구도가 큰 모음일수록 대체로 공명도가 커지므로, 상향 이중모음과 하향 이중모음은 모음을 조음할 때 개구도가 어떻게 변하는지에 따라 판단할 수 있다. 상향 이중모음은 '핵전 활음+핵모음'으로 구성되며, 하향 이중모음은 '핵모음+핵후 활음(post-nuclear glide, off-glide)'으로 이루어져 있다.

---

10 [j]는 경구개에 혓몸이 접근하여 조음되는 경구개음이다. [w]와 [ɥ]는 두 가지 조음 위치가 사용되는데, [w]는 양순과 연구개, [ɥ]는 양순과 경구개이다. 따라서 [w]는 순연구개음(labiovelar), [ɥ]는 순경구개음(labiopalatal)으로 부른다.

(7) 표준중국어 상향 이중모음과 하향 이중모음

        상향 이중모음   하향 이중모음

상향 이중모음			하향 이중모음		
[je] jiē	街	'길'	[ai] pāi	拍	'손바닥으로 치다'
[ɥe] quē	缺	'모자라다'	[ei] fēi	飞	'날다'
[jɛn] xiān	先	'먼저'	[ɑu] bāo	包	'싸다, 보자기'
[wə] wēn	温	'따뜻하다'	[ou] zhōu	粥	'죽'
[wo] duō	多	'많다'			
[wa] duān	端	'끝, 발단'			
[ja] jiā	家	'집'			

[그림 6]은 표준중국어의 하향 이중모음 [ai], [ei], [ɑu], [ou]를 조음할 때 나타나는 혀의 위치 변화를 보여준다. 예를 들어, gǎi 改 '바꾸다'와 gǎo 搞 '하다'에서 [ai]와 [ɑu]는 각각 저모음 [a]와 [ɑ]에서 시작하여 혀의 위치가 고모음 [i], [u]로 상승한다. 给 gěi '주다'와 狗 gǒu '개'는 [ei]와 [ou]가 각각 혀가 중간 높이인 [e], [o]에서 시작하여 고모음 [i], [u]로 상승한다. 이와 같이 이중모음은 두 개의 모음이 순차적으로 조음되는 것처럼 보인다. 그러나 실제로 이중모음의 길이는 두 개의 단모음을 연속으로 조음한 길이와 동일하지 않다. 이는 각 음절이 대략 유사한 길이로 실현되는 표준중국어의 리듬 특성과 관련된다(표준중국어 리듬은 9장 참조). 따라서 이중모음을 조음하는 데 소요되는 시간의 제약으로 인하여 [ai]가 [aɪ]로 실현되거나, [ɑu]가 [ɑʊ]로 실현되는 현상이 자주 나타난다.

[ai] gǎi 改 '바꾸다'

[ei] gěi 给 '주다'

[au] gǎo 搞 '하다'

[ou] gǒu 狗 '개'

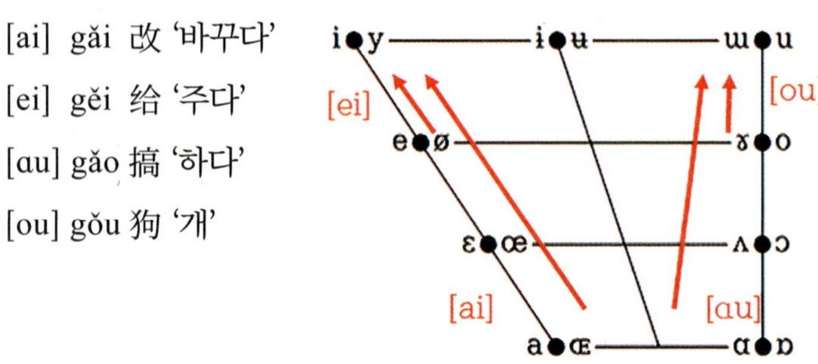

[그림 6] 표준중국어 하향 이중모음의 조음 위치 변화

이중모음 환경에 따라서 모음의 음성 특성이 변화하기도 한다. 예를 들어, 후설모음 [o]는 'duo'처럼 음절 끝에 위치할 때가 'tou'와 같이 이중모음의 핵모음일 때보다 원순 정도가 크다. 화자 간의 차이가 있지만, 일부 화자의 경우 핵모음 위치의 [o]는 원순성이 거의 실현되지 않고 [ə]와 유사하게 발음되는 경우도 있다(엄익상 외 역 2010/2023:117-118).

표준중국어의 삼중모음은 '핵전 활음+핵모음+핵후 활음'으로 구성된다.[11] 표준중국어의 삼중모음은 [jau], [wai], [jou], [wei]가 있는데, 이 가운데 [jou], [wei]는 한어병음에서 핵모음이 생략되어 'iu', 'ui'로 표기된다. 삼중모음은 세 개의 모음을 한 음절 내에서 조음해야 하므로 시간적 제약으로 인한 축약 현상이 자주 일어난다. [그림 7]을 보면, 삼중모음 [jau]와 [wai]에서 핵모음이 저모음임에도 불구하고 혀의 위치가 단모음 [ɑ]나 [a]에 비해서 상당히 높은 것을 알 수 있다(Lee and Zee 2003:110).

---

11   접근음을 자음으로 간주하는 견해는 표준중국어에서 삼중모음을 인정하지 않는다.

[jɑu] jiāo 教 '가르치다'

[wai] shuāi 衰 '약해지다'

[jou] qiū 秋 '가을'

[wei] chuī 吹 '불다'

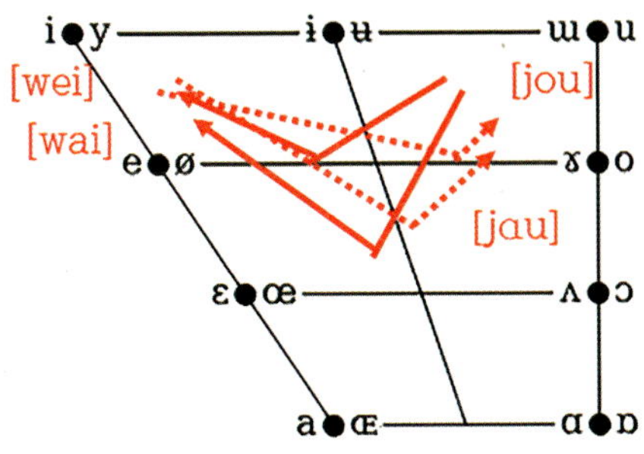

[그림 7] 표준중국어 삼중모음의 조음 위치 변화

6.1.5. r-음화 모음

표준중국어는 r-음화(rhotacized) 모음 또는 얼화운(儿化韵)이나 권설음화 모음으로 불리는 특수한 모음이 있다. 이 모음은 èr 二 '둘, 2', ěr 耳 '귀'와 같은 일부 음절이나, huàr 画儿 '그림'과 같이 er 儿 접미사가 첨가된 음절에서 출현한다. 베이징 방언에 비해서 표준중국어는 r-음화 모음이 출현하는 음절이 많지 않다. 권설음화 모음은 첫 부분이 [ə]와 유사하나 뒤로 갈수록 혓몸이나 혀뿌리가 뒤로 수축한다(Zee and Lee 2001). 화자에 따라서 혀의 앞부분이 상승하기도 하고 상승하지 않기도 한다(엄익상 외 역 2010/2023:127-129). r-음화 모음의 IPA 표기는 [ɚ], [əɹ], [ər], [ɚˠ], [ɻ̩], [ɻ] 등 여러 가지가 사용되는데, 이 책은 [əɹ]를 사용하여 표기한다. r-음화 모음은 선행 음절에 따라 실현되는 양상이 다르며, 선행 음절의 발음에 변화가 생기기도 한다. [표 3]은 표준중국어 r-음화 모음을 예와 함께 제시한다.[12]

---

[12] Duanmu(2007:219-220)의 예를 토대로 하되 일부는 모어 화자가 r-음화 모음을 더 자주 사용하는 음절로 교체하였으며, IPA 전사도 이 책의 원칙에 따라 수정하였다.

[표 3] 표준중국어 r-음화 모음

1a.	字	zì	[tsɿ]	1b.	字儿	[tsəɹ]	'글자'
2a.	枝	zhī	[tʂɿ]	2b.	枝儿	[tʂəɹ]	'가지'
3a.	鸡	jī	[tɕi]	3b.	鸡儿	[tɕjəɹ]	'닭'
4a.	今	jīn	[tɕin]	4b.	今儿	[tɕjəɹ]	'지금'
5a.	鱼	yú	[y]	5b.	鱼儿	[ɥəɹ]	'물고기'
6a.	背	bèi	[pei]	6b.	背儿	[pəɹ]	'등'
7a.	根	gēn	[kən]	7b.	根儿	[kəɹ]	'뿌리'
8a.	湖	hú	[xu]	8b.	湖儿	[xuɹ]	'호수'
9a.	窝	wō	[wo]	9b.	窝儿	[woɹ]	'둥지'
10a.	月	yuè	[ɥe]	10b.	月儿	[ɥəɹ]	'달'
11a.	歌	gē	[kɤ]	11b.	歌儿	[kəɹ]	'노래'
12a.	把	bǎ	[pa]	12b.	把儿	[paɹ]	'손잡이'
13a.	牌	pái	[pʰai]	13b.	牌儿	[pʰaɹ]	'간판, 상표'
14a.	盘	pán	[pʰan]	14b.	盘儿	[pʰaɹ]	'접시'
15a.	刀	dāo	[tɑu]	15b.	刀儿	[tɑuɹ]	'칼'
16a.	钩	gōu	[kou]	16b.	钩儿	[kouɹ]	'갈고리'
17a.	等	děng	[təŋ]	17b.	等儿	[tə̃ɹ]	'등급, 종류'
18a.	缸	gāng	[kɑŋ]	18b.	缸儿	[kɑ̃ɹ]	'항아리'
19a.	空	kòng	[kʰuŋ]	19b.	空儿	[kʰũɹ]	'틈, 간격'

일반적으로 핵모음이 저모음 [a], [ɑ]이거나 원순 모음 [u], [o]인 경우 핵모음이 r-음화하며, 전설 고모음 [i]나 [y]일 경우에는 [əɹ]이 부가되면서 전설 고모음이 활음이 된다. 반면, 핵모음이 설첨모음이거나 중모음일 경우 [əɹ]가 핵모음을 대체한다.[13] 핵모음에 말음이 후행할 때는 [u]를 제외하고 [i], [n], [ŋ]은 탈락한다.[14] 그런데 연구개 비음 말음 [ŋ]은 핵모음을 비음화(nasalization)하여 흔적을 남기는 것이 특징이다. IPA에서 비음화

---

[13] 설첨모음 뒤에 [əɹ]가 부가되는 것으로 보는 견해도 있다(엄익상 2016:201).

[14] [u]를 갖는 음절이 r-음화할 때 위 첨자 'ɹ'를 사용하여 표기하기도 한다. 刀 dāo, 钩 gōu는 각각 [tɑuˑ], [kouˑ]로 표기할 수 있는데, 이는 말음을 하나의 음으로 나타낼 수 있는 장점이 있다.

한 모음은 기호 '~'를 모음 위에 표기하여 나타낸다. 그런데 화자 또는 지역에 따라서 r-음화의 정도나 실현 양상이 차이가 있다는 점에 유의할 필요가 있다. 예를 들어, [표 3]에서 연구개 비음 말음을 갖는 děngr 等儿, gāngr 缸儿, kòngr 空儿를 r-음화하지 않는 화자도 있으며, 치 비음 말음 [n]가 후행하는 gēnr 根儿도 모음을 비음화하여 根儿 [kə̃ɹ]과 歌儿 [kəɹ] 를 구분하는 화자도 있다.

6.2. 중국어 방언 모음의 조음 특징

6.2.1. 우(吳)방언

상하이 우(吳)방언은 활음이나 말음 없이 단독 출현할 수 있는 9개의 단모음이 있다.[15] 상하이 우방언의 자음은 표준중국어에 비하여 다양하지만, 모음은 상대적으로 간단한 편이다(자음은 4장 참조). 표준중국어에 보이지 않는 모음을 위주로 상하이 우방언 모음의 조음 특성을 살펴보자. 첫째, 상하이 우방언은 표준중국어의 설첨모음이나 r-음화 모음이 없다. 둘째, 표준중국어에는 출현하지 않는 원순 모음인 [ø]와 [ɔ]가 출현한다. 원순 전설 중모음 [ø]는 혀의 위치를 [e]를 발음할 때와 같이 유지하고 입술을 동그랗게 모아서 조음하며, [ɔ]는 [o]를 소리낼 때처럼 원순으로 만든 상태에서 입을 더 크게 벌려서 조음한다. [그림 8]은 말음이 없는 개음절 (open syllable)에서 출현하는 단모음의 조음 특성을 나타내는 모음 사각도

---

15   상하이 우방언의 모음 목록은 Chao(1967), 许宝华, 汤珍珠(1988), Chen and Gussenhoven (2015) 등을 참조하였으며, 모음의 IPA 표기는 주로 Chen and Gussenhoven(2015)을 따랐다.

이다.[16]

[mi] 米 '쌀'　　[mu] 母 '어머니'

[ly] 呂 '여(성씨)'　　[mo] 嘸 '꾸짖다'

[me] 梅 '매화'　　[mɤ] 谋 '도모하다'

[mø] 满 '채우다'　　[mɔ] 猫 '고양이'

　　　　　　　　[ma] 买 '사다'

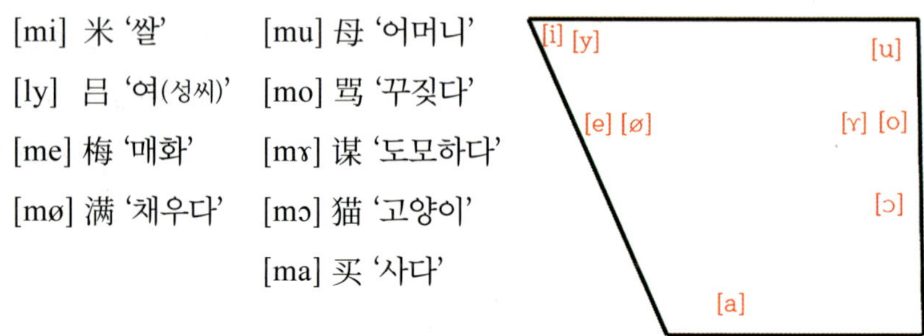

[그림 8] 상하이 우방언 개음절 단모음

　셋째, 상하이 우방언 모음은 출현하는 음절의 유형에 따라서 음성 특성이 다르다. 말음이 모음에 후행하는 음절을 폐음절(closed syllable)이라고 하는데, 상하이 우방언의 말음은 [n]와 [ŋ]을 구분하지 않는 비음 말음과 성문 파열음 [ʔ] 두 종류이다. 폐음절 모음의 가장 큰 특징은 혀의 위치가 상대적으로 낮고 중앙에 분포한다는 점이다.[17] [그림 9]는 비음 말음을 지니는 폐음절에 출현하는 6개의 모음으로, 이 가운데 [ɑ]는 비음 말음 앞에서만 출현한다. [ɪ]와 [ʏ], [ʊ]는 이완 모음(lax vowel)으로,[18] 이들은 각각 모음 공간의 가장자리에서 발음하는 긴장 모음(tense vowel)인 [i], [y], [u]에 비하여 혀의 위치가 모음 공간에서 약간 안쪽이다. 이완 모음 [ɪ], [ʏ],

---

16　젊은 화자 가운데 모음 [e]를 일부 어휘에서 [ei]로 발음하기도 하였는데, 이는 표준중국어의 영향을 받은 것이다(许宝华, 汤珍珠 1988).

17　말음이 성문 파열음일 때 혀의 위치가 더 중앙으로 이동하는데, 이는 성문 파열음 조음을 위하여 혀가 수축되기 때문일 것이다. 이에 대한 논의는 Chen(2008), Chen and Gussenhoven(2015)을 참조할 수 있다.

18　영어도 긴장 모음과 이완 모음이 구분된다. 예를 들어 beat와 bit는 [i]와 [ɪ]로 구분되며, boot와 book는 [u]와 [ʊ]로 구분된다.

[ʊ], [ɐ]는 폐음절에서, 긴장 모음 [i], [y], [u], [a]는 개음절에서 출현하므로, 이완 모음과 상응하는 긴장 모음을 동일한 모음 음소의 변이음으로 분석하는 음운론적 해석도 가능하다.

[mɪn] 命 '생명'

[ɦyn] 云 '구름'

[ɦʊn] 红 '붉다'

[ən] 恩 '은혜'

[mɐn] 猛 '맹렬하다'

[mɑn] 忙 '바쁘다'

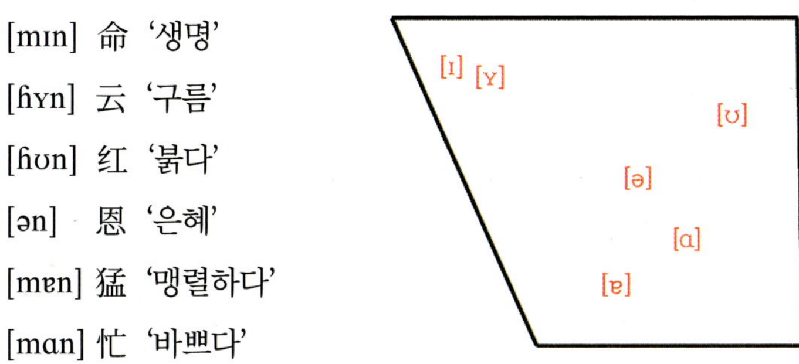

[그림 9] 상하이 우방언 비음 말음 폐음절 단모음

넷째, 비음화(nasalization) 모음은 상하이 우방언 모음의 중요한 특징이다. 일반적으로 비음 말음에 선행하는 모음은 비음화한다. 특히 [ɐ]와 [ɑ]는 후행 말음이 명확히 조음되지 않고 모음이 완전히 비음화하기 때문에, 비음화를 나타내는 구별기호 ' ˜ '를 사용하여 [ɐ̃]와 [ɑ̃]로 전사하기도 한다.

6.2.2. 웨(粤)방언

홍콩 웨(粤)방언은 활음이나 말음 없이 단독으로 출현할 수 있는 7개의 단모음이 있다.[19] 표준중국어에 보이지 않는 모음을 위주로 홍콩 웨방언 모음의 조음 특성을 살펴보자. 첫째, 상하이 우방언과 마찬가지로 설첨모음이나 r-음화 모음이 없다. 둘째, 표준중국어에는 보이지 않는 원순 모

---

19 홍콩 위에방언의 모음 목록은 Handbook of the International Phonetic Association(1999), Zee(1999), Lee et al.(2006), Lee and Zee(2010), 이영규(2012) 등을 참조하였다.

음 [œ]와 [ɔ]가 출현한다. 원순 전설 중모음 [œ]는 상하이 우방언의 [ø] 보다 혀의 위치가 더 낮으며, 혀의 위치를 [ɛ]를 발음할 때와 같이 유지하고 입술을 동그랗게 모아서 조음한다. 셋째, 홍콩 웨방언 모음의 중요한 특징은 음길이가 중요한 역할을 하여, 장모음과 단모음이 구분된다는 것이다. [그림 10]은 7개의 장모음의 예와 조음 위치를 나타내는 모음 사각도이다. 이 모음은 단모음(monophthong)으로 개음절에도 출현할 수 있고, 파열음 말음 [p], [t], [k] 또는 비음 말음 [m], [n], [ŋ]을 갖는 폐음절에도 출현할 수 있다. 폐음절에서 출현할 때는 혀의 위치가 약간 낮아지며 길이가 다소 짧아지는 경향이 있다(Zee 2003).

[i] [si] 丝 '실'	[hip] 协 '돕다'	[him] 謙 '겸손하다'
[y] [sy] 书 책'	[hyt] 血 '피'	[syn] 酸 '(맛이) 시다'
[ɛ] [zɛ] 借 빌리다'	[hɛk] 吃 '먹다'	[sɛŋ] 声 '소리'
[œ] [hœ] 靴 '신발'	[sœk] 削 '깎다'	[sœŋ] 伤 '상하다'
[a] [sa] 沙 '모래'	[hak] 客 '손님'	[sam] 三 '셋, 3'
[ɔ] [sɔ] 梳 '빗'	[hɔk] 壳 '껍질'	[fɔŋ] 方 '네모'
[u] [fu] 夫 '남편'	[fut] 闊 '넓다'	[fun] 欢 '기쁘다'

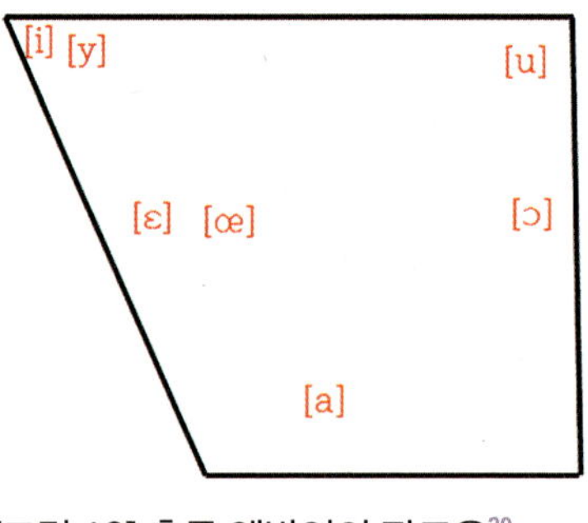

[그림 10] 홍콩 웨방언의 장모음[20]

길이가 짧은 단모음 [ɐ], [ɪ], [θ], [ʊ]는 폐음절에서만 출현하며, 개음절에서 출현하는 장모음과 비교할 때 약 1/3 정도의 길이이다(Zee 2003). 이 가운데 [ɐ]는 [a]에 비하여 혀의 위치가 좀 더 높고 안쪽에서 조음한다. [θ]는 슈와(schwa) [ə]를 조음할 때와 같은 혀의 위치를 유지하면서 입술을 동그랗게 모아서 소리 내는 원순 중앙 중설모음이다. [그림 11]은 단모음의 예와 조음 위치를 보여주는 모음 사각도이다.[21]

[ɪ]　sɪk 色 '색'　　sɪŋ 星 '별'
[θ]　sθt 恤 '셔츠'　sθn 詢 '묻다'
[ʊ]　sʊk 叔 '삼촌'　sʊŋ 松 '느슨하다'
[ɐ]　sɐp 濕 '젖다'　sɐm 心 '마음'

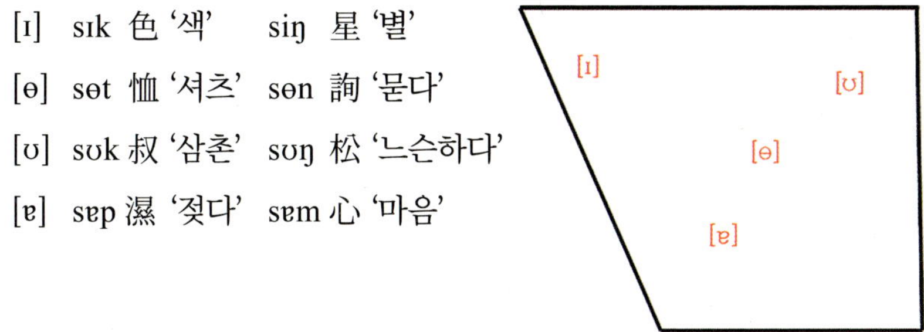

[그림 11] 홍콩 웨방언 단모음

만약 장모음과 단모음의 미세한 조음 차이를 고려하지 않는다면, 단모음 [ɐ], [ɪ], [ʊ]는 각각 장모음 [a], [i], [u]와 동일한 모음 음소로 취급할 수도 있다. 이러한 분석에서 (9)의 (a)와 (b)는 각각 모음의 길이로만 의미가 변별되는 최소대립쌍(minimal pairs)이다.

(9) (a) 山 [saːn] '산'　　新 [san] '새롭다'
　　(b) 黃 [waːŋ] '노랗다'　宏 [waŋ] '넓다'

____

(1999:59)이다.

21　이 외에도 단모음 [e]와 [o]가 있는데, 이들은 각각 이중모음 [ei](예: [hei] 希)와 [ou](예: [sou] 须)에 출현한다.

1. 아래 표에 제시된 음절 '모음'의 표준중국어 발음을 IPA로 전사하고, '핵모음'을 조음 특성에 따라 이름하시오.

	IPA (모음)	조음 특성		IPA (모음)	조음 특성
茶			可		
多			换		
然			周		
借			选		
学			这		

2. 표준중국어 èrsān dé liù 二三得六와 xiě de fēicháng hǎo 写得非常好를 발음하고, 음절 '得'의 모음이 동일한지 생각해보시오.

3. liè 列와 liàn 炼, jiè 借와 见 jiàn을 발음하고, 각 쌍에서 모음 'e'와 'a'가 어떠한 공통점과 차이점이 있는지 생각해보시오.

4. 吳音小词典(http://wu-chinese.com/minidict/search.php) 등의 온라인 자료를 사용하여, 표준중국어에는 보이지 않는 모음을 우방언에서 찾아보시오. (온라인 자료를 자유롭게 선택할 수 있으며, 상하이 방언 이외의 방언도 탐색할 수 있다.)

5. 표준중국어를 포함한 모든 언어에서 모음은 대부분 유성음이지만, 자연스러운 일상 발화에서는 모음이 무성음화하는 현상이 보인다. 예를 들어, 표준중국어 dòufu 豆腐 '두부', yìsi 意思 '뜻', lìqi 力气 '힘' 등의 단어에서 두 번째 음절의 모음이 무성음화하여 각각 [fʉ̥], [sɹ̥], [tɕʰi̥]로 발음되기도 하고, 빠른 발화에서는 모음이 탈락하여 [f], [s], [tɕʰ]로 발음되는 경우도 있다. 이러한 현상이 발생하는 이유를 조음적 측면에서 생각해보시오. (IPA에서 무성음화한 모음은 기호 '̥'를 모음 아래에 표기한다.)

더 읽을거리

엄익상. 2016. 중국어 음운론과 응용(제2판). 서울: 한국문화사.

吳宗济, 林茂灿 1989. 实验语音学概要. 北京: 高等教育出版社.

Chen, Yiya. 2008. The Acoustic Realization of Vowels of Shanghai Chinese. *Journal of Phonetics* 36:629-648.

Lee, Wai-Sum and Zee, Eric. 2003. Standard Chinese (Beijing). *Journal of the International Phonetic Association* 33.1:109-112.

Lee-Kim, Sang-Im. 2014. Revisiting Mandarin 'Apical Vowels': An Articulatory and Acoustic Study. *Journal of International Phonetic Association* 44.3:261-282.

7장

중국어 모음의 음향 특징

1. 표준중국어 yī 一와 yū 迂를 연이어 발음해보자. 두 전설 고모음을 발음할 때 입술 모양과 혀의 위치는 어떻게 다른가?
2. 표준중국어 āi 哀(또는 ài 爱)와 āyí 阿姨를 비교하며 발음해보자. 두 단어에 포함된 모음 [a]와 [i]의 발음에 어떤 차이가 있는가?
3. 자신이 모어 화자와 발음 차이가 있는 표준중국어 모음이 무엇이며, 이유는 무엇인가?

3장에서 소개한 음향 음성학의 기본 개념과 5장에서 논의한 중국어 자음의 음향 특징을 토대로, 7장은 중국어 모음의 음향 특징을 논의한다. 말소리는 음향 특징에 따라서 크게 장애음과 공명음으로 나눌 수 있으며, 중국어 모음은 일반적으로 공명음이다. 이 장은 먼저 단모음의 음향 특징을 소개하고(7.1) 복합모음의 음향 특징을 논의한다(7.2). 표준중국어 모음을 위주로 논의하되, 표준중국어에 보이지 않는 다양한 중국어 모음의 특성을 이해하기 위하여 우(吳)방언과 웨(粤)방언의 예를 함께 제시할 것이다. [들어가며]의 세 가지 물음에 대하여 잠시 생각해본다면 중국어 모음의 음향 특징에 대한 탐색을 시작하는 데 도움이 될 것이다.

7.1. 단모음의 음향 특징

6장에서 살펴본 바와 같이, 혀의 위치와 입술 모양은 조음의 측면에서 모음을 분류하는 기본적인 방법이다. 또한 모음은 조음할 때 조음의 특성이 변하는가의 여부에 따라 단모음과 이중모음, 삼중모음으로 나눌 수 있다. 표준중국어는 혀끝을 사용하여 조음하는 설첨모음과 전통적으로 얼화운(儿化韵)으로 부르는 r-음화 모음이 있으며, 우방언과 웨방언은 각각 비음화 모음 및 장모음(long vowel)과 단모음(short vowel)이 있다. 이제 모음의 유형에 따라 중국어 모음의 음향 특성을 살펴보자.

7.1.1. 단모음

모음은 성대가 진동하면서 산출되는 주기성(periodicity)의 음원으로 만들어지며, 성도의 공명 주파수와 일치하거나 유사한 음원 주파수는 증폭되는 반면 그렇지 않은 주파수는 약화된다(3장 참조). 일반적으로 모음은 슈와 [ə]를 기준으로 혀의 위치를 앞뒤, 위아래로 움직이거나 입술 모양을 변형하여 조음한다(5장 참조). 이와 같이 우리가 혀의 위치와 입술 모양을 바꾸어 모음을 조음하는 행위는 성도의 모양을 변형하여 다양한 공명 작용을 일으키는 음향적 효과를 가져온다. 모음에서 에너지가 상대적으로 강한 주파수 구역을 포먼트(formant)라고 하며, 낮은 주파수에서부터 제1포먼트(F1), 제2포먼트(F2), 제3포먼트(F3) 등으로 부른다. 이 가운데 F1과 F2가 모음의 음향 특성을 파악하는 데 가장 중요하며, F4와 그 이상의 포먼트는 모음의 음질(vowel quality)에 큰 영향을 주지 않는다.[01]

모음의 포먼트는 기본 주파수(fundamental frequency, F0)와 서로 독립적이다. F0는 성대 진동수에 의해 결정되고, 모음의 포먼트는 공명강의 공명 주파수에 의해 결정되기 때문이다. 이는 모음 [a]를 높은 음높이로도 발음할 수 있고 낮은 음높이로도 발음할 수 있다는 점을 생각하면 쉽게 이해된다. [그림 1]은 F0가 100Hz인 음원과 F0가 200Hz인 음원이 각

---

01   이에 대한 논의는 Ladefoged(1996), Johnson(2003), 김진우(2020) 등을 참조할 수 있다.

각 슈와 [ə]의 포먼트를 형성하는 것을 보여준다. F0가 낮은 (a)는 배음이 200, 300, 400...Hz로 촘촘히 있지만, F0가 높은 (b)는 배음이 400, 600, 800...Hz로 상대적으로 성기다. 그러나 모음의 음질을 결정하는 포먼트 F1, F2, F3의 분포는 거의 동일하다.

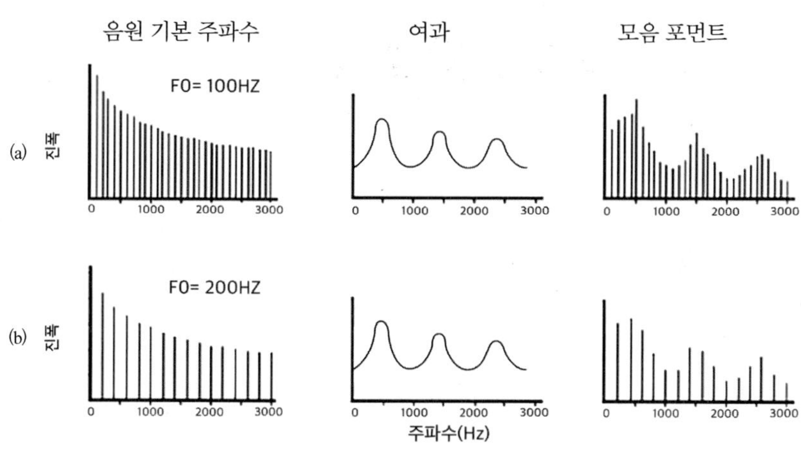

[그림 1] 기본 주파수와 모음 포먼트

이제 표준중국어 단모음의 음향 특징을 스펙트로그램에서 살펴보자. 스펙트로그램은 모음의 에너지가 분포하는 주파수 영역대를 음영의 차이로 나타내며, 포먼트는 음영이 진한 띠로 나타난다. [그림 2]는 표준중국어 [ma] mā 妈의 모음 [a]의 포먼트를 보여주는 스펙트로그램이다.[02] F1과 F2가 비교적 서로 가까운 반면 F3는 F2로부터 거리가 떨어져 있는 것

---

02   스펙트로그램을 자세히 보면 모음의 포먼트 띠는 수많은 세로 선으로 이루어져 있다. 이 세로 선은 성대의 진동에 해당하며, 1초 동안 표시된 세로 선의 수가 F0값에 해당한다.

을 볼 수 있는데, 이는 모음 [a] 포먼트의 특징이다.

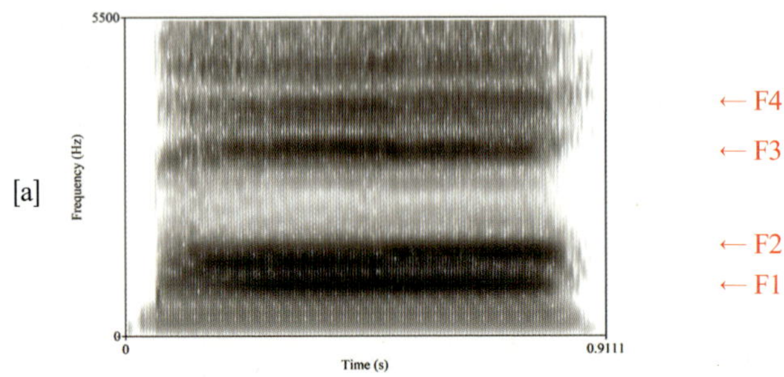

[그림 2] 표준중국어 모음 [a] 스펙트로그램

[그림 3]은 [ma] mā 妈 '엄마'를 남성과 여성 두 화자가 산출한 음성으로, 기본 주파수가 ⒜는 약 178Hz, ⒝는 약 284Hz이다. 상단은 파형 (waveform), 하단은 스펙트로그램이다.[03] ⒜의 스펙트로그램은 [그림 2]와 동일하며, 포먼트 분포를 쉽게 관찰할 수 있도록 프라트의 포먼트 보기 기능을 활용하여 포먼트를 표시하였다. ⒜와 ⒝의 F1, F2, F3는 거의 동일하지만, 상대적으로 높은 음높이로 산출된 ⒝에서 음파가 더 짧은 주기를 갖는 것을 볼 수 있다.

 object 창에서 분석 대상 음성 개체를 선택한 후 'view & edit' → edit 창 상단 메뉴에서 'Formant' → 'Show formants'

---

03   파형은 모음의 0.05초 구간으로부터 추출한 것이다.

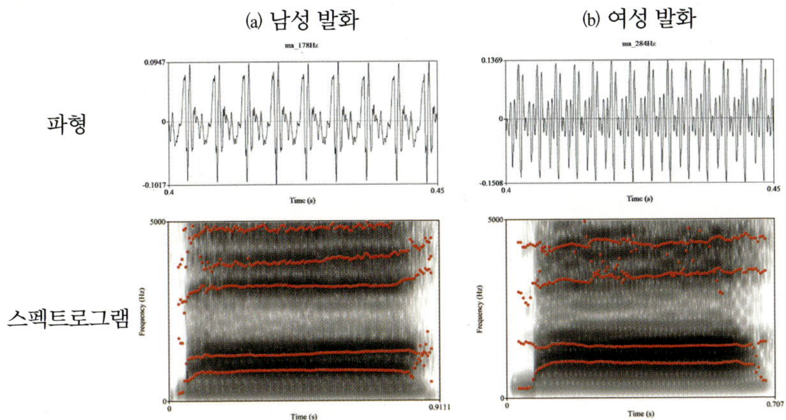

[그림 3] 표준중국어 모음 [a] 음높이와 포먼트

이제 다른 모음을 살펴보자. [그림 4]는 표준중국어 [a] ā 阿 '아!(감탄사)', [ə] e 呃 '어!(감탄사)', [i] yī 一 '하나, 1', [u] wū 乌 '까마귀'의 스펙트로그램이다. 모음 [a], [ə], [i], [u]의 F1과 F2 분포를 보면, [a]와 [ə]는 유사하게 보이지만 [a]의 F1이 조금 높은 주파수 영역대에 분포한다. [i]는 F1이 매우 낮고 F2가 높아서 두 포먼트 사이의 거리가 먼 것이 특징이다. 반면 [u]는 F1과 F2가 매우 가깝고, F2와 F3의 거리가 매우 멀다.

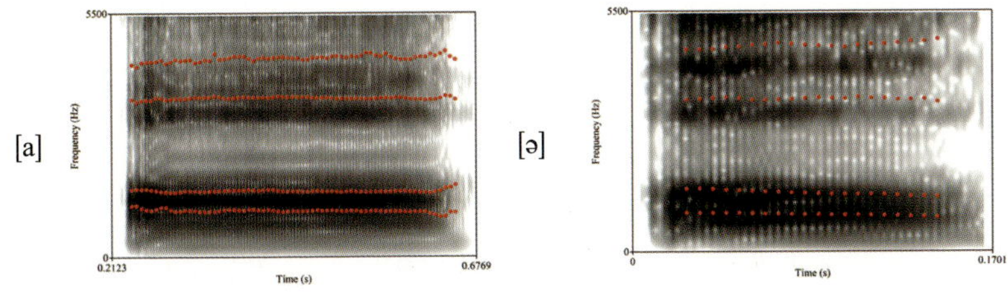

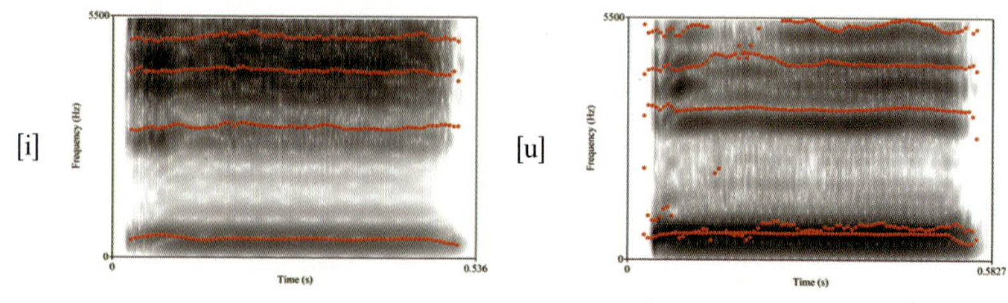

[그림 4] 표준중국어 모음 [a], [ə], [i], [u] 포먼트

모음의 포먼트 값은 모음의 안정 구간에서 측정할 수 있는데, 단모음의 경우 대체로 스펙트로그램에서 모음의 중간 부분 포먼트의 음영이 짙고 안정적으로 보이는 곳에서 측정한다. [그림 4]의 모음 [a], [ə], [i], [u] 및 동일한 화자가 발화한 [y]에서 측정한 F1과 F2 값은 [표 1]과 같다.

object 창에서 분석 대상 음성 개체를 선택한 후 'view & edit' → edit 창 상단 메뉴에서 포먼트 값을 측정하고자 하는 지점에 커서를 놓고, 스펙트로그램 왼쪽의 값을 보거나, 상단 메뉴에서 'Formant' → 'Formant listing' 또는는 'Get first formant(F1)', 'Get second formant(F2)' 선택

[표 1] 모음 [a], [ə], [i], [u], [y]의 F1과 F2 값

	[a]	[ə]	[i]	[u]	[y]
F1	934	768	394	548	366
F2	1345	1218	2706	740	2149

[표 1]에서 모음마다 포먼트 값이 다른 것을 볼 수 있다. [표 1]의 F1,

F2 값을 표시한 포먼트 차트(formant chart)가 [그림 5]이다. 포먼트 차트는
세로축이 F1 값을, 가로축이 F2 값을 나타낸다. 오른쪽 상단의 세로축과
가로축 교차점이 가장 작은 값이라는 점에 주의하자. 따라서 세로축은 아
래로 향할수록, 가로축은 왼쪽으로 향할수록 값이 커진다. 세로축과 가로
축의 주파수 값은 동일한 척도로 증가하지 않는다. 이는 우리가 청취하는
주파수는 Hz 값에 일대일 대응하지 않으므로, 청취 지각의 측면에서 척도
를 고려하여 배치하였기 때문이다(3장 참조). 흥미롭게도 포먼트 차트에 표
시된 모음 분포는 모음 공간과 상당히 유사한 것을 볼 수 있다(모음의 조음
특징은 6장 참조). 즉 F1은 혀의 고저와 관련되어, 개구도가 큰 저모음일수록
F1 값이 증가한다. F2는 혀의 전후와 상관관계가 있으며, 전설 모음은 중
설 또는 후설 모음보다 F2 값이 크다.

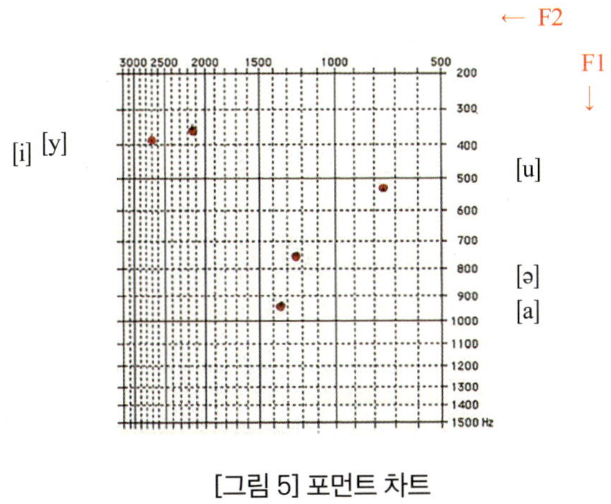

[그림 5] 포먼트 차트

엄밀히 말하면, F2 값은 공명강 앞부분의 길이와 부정적 상관관계가
있다. 즉 혀가 뒤로 움직이면 공명강 앞쪽의 면적이 커지기 때문에 F2가

낮아진다. 원순 작용은 입술이 돌출되어 공명강의 앞부분을 앞으로 다소 늘리는 작용을 하므로 F2가 낮아진다. [그림 5]에서 [y]가 [i]에 비해서 F2가 조금 낮은 것을 볼 수 있는데, 이는 [y]가 원순 모음이기 때문이다. 포먼트 차트에는 표시하지 않지만 F3도 모음의 입술 모양 특징을 반영한다. 일반적으로 원순 모음은 그에 대응하는 비원순 모음에 비해서 F2와 F3가 약간 낮다. 따라서 표준중국어 중모음 가운데 원순 모음 [o]는 비원순 모음 [ɤ]에 비해 F2와 F3가 다소 낮다. [그림 6]은 모음 사각도와 포먼트 차트를 겹쳐 놓은 것으로, 모음의 조음 특징과 음향 특징의 대응 관계를 시각화한다.

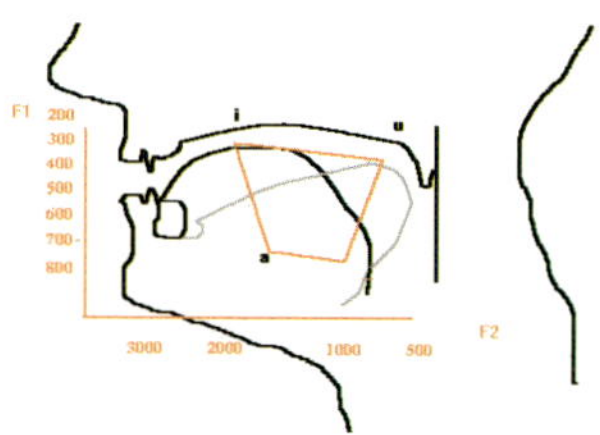

[그림 6] 모음 조음과 포먼트[04]

7.1.2. 중모음

6장에서 논의한 바와 같이, gē 歌 '노래'와 bō 波 '물결' 등의 음절에 출현하는 비원순 후설 중모음 'e'와 원순 후설 중모음 'o'를 단모음으로 간주할 것인가에 대해서 학자들의 의견이 일치하지 않는다. 이 두 모음은 단모음의 성격에서 벗어나는 음성 특징을 보이는데, 산출 과정에서 조음

---

04   그림 출처: https://www.uni-bielefeld.de/lili/personen/vgramley/teaching/HTHS/ acoustic_2010.html?__xsl=/unitemplate_2009_print.xsl

위치가 변화하며 그에 따라 음향 특성도 변화하기 때문이다. 따라서 이 모음을 각각 [ɤ]와 [o]로 전사하는 것이 적절한지에 대한 이견이 있다. [그림 7]은 표준중국어 음절 ē 婀 '아름답다'와 ó 哦 '어!(감탄사)'의 스펙트로그램으로, 중모음 'e'와 'o'의 F1과 F2의 특징을 살펴보자. (a)에서 'e'는 F1이 상승하는 것을 볼 수 있는데, 이는 혀의 위치가 조금 낮아져서 개구도가 커지는 조음 변화를 의미한다. (b)는 'o'의 F1과 F2가 둘 다 상승하는 것을 보여주는데, 이는 혀의 위치가 낮아지면서 앞으로 이동하는 조음 특성을 가리킨다.[05] 또한 개구도가 커지면서 원순의 정도도 줄어든다.[06]

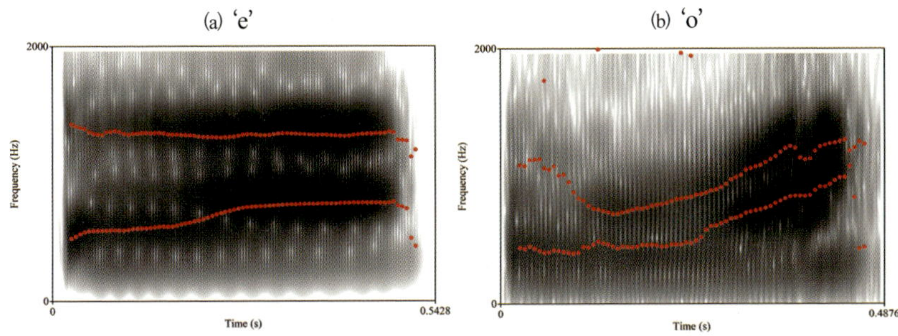

[그림 7] 중모음 'e'와 'o' 스펙트로그램

[표 2]는 [그림 7(a)]의 모음 'e'를 10개의 시간점(T1~T10)으로 균등하게 나누어 각 지점에서 측정한 F1과 F2 값이다.

---

05 IPA 정밀전사(narrow transcription)에서 구별기호 [ˌ]를 사용하여 [o̞] 또는 [ʊo̞], [uo̞] 등으로 'o'를 전사하는 것도 혀의 위치가 낮아지는 특징을 반영하기 위한 것이다(이에 대한 논의는 이 책의 6장, 吳宗濟(1992), 林燾, 王理嘉(1992), 이미경(2006, 2019) 등 참조).

06 (b)의 'o'에서 모음의 안정구간 이전의 F2는 정확한 측정값을 나타내지 않는다.

[표 2] 모음 'e'의 F1과 F2 값

	T1	T2	T3	T4	T5	T6	T7	T8	T9	T10
F1	547.83	553.90	573.54	601.77	667.21	732.29	749.35	760.77	768.90	771.53
F2	1329.52	1316.63	1318.59	1306.88	1288.93	1307.97	1311.15	1312.38	1298.00	1318.37

7.1.3. 설첨모음

치 마찰음과 치 파찰음, 후치조 마찰음과 후치조 파찰음, 후치조 접근음 [ɹ] 뒤에서 출현하는 설첨모음 [ɿ], [ʅ]를 모음으로 볼 것인지 아니면 성절 자음으로 분석할 것인지에 대한 이견이 있지만, 이 책은 모음으로 간주한다(6장 참조). [그림 8]은 [sɿ] sī 思 '생각하다'와 [tsɿ] zī 资 '재화', [ʂʅ] shī 施 '시행하다'와 [tʂʅ] zhī 枝 '가지'의 스펙트로그램으로, [ɿ]와 [ʅ]에 모두 모음 포먼트가 나타나는 것을 알 수 있다. 이와 더불어 두 모음 모두 선행하는 자음의 마찰 성분이 모음의 시작 부분에도 지속되는 특징이 보인다.

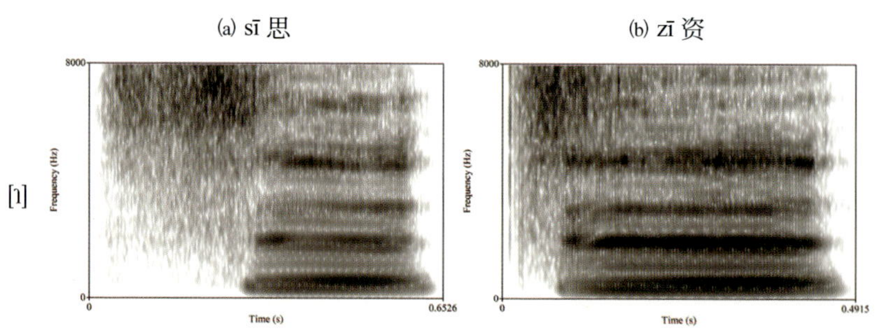

(a) sī 思 (b) zī 资

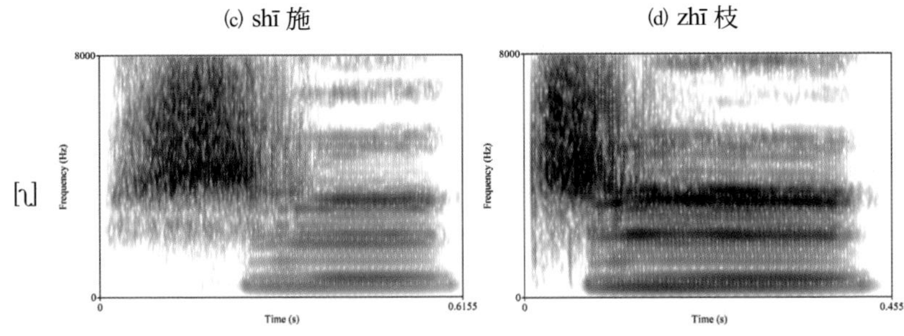

[그림 8] 설첨모음 스펙트로그램

설첨모음 [ɿ]와 [ʅ]를 [그림 9]의 전설 고모음 [i]와 비교해보자. [그림 9]는 xī 西와 jī 鸡의 스펙트로그램으로, [ɿ]와 [ʅ]는 [i]에 비해서 F1 값이 크고 F2 값이 작다. 따라서 설첨모음은 전설 고모음 [i]에 비하여 혀의 위치가 약간 낮고 뒤쪽에서 조음되는 것을 알 수 있다. [표 3]은 [그림 8]과 [그림 9]에 제시한 모음에서 측정한 F1과 F2 값을 비교한 것이다. [ʅ]가 [ɿ]보다 F2 값이 큰 것으로 보고된 바 있으나(심소희 역 2016:107), 이 화자의 경우 [ɿ]와 [ʅ]의 F2 값이 큰 차이를 보이지 않는다. 화자 간 설첨모음 조음 방식의 차이를 고려할 때(Lee-Kim 2014), 다수의 화자 발화를 대상으로 한 향후 연구가 필요하다.

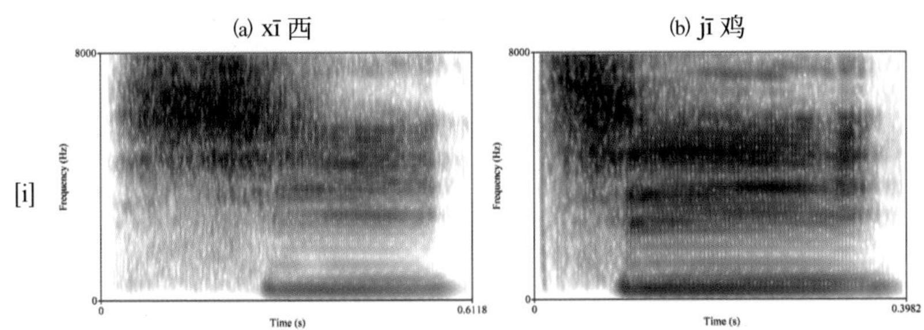

[그림 9] 모음 [i] 스펙트로그램

[표 3] 모음 [ɿ], [ʅ], [i]의 F1과 F2 값

	[ɿ]		[ʅ]		[i]	
	[sɿ]	[tsɿ]	[ʂʅ]	[tʂʅ]	[ɕi]	[tɕi]
F1	561	570	550	479	373	352
F2	1988	1898	1842	1993	2548	2701

7.1.4. r-음화 모음

표준중국어는 얼화운(儿化韻) 또는 권설음화 모음으로 불리는 r-음화 (rhotacized) 모음 [ɚ]이 있다. 베이징 방언에 비하여 표준중국어는 r-음화 모음이 많지 않지만, ěr 耳 '귀', èr 二 '둘, 2' 등의 일부 음절이나 gē 歌儿 '노래'처럼 er 儿 접미사가 첨가된 음절에서 출현한다. r-음화 모음은 선행 음절에 따라 실현되는 양상이 다르며, 선행 음절의 발음에 변화가 생기기도 한다(6장 참조). r-음화 모음의 중요한 음향 특성은 F3가 눈에 띄게 낮아지는 것이다. 이는 혀가 상승하는 r-음화 모음의 조음 특성과 관련되는데, 혀끝이나 혓몸의 상승은 F3의 하강을 동반하기 때문이다.[07] [그림 10]은 ér 儿 '아이', èr 二 '둘, 2'의 스펙트로그램으로, 모음의 후반부로 갈수록 F3가 점차 하강하는 것을 볼 수 있다.[08]

---

[07] 유사한 현상이 설첨모음의 F3에도 나타난다.

[08] 朱曉農(2010:269)도 èr 二의 모음에서 F3가 2,800Hz에서 시작하여 1,800Hz로 하강하는 현상을 논의한다.

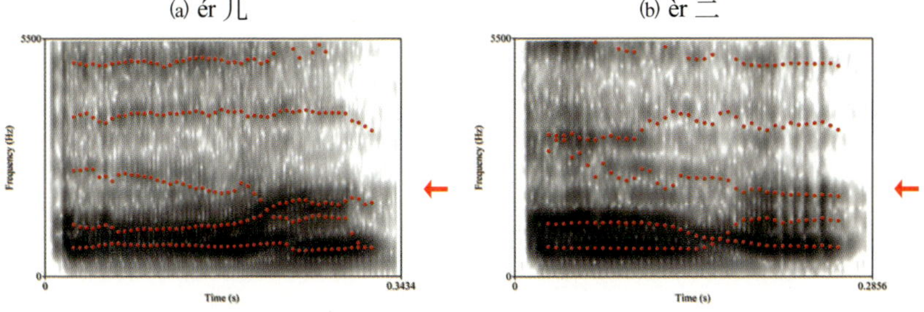

[그림 10] r-음화 모음 스펙트로그램 (1)

음절에 er 儿 접미사가 첨가되면 모음이 r-음화한다. 일반적으로 핵모음이 중모음이면 [ɚ]이 핵모음을 대체하며, 비음 운미가 있는 경우 비음 운미가 탈락하고 핵모음이 r-음화한다. 이제 일반 모음과 r-음화 모음을 비교해보자. [그림 11]은 [kɤ] gē 歌와 [kɚ] gēr 歌儿, [kən] gēn 根과 [kɚ] gēnr 根儿의 포먼트를 비교하는 스펙트로그램이다. (a)와 (b)는 중모음 [ɤ]에 비하여 [ɚ]는 F3가 낮게 시작하며 모음이 진행될수록 더욱 낮아지는 현상을 보여준다. (c)와 (d)는 비음 운미 [n]가 탈락하고 모음이 r-음화하여 F3가 낮아지는 것을 나타낸다.

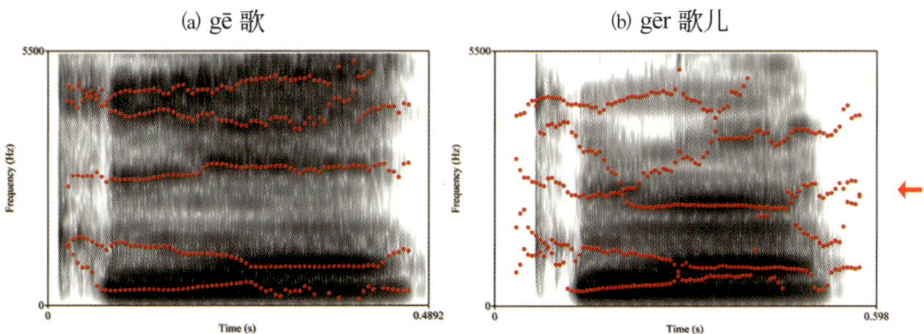

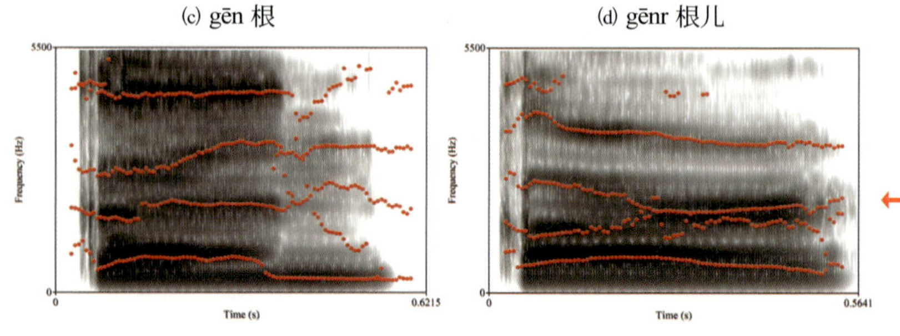

[그림 11] r-음화 모음 스펙트로그램 (2)

7.1.5. 비음화 모음

일반적으로 모음은 구강 모음이지만, 연구개와 구개수가 하강하여 기류가 비강으로 통과하는 비음화(nasalized) 모음도 있다. 비음화 모음은 상하이 우방언 모음의 중요한 특징으로, 원래 비음 말음 [n], [ŋ]을 지니는 음절에서 운미가 탈락하고 모음이 비음화하는 현상이 두드러진다. [그림 12]는 상하이 우방언 음절 [ma] 买와 [mɐ̃] 猛의 스펙트로그램이다. 후자는 [mɐn]으로 발음하기도 하는데, 이 예에서는 비음 말음이 탈락하고 모음이 비음화하였다. 스펙트로그램만으로는 비음화 모음과 일반 모음의 차이를 관찰하기 쉽지 않지만, 비음화 모음은 상대적으로 음세기가 작고 모음 음질이 불명확해지는 경향이 있다. (b)에서 두음 [m]와 달리 말음 비음 [n]가 실현되지 않으며 모음이 비음화한 것을 볼 수 있다. 또한 그림에서 스펙트로그램 위의 선은 음세기를 나타내는데, (b)의 비음화 모음에서 음세기가 현저히 감소하는 것이 보인다.

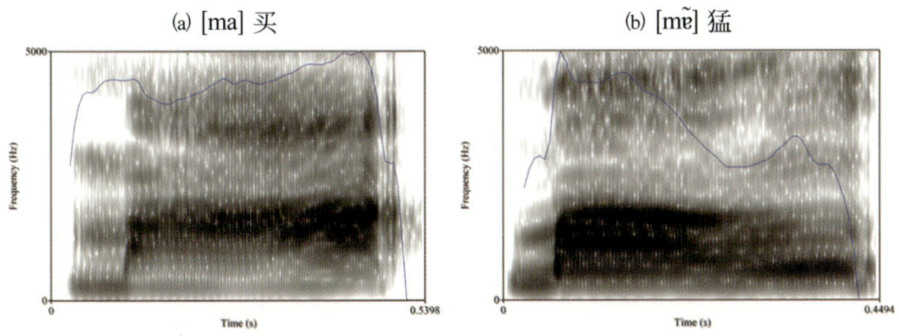

[그림 12] 상하이 우방언 [a]와 비음화 모음 [ẽ]

7.1.6. 단모음과 장모음

단모음(short vowel)과 장모음(long vowel)은 모음이 음길이의 차이로 구분되며, 홍콩 웨방언은 표준중국어와 달리 모음의 길이에 따라 의미가 구분된다. [그림 13]은 홍콩 웨방언의 新 [san] '새롭다'와 山 [saːn] '산'의 파형과 스펙트로그램으로, (a)는 단모음, (b)는 장모음에 해당한다.[09] 두 음절은 각각 약 0.63초, 0.86초로, 장모음이 포함된 음절의 길이가 상대적으로 길다. 두 음절은 특히 모음의 길이에 있어서 상당한 차이를 보이는 것을 볼 수 있는데, 단모음은 약 0.11초, 장모음은 약 0.43초이다. 그런데 모음에 후행하는 자음은 단모음 음절에서 더 긴 것을 알 수 있다. 이는 단모음의 짧은 길이를 보상하기 위한 현상으로, 음절의 일정한 길이를 유지하려는 리듬 기제에서 비롯된다.

---

09   장단모음을 모음 음소의 차이로 분석하기도 한다(6장 참조).

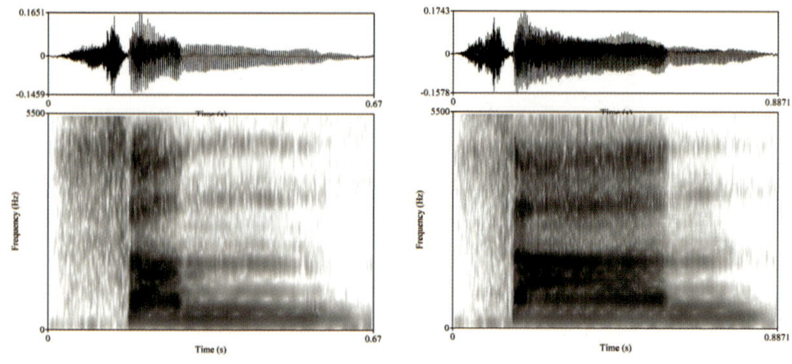

[그림 13] 홍콩 웨방언 단모음과 장모음

7.2. 복합모음의 음향 특징

중국어의 이중모음은 상향 이중모음인 '핵전 활음+핵모음'과 하향 이중모음인 '핵모음+핵후 활음'이며, 삼중모음(triphthong)은 '핵전 활음+핵모음+핵후 활음'으로 구성된다.

7.2.1. 이중모음

모음에 선행하는 핵전 활음이나 후행하는 핵후 활음은 모음에 비하여 조음 시간이 짧기 때문에 안정적인 포먼트 구간을 갖지 않는다. 이 책은 핵전 활음을 접근음 [j], [w], [ɥ]으로 표기하고, 핵후 활음을 [i], [u]로 표기하지만(6장 참조), 스펙트로그램에서 나타나는 포먼트 특성은 크게 차이나지 않는다. 즉 이들은 각각 모음 [i], [u], [y]와 유사한 공명음이다. 접근음과 모음의 주요한 두 가지 차이는 접근음은 모음에 비해서 기류가 통과하는 구강 통로의 폭이 좁아진다는 점과 실현되는 시간이 모음에 비하여 짧다는 데 있다. 접근음은 조음 시간이 짧기 때문에 안정적으로 조음되지 않고 인접하는 음으로 전이되는 경향을 보인다. 접근음을 전통적으로 반모음(semi-vowel)이라고 부른 것도 이러한 특성과 관련된다.

[그림 14]는 표준중국어 [je] yè 夜 '밤', [wo] wò 臥 '눕다', [tɕja] jiā 家 '집'의 스펙트로그램으로, 상향 이중모음 [je], [wo], [ja]의 포먼트 특성을 보여준다. (a)와 (c)에 보이는 바와 같이 경구개 접근음 [j]는 매우 낮은 F1과 상대적으로 높은 F2, F3의 특징을 갖는다. (c)의 순연구개 접근음 [w]는 F1과 F2가 매우 낮고 서로 가깝게 위치하며 F3도 낮아지는 경향이 있다. 당연히 이러한 음향 특징은 각각 모음 [i], [u]와 매우 유사하다.

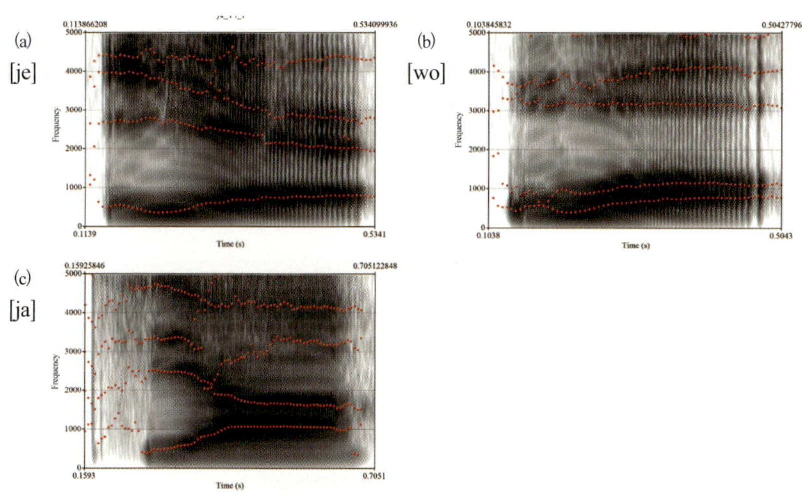

[그림 14] 표준중국어 상향 이중모음 [je], [wo], [ja]

표준중국어 하향 이중모음 [ai], [ɑu]는 [그림 15]에서 살펴볼 수 있다. 그림은 표준중국어 gǎi 改와 gǎo 搞 의 스펙트로그램으로, 핵모음과 후행하는 핵후 활음의 음향 특성을 볼 수 있다. 핵전 활음과 마찬가지로 핵후 활음도 선행하는 모음으로부터 포먼트가 전이된다.

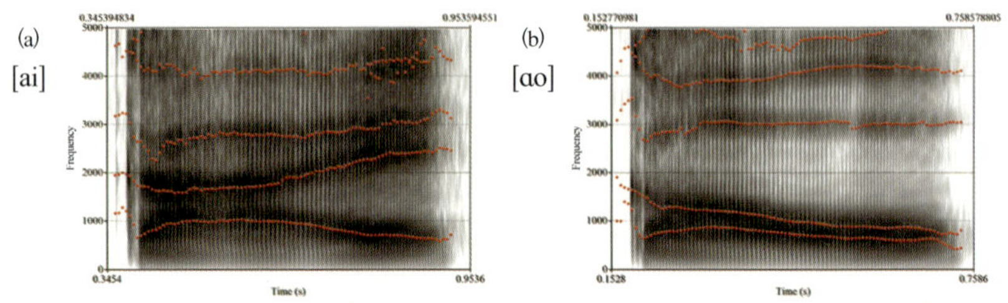

[그림 15] 표준중국어 하향 이중모음 [ai], [ɑu]

7.2.2. 삼중모음

[그림 16]은 표준중국어 jiāo 教 '가르치다'의 스펙트로그램으로, 핵전 활음 [j]와 핵후 활음 [u]가 핵모음 전후에 출현하는 삼중모음 [jɑu]의 포 먼트 특징을 보여준다. 삼중모음은 한 음절에서 세 개의 모음과 활음이 조 음되므로, 이중모음에 비해서 포먼트 전이가 빠르게 일어난다. 중국어는 음절마다 일정한 길이가 유지되는 음절 중심의 리듬 구조를 갖기 때문에, 삼중모음을 갖는 음절도 일반적으로 음절 길이가 더 길지 않다. 따라서 삼 중모음은 각 모음이나 활음의 포먼트 안정성이 가장 낮다.

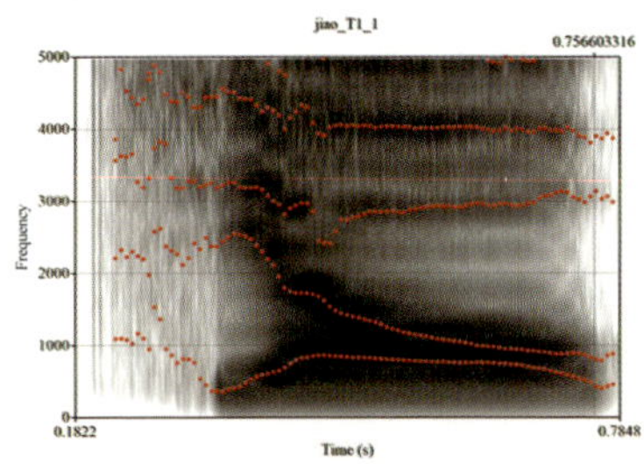

[그림 16] 표준중국어 삼중모음 [jɑu]

1. 표준중국어 단모음 [a]와 삼중모음 [wai]의 핵모음 [a]의 F1과 F2를 측정하여 비교하고, 포먼트의 차이가 어떤 조음 차이를 반영하는지 설명하시오.

2. 모어 화자가 자연스럽게 발화한 표준중국어 단모음 [i], [y], [u], [ɤ], [a]의 음길이와 음세기를 측정하여, 모음의 혀의 높이와 음길이, 음세기에 어떤 관계가 있는지 관찰하시오.

 object 창에서 분석 대상 음성 개체를 선택한 후 'view & edit' → edit 창 상단 메뉴에서 'Intensity' → 'Show intensity' 클릭 → 모음 구간을 선택한 후 'Get intensity', 음길이는 선택한 모음 구간 하단에 표시됨

3. 자신과 표준중국어 모어 화자가 발화한 단모음 [a], [i], [y], [u]의 F1과 F2를 측정하여 모음 포먼트 차트에 표시하고 조음 차이를 설명하시오.

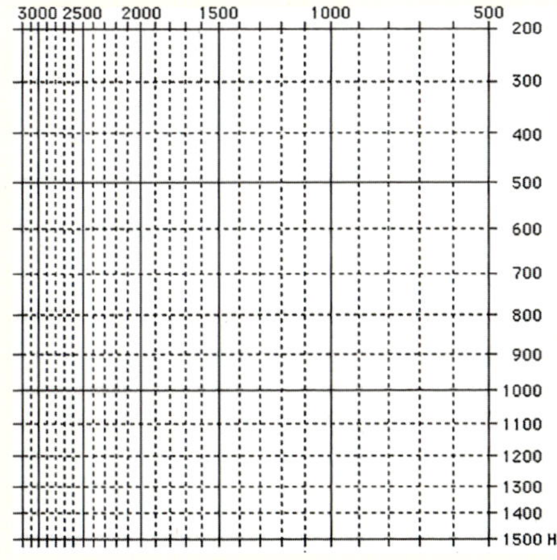

4. 아래 그림은 표준중국어 모어 화자와 한국인 중국어 학습자가 발화한 표준중
국어 모음 'e'의 포먼트 특징을 성조별로 보여준다(C: 중국어 모어 화자, K: 한국어
모어 화자, 그림 출처: 이동은, 이옥주(2013:199)). 두 화자 집단의 조음 차이를 설명
하시오.

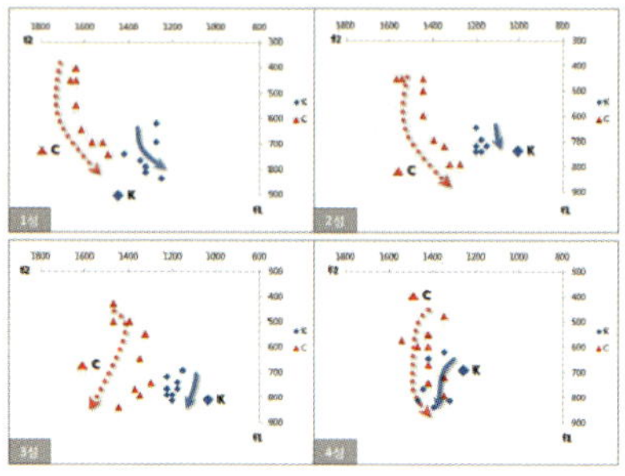

5. 프라트를 사용하여 표준중국어 모음 'e'와 'o'를 생성하고, 이 장에서 살펴본
'e'와 'o'의 이중모음성과 어떻게 관련되는지 논의하시오.

 (1) 단모음 생성: Objects 창에서 'New → Sound → Create Sound from
VowelEditor' 선택하여 VowelEdtor 창 열기. VowelEditor 창에서 'Edit
→ New Trajectory' 선택하여 모음 포먼트 값과 음길이, F0 설정
(2) 복합모음 생성
  (i) Objects 창에서 'New → Sound → Create Sound from VowelEditor'
선택하여 VowelEdtor 창 열기. VowelEditor 창에서 'New
Trajectory'와 'Extend Trajectory' 선택하여 모음 포먼트 값과 음길
이, F0 설정
  (ii) Objects 창에서 'New → Sound → Create Sound from VowelEditor'
선택하여 VowelEdtor 창 열기. VowelEditor 창에서 첫 번째 모음
위치 클릭 → 'shift' 키를 누른 상태에서 두 번째 모음 위치 클릭
  (iii) Objects 창에서 'New → Sound → Create Sound from VowelEditor'
선택하여 VowelEdtor 창 열기. VowelEditor 모음 위치를 마우스
로 직접 그림 (*(ii)와 (iii)은 클릭한 시간에 따라 음길이 결정)

더 읽을거리

심소희 역. 2016. 중국어음성학. 서울: 과학교육사.

이동은, 이옥주. 2013. 한국어 교수자의 중국어 발음에 대한 소고. 중국어문학
　　　논집 78:183- 204.

이미경. 2006. 중국어 모음 /e/와 /o/의 이중모음성 고찰. 중국어문학 48:209-
　　　240.

吴宗济. 1992. 现代汉语语音概要. 北京: 华语教学出版社.

朱晓农. 2010. 语音学. 北京: 商务印书馆.

중국어 성조

들어가며

1. 두 명의 표준중국어 화자가 발화한 mā 妈와 mà 骂를 들어보자. 두 화자가 발화한 성조의 공통점과 차이점은 무엇인가?
2. 웨(粤)방언 성조를 듣고 몇 개의 수평조가 있는지 판단해보자.
3. 치 파열음 'd'는 huídá 回答의 'dá'와 lǎodà 老大 의 'dà'에서 동일하게 들리는가? 아니면 다르게 들리는가?

8장은 중국어의 중요한 말소리 특징인 성조를 논의한다. 먼저 성조의 개념과 성조 언어의 분포를 소개하고(8.1), 표준중국어 성조의 음성·음향 특징을 논의할 것이다(8.2). 이어 표준중국어와는 다른 성조 체계를 갖는 우(吳)방언과 웨(粤)방언 성조에 대하여 살펴본다(8.3). [들어가며]의 세 가지 물음에 대하여 잠시 생각해본다면 중국어 성조의 특징에 대한 논의를 시작하는 데 도움이 될 것이다.

8.1. 성조와 성조 언어

8.1.1. 성조와 성조 유형

성조(tone)는 잘 알려진 중국어 말소리의 특징이다. 성조는 개별 언어에서 어휘적 또는 문법적 의미를 변별하는 데 사용되는 음높이(pitch) 변화 유형을 가리킨다. 음높이 변화가 전혀 없는 모노톤(monotone)으로 발화되는 언어는 없다. 그러나 모든 언어가 음높이 변화에 따라 단어의 의미가 달라지는 것은 아니다. 한국어나 영어처럼 성조 언어가 아닌 언어는 음높이 변화가 악센트(accent), 강세(stress), 억양(intonation) 등을 나타내는 데 사용된다(이에 대한 논의는 10장 참조).[01] 성조를 형성하는 음높이는 기류가 후두를 지날 때 성대가 진동하는 정도에 의해 결정된다. 일반적으로 성조는 1초당 성대 진동수인 기본주파수(fundamental frequency, F0)를 헤르츠(Hertz, Hz) 값으로 나타내며, 기본주파수가 클수록 높은 음높이를 갖는 성조가 실현된다(Lehiste 1992, Yip 2000, 3장 참조).[02]

성조의 유형은 음높이 수준(pitch level)과 음높이 굴곡(pitch contour)으로 구분한다. 음높이 수준은 음높이의 높고 낮은 정도를 의미하며, 음높이 굴곡은 음높이가 변화하는 특성을 가리킨다. 음의 높낮이 변화가 청취되지 않는 성조를 수평조(level tone)라고 하고, 음의 높낮이 변화가 청취되는 성조를 굴곡조(contour tone)라고 한다. 수평조는 음높이 수준에 따라서 높은수평조(high level), 중간수평조(mid level), 낮은수평조(low level)로 나누기도 하고, 굴곡조는 음높이 변화의 방향에 따라 내림조(falling), 오름조(rising), 내리오름조(falling-rising, concave), 오르내림조(rising-falling, convex) 등으로 구분한다. 굴곡조는 다시 음높이 수준에 따라 높오름조, 낮오름조, 높내림조, 낮내림조 등으로 세분하기도 한다. 표준중국어의 네 가지 성조 유형은 높은수평조(1성), 높오름조(2성), 내리오름조(3성), 높내림조(4성)로 나타낼

01　음높이는 성조뿐만 아니라 노래, 감정 표현, 강세, 억양 등 다양한 목적을 위하여 사용되기 때문에, 성조를 청취할 때 가장 먼저 하는 일은 성조에 사용된 음높이를 다른 목적을 위하여 사용되는 음높이로부터 구분하는 것이다. 우선 노래, 음악 또는 감정 표현 등 비언어적으로 사용되는 음높이를 구분한다. 그다음 감정 표현 등 화용적 목적으로 사용되는 음높이 변화로부터 성조를 위해서 사용되는 음높이를 구분한다.

02　정상 청력을 가지는 사람이 청취할 수 있는 가장 작은 주파수 차이는 약 0.3Hz 정도로 알려져 있다. 그러나 이렇게 미세한 차이로 성조를 구분하는 언어는 없다. 인간이 발화할 수 있는 음역을 고려할 때, 조음이나 청취의 측면에서 지나치게 미세한 차이를 이용하는 것은 비효율적이기 때문이다. 오히려 성조는 화자의 음역 내에서 충분히 떨어져 분포하는 경향이 있으며, 둘 이상의 수평조가 있는 경우 적어도 10Hz 이상을 차이를 보인다(Yip 2002:290-291).

수 있다.

[표 1]은 국제음성기호(International Phonetic Alphabet, IPA)의 성조 기호이다. IPA에서 수평조의 음높이 수준을 5단계, 즉 초고조(extra high), 고조(high), 중조(mid), 저조(low), 초저조(extra low)로 구분하는 것은 중국어 성조 표기에 사용되는 5도제(Chao 1930, 1968)를 채택한 것이다. 굴곡조는 오름조, 내림조, 높오름조, 낮내림조, 오르내림조가 예로 제시되어 있다. 음높이 수준과 굴곡은 성조가 실현되는 분절음의 상단에 악센트 기호를 사용하여 표기하거나, 짧은 수직선을 기준으로 표기한다. 악센트 기호는 아프리카 성조 언어 연구에서 널리 사용되며, 고조와 저조는 각각 양음 악센트 기호 '´'와 억음 악센트 기호 '`'를 사용하여 'á'와 'à'와 같이 나타낸다. 초고조와 초저조는 'a̋'와 'ȁ'와 같이 2개의 악센트 기호를 사용한다. 수직선을 사용하는 표기법은 평소 발화 시 사용하는 화자의 음역(pitch range)에 해당하는 수직선 왼쪽에 음높이 수준과 굴곡을 도식적으로 나타내는 방법이다. 악센트 기호는 중국어 방언의 다양한 성조 유형을 전사하기에 충분하지 않기 때문에 중국어 성조 연구에서는 5도제를 사용하거나 수직선을 활용한 표기법을 사용하는 경우가 많다.

[표 1] IPA의 성조 기호

수평조			굴곡조		
초고조	e̋	˥	오름조	ě	ˏ
고조	é	˦	내림조	ê	ˎ
중조	ē	˧	높오름조	e᷄	ˊ
저조	è	˨	낮오름조	e᷅	ˏ
초저조	ȅ	˩	오르내림조	ê̌	ˈ

8.1.2. 성조 언어의 분포

한국어나 영어와 같은 비성조 언어 화자에게 성조는 상당히 독특하게 느껴질 수 있다. 그러나 세계 언어의 약 60-70%가 성조 언어라는 조사 결과를 고려한다면(Yip 2002:1), 성조는 그다지 특이한 언어 특징이 아니다. 성조 언어는 수평조로만 이루어진 비교적 간단한 성조 체계를 갖기도 하고, 중국어처럼 수평조와 다양한 굴곡조로 구성된 복잡한 성조 체계를 지니기도 한다. [그림 1]은 성조 언어의 지역 분포를 보여주는 지도이다. 그림에서 흰색 동그라미는 비성조 언어를, 붉은색과 분홍색 동그라미는 각각 간단한 성조 체계와 복잡한 성조 체계를 갖는 언어의 분포를 나타낸다. 간단한 성조 체계를 갖는 언어 가운데 일부는 비성조 언어로도 분류되기 때문에, 성조 언어를 세계 언어의 약 1/3 또는 50% 이상으로 판단하기도 한다(Hyman 1992, Crystal 1997).

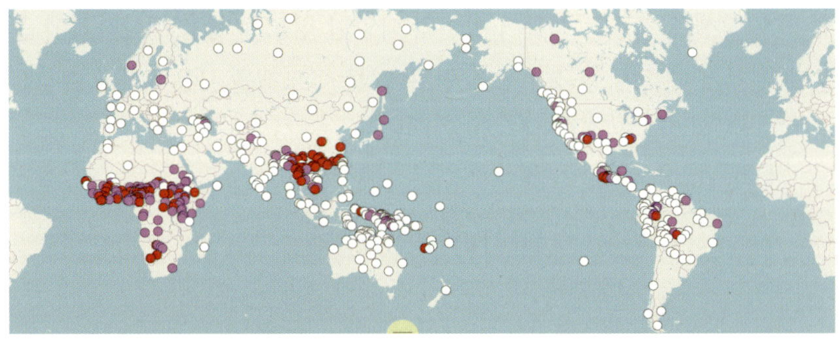

[그림 1] 성조 언어 분포 (1) (Maddieson 2013, http://wals.info/chapter/13)

성조 언어는 동아시아, 동남아시아, 아프리카 사하라 지역, 중남미 지역 등에 주로 분포하며, 유럽은 매우 드물다. 특히 복잡한 성조 체계를 갖는 성조 언어는 적도 부근 및 열대, 아열대 지역에 집중적으로 분포하고 있다. [그림 2]에서 붉은색 점은 복잡한 성조 체계를 지니는 언어가 발견되는 지역이며, 파란색 점은 복잡한 성조가 보이지 않는 언어의 분포이다. 이를 [그림 3]과 비교해보자. [그림 3]은 고온다습한 기후의 분포로, 붉은색 음영이 진할수록 고온다습한 기후 특성에 해당한다. 두 그림을 비교하면, 고온다습한 지역에 복잡한 성조 체계를 지니는 언어가 밀집한 현상을 발견할 수 있다(Fig S1, S2, Everetta et al. 2015). 이에 근거하여 고온다습한 기후 조건이 복잡한 성조 체계의 발달과 관련된다는 가설이 제기된 바 있다. 이는 흥미로운 가설이지만, 언어 사용 지역의 기후 특성과 말소리 특징의 관련성은 앞으로 연구가 더 필요하다.

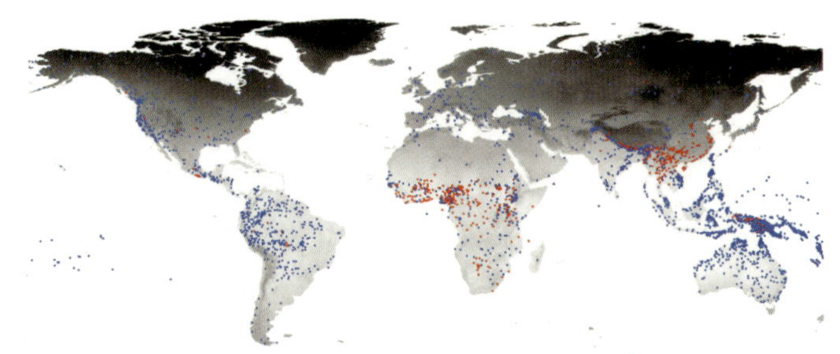

[그림 2] 성조 언어 분포 (2)

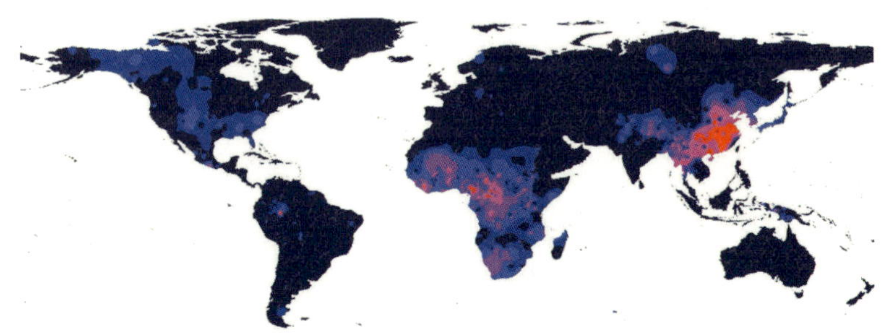

[그림 3] 기후 특성

8.2. 표준중국어의 성조

8.2.1. 어휘 성조

표준중국어는 네 가지 어휘 성조(lexical tone)가 있다. [표 2]는 동일한 분절음으로 구성된 음절이 성조에 따라 의미가 달라지는 예이다.

[표 2] 표준중국어 어휘 성조

1성	2성	3성	4성
mā 妈 '엄마'	má 麻 '마'	mǎ 马 '말'	mà 骂 '욕하다'
bā 八 '여덟, 8'	bá 拔 '뽑다'	bǎ 把 '쥐다'	bà 爸 '아빠'

표준중국어 성조는 편의상 1성, 2성, 3성, 4성으로 부르지만, 성조의 음높이 특성을 논의할 때는 일반적으로 5도제를 사용한다. 5도제는 화자가 평소 발화할 때 사용하는 음역을 5단계로 나누어 음역의 가장 낮은 음높이를 '1'로, 음역의 가장 높은 음높이를 '5'로 표기하는 방법이다(Chao 1930, 1968).[03] 표준중국어 1성~4성은 5도제로 각각 '55', '35', '214', '51'로 표기하며, [표 3]은 중국어 음성 연구에서 자주 사용되는 성조 표기 방법을 음절 'ma'를 예로 들어 제시한다.[04] [그림 4]는 음높이 특성을 도식화한 것으로, 한어병음에서 성조 표기에 사용하는 위 첨자는 음높이 특성을 간략하게 나타낸 것이다.

---

[03] 중앙아메리카의 성조 언어 연구에서도 1부터 5까지의 숫자로 성조를 표기하는데, 중국어 연구와는 달리 '1'이 가장 높은 음높이를, '5'가 가장 낮은 음높이를 나타낸다. 예를 들어, 높은 수평조는 a1, 낮은수평조는 a5, 높오름조는 a2-1처럼 나타낸다(이에 대한 논의는 Yip(2002) 2장 참조).

[04] 이 외의 음운론적 성조 전사에 대한 소개는 Lin(2007:93)을 참조할 수 있다.

[표 3] 표준중국어 성조 표기

	1성	2성	3성	4성
음높이 특성 표기	높은수평조	오름조	내리오름조	내림조
5도제	ma55	ma35	ma214	ma51
음역과 음높이 표기	ma ˥	ma ˧˥	ma ˨˩˦	ma ˥˩
한어병음	mā	má	mǎ	mà

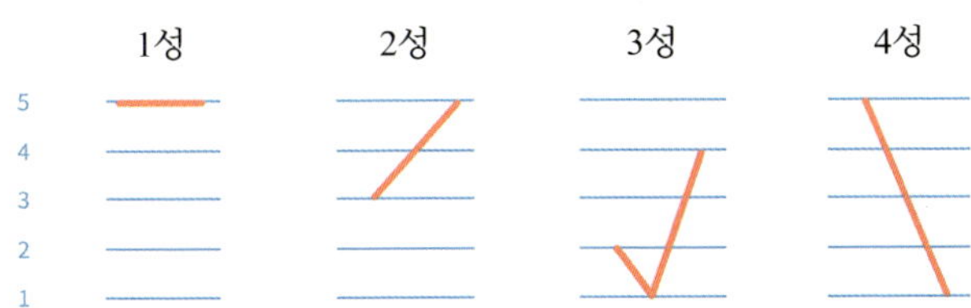

[그림 4] 표준중국어 성조의 음높이 특성

[그림 5]는 표준중국어 mā 妈, má 麻, mǎ 马, mà 骂의 음높이를 보여준다. 이를 [그림 4]와 비교하면, 성조의 실제 음성 실현은 약간 다른 것을 볼 수 있다. 우선, 1성 '55'와 2성 '35', 4성 '51'의 높은 음높이 값인 '5'가 동일하게 실현되지 않는다. 일반적으로 4성의 '5'가 가장 높은 경향이 있다. 또한 2성 '35'는 오름조가 실현되기 이전에 음높이가 약간 내려가기 때문에 '35'가 아니라 '435' 또는 '3½35'처럼 보인다. 이는 음높이 목표점(pitch target)인 '3'을 실현하기 위하여 음높이를 조정하는 시간이 필요하기 때문이다. 특정 음높이를 산출하기 위하여 성대가 진동하는 데에는 시간이 소요되므로, 성조의 시작 부분에 일종의 과도기가 형성된다. 이러한 생리적인 원리를 고려한다면, 4성이 '55'가 아니라 '4½25'처럼 실현되는 현상도 이해할 수 있다. 즉 '5'보다 다소 낮게 시작하여 '5'에 도달하기 위하여 일정 시간이 소요되기 때문이다. 마지막으로, 3성의 마지막 음높이는

'4'처럼 높이 실현되지 않는 경우가 많다. 이는 아마 음높이가 하강한 후 충분히 상승하는 데 상대적으로 많은 시간이 필요하기 때문일 것이다. 마지막으로, 성조는 음길이와도 관련된다. 3성 '214'는 다른 성조보다 길게 실현되며, 4성은 짧게 실현되는 경향이 있다. 따라서 [그림 4]의 5도제는 추상적인 음높이 목표점을 나타낸 것으로, 실제 음높이 실현 양상과 동일하지 않다는 점에 유의하자.

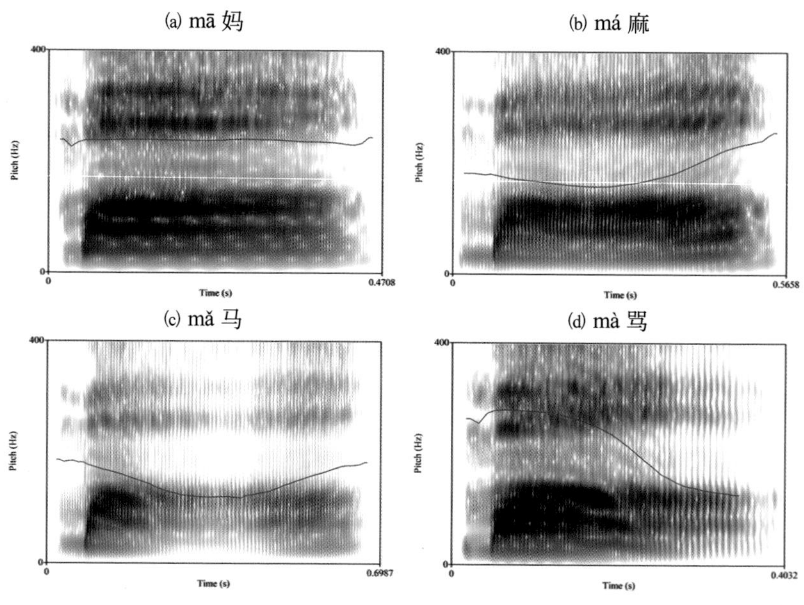

[그림 5] 표준중국어 어휘 성조

성조의 음높이는 개별 화자 특성과 성조 출현 환경, 발화 속도 등 여러 요소의 영향을 받아 실현된다. 화자 간 음역의 차이는 성조의 음높이 실현에 영향을 미치는 중요한 비언어적 요소이다. 특히 화자의 나이와 성별은 음높이에 큰 영향을 미친다. 일반적으로 아동은 성인보다 음높이가 높고,

성인 화자의 경우 여성 화자가 남성 화자보다 음높이가 높은 경향이 있다. 화자의 성도 길이가 길면 음높이가 낮아지는 경향이 있는데, 일반적으로 성인 남성 화자의 성도 길이가 아동이나 성인 여성 화자보다 길기 때문이다. 따라서 동일한 성조를 발화하더라도 남성 화자의 음높이가 상대적으로 낮은 경향이 있다(Titze 1994).[05] [그림 6]은 성인 화자가 발화한 표준중국어 1성 '55'이다. 남성 화자의 음높이는 약 154Hz이며 여성 화자의 음높이는 약 228Hz로 상당한 차이를 보인다.

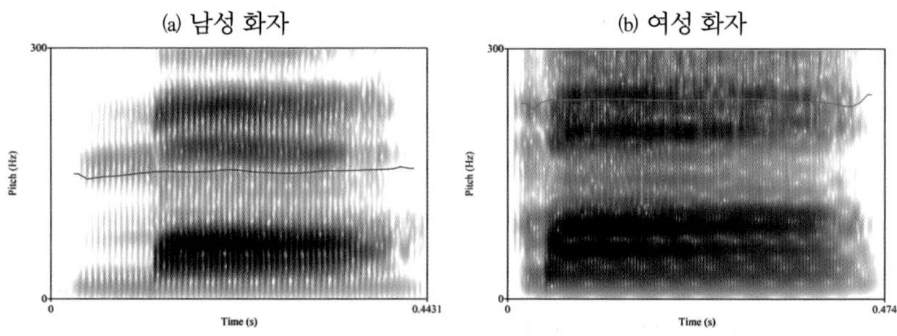

[그림 6] 표준중국어 1성의 음높이

화자마다 음높이와 음역이 다르다는 사실을 고려하면,[06] 서로 다른 기본주파수로 산출된 음높이를 청자가 동일한 성조 범주로 귀납하여 지각하는 능력은 상당히 놀랍다. 청자는 절대적 음높이에 근거하여 성조를 판단하는 것이 아니라, 화자의 고유한 음역에서 음높이의 변화를 청취하여 성조를 판단한다. 따라서 음높이가 높거나 음역이 넓은 화자인 경우, 청

---

05   이는 일반적인 경향이며 동일한 성별 내에서도 화자에 따른 변이가 상당히 크다.

06   음역을 상한선과 하한선 사이의 영역으로 이해한다면, 일반적으로 음역의 변화는 주로 상한선의 조정으로 이루어진다. 즉 음역의 확대는 상한선의 상승을 수반하는 반면, 하한선의 하강은 소폭으로 조정된다.

자는 상대적으로 더 높은 음높이를 1성 '55'로 지각한다. [그림 7]은 화자
에 따라 차이가 나는 음역에서 1성의 음높이를 지각하는 방식을 도식화
한 것이다.

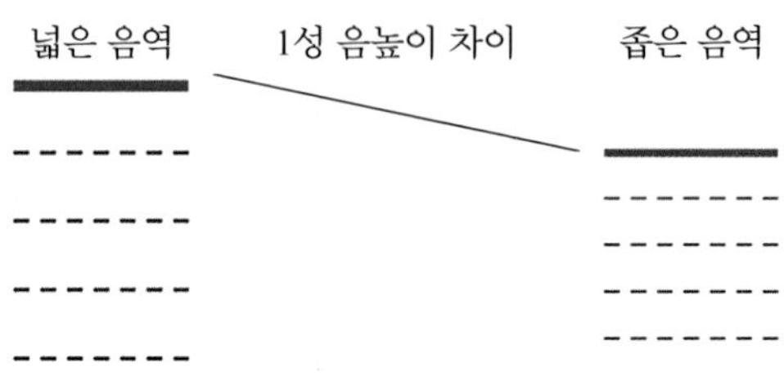

[그림 7] 화자의 음역 차이와 성조의 지각

　인접 성조는 성조의 음성 실현에 영향을 미치는 중요한 언어적 요인
중 하나이다. 자연 발화에서 성조는 단독으로 산출되기보다 주로 음절 연
쇄에서 실현되기 때문에, 동일한 성조라도 인접한 성조 유형에 따라서 음
성적으로 다르게 실현된다. 예를 들어, 1성 '55'와 2성 '35', 4성 '51'이 낮
은 성조인 (반)3성 '21'에 후행할 때 가장 높은 음높이 '5'는 해당 음절의
후반부에서 나타나는 경우가 많다. 이는 성대 근육의 긴장과 이완이 교체
되는 데에 시간이 소요되는 생리적 요인으로 인한 것으로, 최고점 지연
(peak delay) 현상이라고 한다. [그림 8]은 3성+1성/2성/4성+3성 연쇄의
두 번째 음절에서 나타나는 최고점 지연 현상을 보여준다. 2성의 경우 최
고점은 후행 음절의 시작 부분에서 실현되기도 한다.

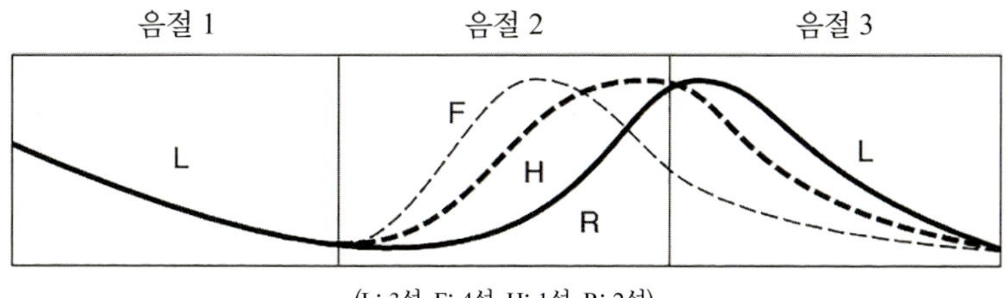

(L: 3성, F: 4성, H: 1성, R: 2성)

[그림 8] 음높이 목표점 지연(Xu 1999:1884)

8.2.2. 경성

경성(neutral tone)은 내재적 음높이를 지니지 않는 음절을 가리킨다. 표준중국어에서 문말 조사 le 了, ma 吗, ne 呢, a 啊나 de 的, de 得와 같은 조사, zi 子, a 呵 등의 접사가 경성 음절이다. 한어병음 표기에서 경성 음절은 성조를 표시하지 않는다. 숫자 '0'을 사용하여 해당 음절이 경성이거나 원래 성조가 소실되어 경성화(tonal neutralization)하였음을 나타내기도 한다. [표 4]는 경성 포함 여부에 따라 단어의 의미가 달라지는 예이다.

[표 4] 표준중국어 경성의 예

dōngxī	东西 '동쪽과 서쪽'	dōngxi	东西 '물건'
dàyì	大意 '대의'	dàyi	大意 '부주의하다'
lǎoshī	老师 '선생님'	lǎoshi	老实 '솔직하다'

경성 음절의 음높이는 주로 선행 음절의 성조에 의해서 결정된다(Chao 1968, Cheng 1973, Yip 1980, Lin 2001, Lin 2007 등, 경성 음절이 내재적으로 중간 음높이를 지닌다는 견해는 Chen and Xu 2006 참조). 경성 음절은 1성, 2성, 4성 뒤에서는 상대적으로 낮은 음높이인 '2', '3', '1'로 실현되며, 3성에 후행하는

경성 음절은 상대적으로 높은 음높이인 '4' 정도로 실현되는 것으로 알려
져 있다(Chao 1948:27). [그림 10]은 표준중국어 wānle 弯了, wánle 完了,
wǎnle 晚了, mànle 慢了의 음높이로, 선행 성조에 따라 실현되는 경성의
음높이 특성을 보여준다.

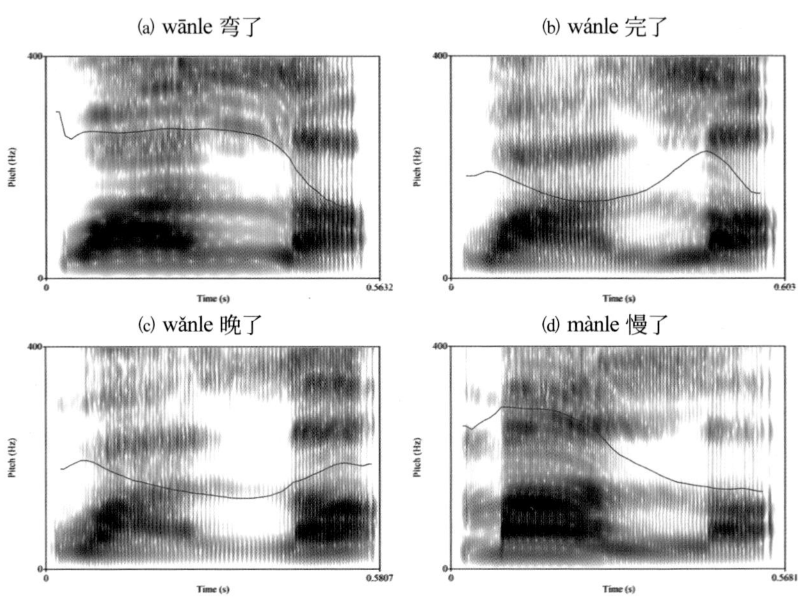

[그림 10] 어휘 성조와 경성의 음높이

짧은 음길이는 경성 음절의 또 다른 중요한 음성 특징이다(林茂燦, 颜景
助 1980). [표 5]는 [표 4]의 2음절 단어를 단독으로 발음한 후 음절 길이를
측정하여 비교한 것이다. 첫 번째 음절의 길이는 단어 간에 큰 차이를 보
이지 않으나, 두 번째 음절은 성조가 실현되는지 경성으로 실현되는지에

따라서 길이의 차이가 명확한 것을 알 수 있다.[07]

[표 5] 경성의 음길이 비교(단위: 초)

	첫음절	둘째 음절		첫음절	둘째 음절
dōngxī	0.235	0.530	dōngxi	0.293	0.268
dàyì	0.251	0.321	dàyi	0.217	0.172
lǎoshī	0.229	0.472	lǎoshi	0.318	0.257

8.2.3. 성조 변화

성조 변화는 변조(tone sandhi)라고 하며, 둘 이상의 성조를 연속적으로 발화할 때 특정 성조의 유형이 변화하는 현상을 가리킨다. 변조는 인접 성조와 유사해지는 동화(assimilation)일 수도 있고 인접 성조와 달라지는 이화(dissimilation)일 수도 있다. 또한 의무적 음운 변조와 선택적 음성 변조로 구분된다. 표준중국어의 3성 변조는 음운 변조로, 2개 이상의 3성이 연속 출현하면 선행하는 3성이 2성으로 변화한다. 또한 1성, 2성, 4성에 선행하는 3성은 '반3성'이라고 불리는 '21'로 실현된다.[08] (1)은 표준중국어 3성 변조의 예이며, [그림 11]은 shǒujī 手机와 shǒubiǎo 手表의 음높이 곡선을 보여준다.

---

[07] 경성을 포함하지 않는 단어에서 두 번째 음절이 첫 번째 음절보다 현저히 긴 이유는 어말 장음화(final lengthening) 효과와 관련된다. 단어를 단독으로 발음하면 발화의 마지막 음절이 길어지는 장음화 현상이 일어난다. 장음화 현상에도 불구하고 경성 음절은 선행보다 음길이가 짧다.

[08] 3성 변조의 기저형과 음운 규칙을 설정하는 방법은 여러 가지가 있을 수 있다. 통사 구조 및 운율 구조와 관련한 3성 변조 적용 범위는 Cheng(1973), Shih(1986, 1997), Zhang(1988), Duanmu(2007), Lin(2007), 이연화(2013) 등을 참조할 수 있다.

(1) T3 + T3 → T2('35') + T3   shǒubiāo 手表 '손목 시계'
     T3 + T1, T2, T4 → '21' + T1, T2, T4   shǒujī   手机 '휴대 전화'
                                           shǒutóu   手头 '수중'
                                           shǒushù   手术 '수술'

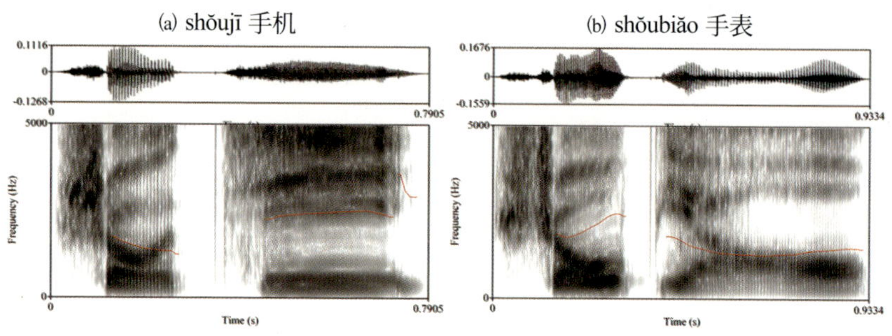

[그림 11] 표준중국어 3성 변조

그런데 3성 변조를 통하여 생성된 2성은 원래 2성과 음성적으로 완전히 동일하지 않다. 변조로 형성된 2성은 원래 2성보다 음높이가 약간 낮은 경향이 있다. [그림 12]는 '2성+1성'과 '2성+2성', '3성+3성' 연쇄에서 산출된 음높이 곡선을 비교한 것으로, 첫 음절의 오름조를 보면 변조로 생성된 2성이 음높이가 다소 낮은 것을 보여준다. 그러나 표준중국어 모어 화자는 청각적으로 이 차이를 인지하지 못하기 때문에 3성에서 변조된 2성과 원래 2성을 음운적으로 구분하지 않는다(Peng 2000).

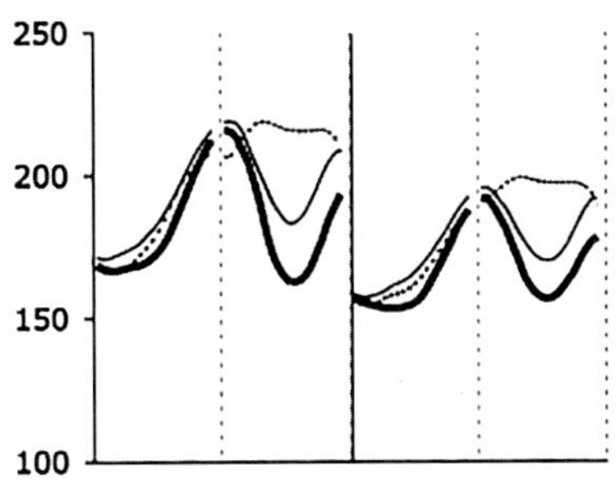

굵은 실선: '3성+3성', 가는 실선: '2성+2성', 점선: '2성+1성'

[그림 12] 변조로 형성된 2성과 원래 2성의 음높이(Kuo et al. 2007:224 Figure 7)[09]

성조 변화의 또 다른 예는 특정 형태소에 적용되는 변조이다. 예를 들어, yī 一와 bù 不는 단독으로 발음할 때 각각 1성과 4성이지만, 후행 성조에 따라서 변조가 발생한다. yī 一는 1성, 2성, 3성 앞에서는 4성으로, 4성 앞에서는 2성으로 변화한다. 단, 서수의 기능을 할 때는 후행 음절이 있더라도 변조가 발생하지 않는다. bù 不는 1성, 2성, 3성 앞에서는 변화하지 않으나 4성 앞에서는 2성으로 변화한다. 이와 같이 일부 형태소에 발생하는 성조 변화를 형태음운적(morpho-phonological) 변조라고 하며, (2)는 몇 가지 예이다.

(2) yìdiǎnr   一点儿 '약간'   yíhuìr   一会儿 '잠시, 곧'
    bùxíng   不行   '안 된다'   búyòng   不用   '필요 없다'

3성 변조와 yī 一, bù 不 변조는 필수 변조이며, 2성 변조와 4성 변조는 선택 변조이다. 선택 변조는 발화 속도나 스타일의 영향을 받아서 성조

변화가 일어나기도 하고 그렇지 않기도 한다. 2성 변조는 3음절 연쇄에서 가운데 음절이 2성에서 1성으로 변화하는 성조 변화로 알려져 있다. 이때 3음절 연쇄의 첫음절은 1성 또는 2성이며, 세 번째 음절은 경성이 아니어야 한다(Chao 1968:27-29).[10] [그림 13]은 (3)의 sānniánjí 三年級에 2성 변조가 적용된 음높이 곡선이다. 그런데 일반적으로 두 번째 음절은 1성과 동일한 방식으로 음높이가 실현되지 않는다. 그림을 보면, 두 번째 음절 nián의 성조는 선행하는 1성 sān처럼 높은수평조가 아니라, 선행하는 높은수평조와 후행하는 2성 jí의 음높이 시작점을 자연스럽게 연결하는 음높이 특성을 보이는 것을 알 수 있다.

(3) 1성+2성+2성 → 1성+1성+2성　　　sānniánjí 三年級 '3학년'

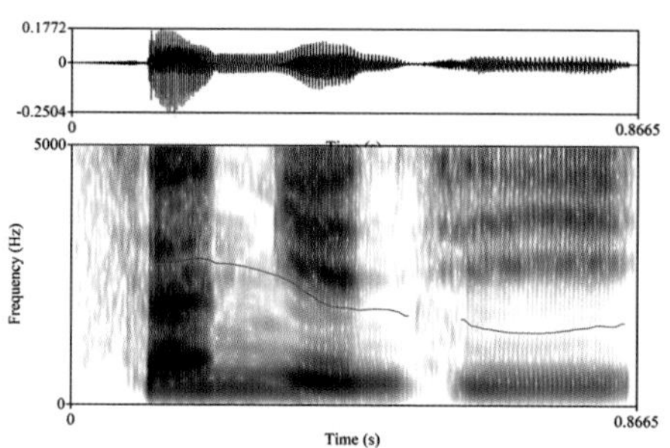

[그림 13] 표준중국어 2성 변조

4성 변조는 4성 음절이 연속 출현할 때 선행 음절이 '51'이 아니라 '53' 정도로 실현되는 성조 축약(reduction)이다. 4성 축약은 후행하는 성조가 있을 때 조음의 편이를 위하여 선행 음절의 내림조가 충분히 실현

10　2성 변조는 3음절 연쇄가 음보(foot)와 초음보(superfoot)를 형성하는 과정에서 선행 음절의 H 성조 자질이 약강세 음절에 확산되는 현상으로 분석할 수 있다(이옥주 2013).

되지 않는 현상으로 해석할 수 있다(Chao 1968:27-29, Lin 2007, 엄익상 외 역 2010/2023 등). [그림 14]에서 xiànzài 現在의 음높이를 살펴보자.

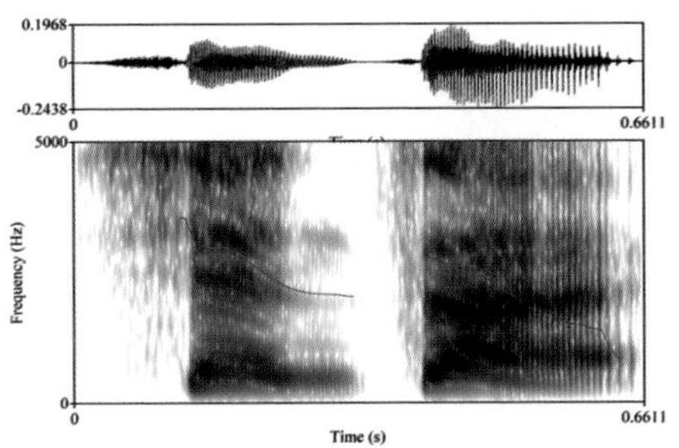

[그림 14] 표준중국어 4성 변조

　[그림 14]에서 첫 번째 음절에 4성 변조가 적용되어 음높이가 '53' 정도로 실현되는 것을 볼 수 있다. 그런데 이와 더불어, 후행하는 음절 또한 '51'이 아니라 '41' 또는 '31'처럼 실현된다. 이는 4성 변조가 '51'+'51'→'53'+'31'의 형식으로도 발생한다는 것을 보여준다. 조음의 편이를 위한 동시 조음을 고려하면, 이러한 현상은 선행하는 4성이 끝나는 음높이에서 후행하는 4성이 시작되는 것으로 이해할 수 있다. 따라서 4성 변조는 (4)와 같이 두 가지 음성 형식이 가능하다.

(4) (a) 4성+4성 → '53' +'51'　　　　　xiànzài 現在 '현재'
　　(b) 4성+4성 → '53' +'31'

　이상에서 살펴본 변조는 인접한 성조의 영향 이외에 통사와 운율(prosody) 구조 및 발화 속도의 영향을 받는다. 예를 들어, (5)와 같이 연이어 출현하는 두 성조 사이에 청취 가능한 휴지가 있으면 변조는 발생하지 않는다. 따라서 둘 이상의 성조가 '인접하는' 환경은 음성적인 개념임을 이해할 필요가 있다(운율 구조는 10장 참조).

(5) a. <u>Hěn hǎo</u>. Nǐ ne? 很好。你呢?   : hěn은 3성 변조가 적용되지

(좋아. 너는?)   만, hǎo는 적용되지 않음

  b. A: Nǐ xiànzài yào kànshū ma?

      你现在要看书吗？

      (너 지금 책 볼 거니?)

  B: Xiànzài <u>bù</u>. Zuòwán wǎnfàn hòu wǒ zài kàn.

      现在<u>不</u>。做完晚饭后我再看。: bù에 변조가 적용되지 않음

      (지금은 아니야. 저녁 밥 다 하고 나서 보려고 해.)

  c. Zhè dào wèntí shì sān xuǎn <u>yī</u>, tiáojiàn yǐjīng : yī에 변조가

      xiě zàile wènjuàn shàng.   적용되지 않음

      这道问题是三选<u>一</u>, 条件已经写在了问卷上。

      (이 문제는 세 가지 중 한 개를 선택하는 것으로, 조건은 이미 문제지에 적혀
      있습니다.)

8.2.4. 성조와 분절음

성조는 분절음과 동시에 산출된다. 성조를 초분절음(suprasegmentals)이
라고 부르는 이유도 분절음에 얹혀서 실현되기 때문이다. 따라서 성조의
음성 특징은 자음이나 모음의 영향을 받는다. 우선 모음의 영향을 살펴보
면, 모음의 고저와 음높이의 상관성은 여러 언어에서 관찰된다. 혀의 위치
가 높은 고모음은 저모음에 비하여 높은 음높이로 발화되는 경향이 있는
데, [표 6]은 한국어와 일본어, 영어, 프랑스어를 대상으로 한 연구 결과이
다(Whalen and Levitt 1995:351-354). 고모음 [i]와 [u]는 저모음 [a]보다 음높
이가 높은 것을 볼 수 있다. 이러한 현상은 고모음을 조음할 때 성대가 상

대적으로 긴장하며 후두가 다소 상승하기 때문으로, 후두가 상승하면 성도가 짧아지는 효과를 낳기 때문에 F0가 상승한다.

[표 6] 모음의 고저와 음높이

	[i]	[u]	[a]	음성 자료
한국어	183	185	166	남성 화자 1인 발화
일본어	350	342	328	여성 화자 1인 발화
영어	136	140	133	남성 화자 4인 발화
프랑스어	140	142	131	남성 화자 4인 발화

표준중국어에도 모음의 고저와 성조 음높이의 관련성이 나타나는지 살펴보자. [그림 15]는 표준중국어 1성 음절 lā 拉 '당기다', lī 哩 '조사', lū 撸 '훑다'의 음높이를 순서대로 보여주는데, lā에 비하여 lī와 lū의 음높이가 높다. 이는 고모음이 저모음보다 높은 음높이로 실현되는 현상은 성조 언어와 비성조 언어에서 모두 나타난다는 것을 의미한다. 따라서 동일한 성조라고 하더라도 모음의 고저에 따라서 음높이 실현이 달라지는 것을 알 수 있다.

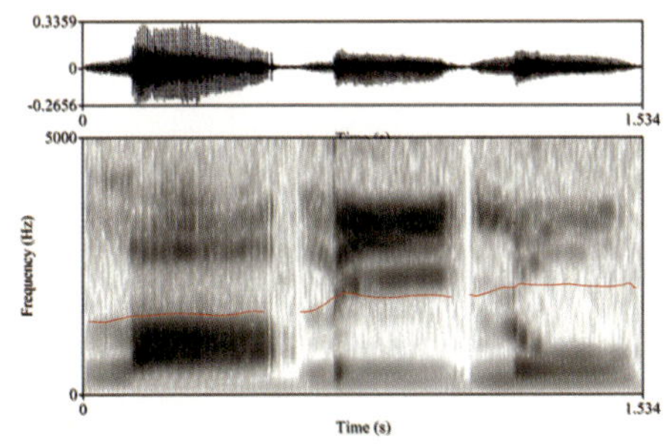

[그림 15] 모음의 고저와 성조 음높이

이제 자음은 음높이에 어떤 영향을 미치는지 살펴보자. 잘 알려진 자음과 음높이의 관련성은 파열음의 유성성과 음높이의 관계이다. 무성음에 후행하는 모음은 유성음에 후행하는 모음보다 높은 음높이로 실현되는 경향이 있다는 사실은 이미 오래전에 보고되었으며, 이는 [표 7]에 요약한 바와 같다(Hombert et al. 1979:39). 중국어에서 유성성과 음높이의 관계는 상하이 우방언에 보인다. 상하이 우방언에서 유성 파열음이 두음인 음절은 상대적으로 낮은 성조로, 무성 파열음이 두음인 음절은 높은 성조로 실현된다(이에 대한 논의는 8.3.1 참조).

[표 7] 파열음의 유성성과 후행 모음의 음높이

[p]	[b]	[t]	[d]	[k]	[g]	선행 연구
127.9	120.9	127.1	120.6	127.2	122.8	House and Fairbanks(1953)
175	165	176	163	176	163	Lehiste and Peterson(1961)
130.7	125.1	129.8	124.8	131.1	125	Mohr(1968)

파열음의 유성성과 후행 모음 음높이의 관련성은 파열음의 조음 원리와 기류의 이동 특성으로 설명할 수 있다. 파열음은 기류의 장애를 형성하여 일정 시간 동안 장애를 유지한다. 그런데 무성 파열음은 장애를 유지하는 동안 성문하압이 빠르게 상승하기 때문에, 장애를 해소할 때 상대적으로 많은 양의 기류가 빠르게 성대를 통과한다. 따라서 빠른 속도로 성대가 진동하여 모음의 음높이가 상승한다. 반면 유성 파열음은 장애를 유지하는 동안에도 성대가 진동하므로 무성 파열음에 비하여 성문하압이 낮다. 따라서 장애를 해소할 때 성대를 통과하는 기류의 속도가 상대적으로 느려서 성대 진동 횟수가 적으므로 음높이가 상대적으로 낮다. 또한 성대의 긴장 정도도 파열음의 유성성과 음높이의 차이와 관련되는 것으로 보인

다. 무성음을 조음할 때는 성대가 긴장하여 경직성(stiff)이 상대적으로 크기 때문에, 성문상압과 성문하압의 차이가 커야만 성대 진동이 발생한다. 반면 유성음은 성대가 이완(slack)되므로 성문상압과 성문하압의 차이가 크지 않아도 진동하게 된다. 따라서 유성음에 후행하는 모음의 음높이가 비교적 낮다(Halle and Stevens 1971, Hombert et al. 1979).[11]

파열음의 기식성(aspiration)도 후행 모음의 음높이에 영향을 미친다. 일반적으로 유기음은 무기음에 비하여 성문을 통과하는 기류가 많고 성문상압과 성문하압의 차이가 크기 때문에 후행하는 모음의 음높이가 다소 높아지는 경향이 있다(Hombert 1975). 그러나 기식성과 음높이의 관계는 언어마다 차이가 있는 것으로 보인다(Yip 2002:37). 표준중국어는 무기 파열음에 비하여 유기 파열음에 후행하는 모음의 음높이가 높은 경향이 있으며(맹주억, 권영실 2007ab, Lee-Kim 2020), 한국어 또한 / ㅋ/, / ㄲ/와 같은 격음과 경음이 / ㄱ/와 같은 평음에 비해서 후행 모음의 음높이가 높다(신지영 2014:225). [그림 16]은 dù 度와 tù 兔의 음높이 곡선으로, 무기 파열음 [t]와 유기 파열음 [tʰ]에 후행하는 모음 [u]의 음높이를 비교한 것이다.[12]

11　현재 표준중국어는 파열음의 유무성 대립이 없지만, 당(唐, 618-907), 송(宋, 960-1279) 시기에 사용되던 중고(中古) 중국어는 어두 파열음에 유성음과 무성음이 존재하였다. 이후 유성음이 무성음화하면서 표준중국어에는 유성음이 존재하지 않게 되었는데, 평성(平声)에 속하던 무성 두음 음절은 1성으로, 유성 두음 음절은 2성으로 발전하였다. 즉 무성 자음을 지니는 음절은 높은 음높이 수준 '55'로, 유성 자음을 지니는 음절은 상대적으로 낮은 '35'로 변화한 것이다. 어두 자음의 유성성과 음높이의 관계는 여러 언어에서 광범위하게 증명되었으며, 성조의 기원을 어두 자음의 유성성의 대립으로 추정하기도 한다(이에 대한 논의는 이옥주(2021) 참조).

12　이와 반대로 중국어에서 무기음에 후행하는 모음의 음높이가 더 높다는 주장도 일부 있다(Howie 1974, Xu and Xu 2003).

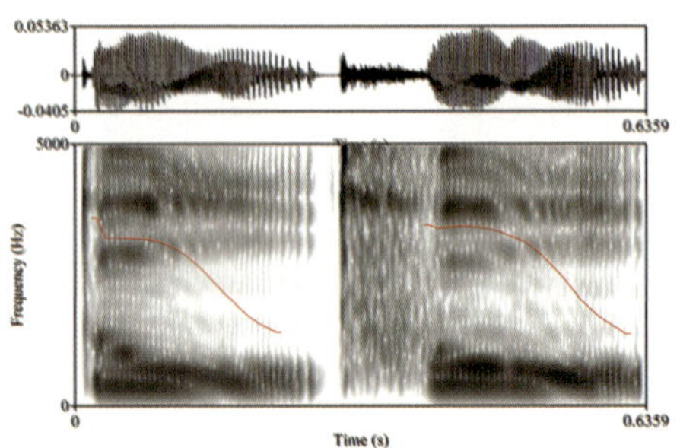

[그림 16] 중국어 파열음의 기식성과 음높이

8.3. 중국어 방언의 성조

8.3.1. 우(吳)방언

상하이 우방언에는 [표 8]의 5개 성조 성조가 있다.[13] 1성~5성으로 불리는 5개의 성조는 중고(中古) 중국어의 성조 범주를 따라 각각 음평(阴平), 음거(阴去), 양거(阳去), 음입(阴入), 양입(阳入)으로 부르기도 한다.

[표 8] 상하이 우방언 성조

성조		5도제	음높이 특성	예[14]
1성	음평	53	내림조	[ʔi] 医 '의사'

---

13 상하이 우방언 성조 목록은 Chao(1967), 许宝华, 汤珍珠(1988), 陈阿宝 외(2005), Chen and Gussenhoven(2015) 등을 참조하였다. 상하이 우방언 성조에 대한 음운론적 분석은 Jin(1986), Selkirk and Shen(1990), Duanmu(1993, 1999, 2009), Zee and Maddieson(1980) 등을 참조할 수 있다.

14 어두 자음 발음 여부는 화자에 따라 차이가 있다. 어두 자음을 발음하지 않는 화자는 [ji] 또는 [ɪʔ]으로 발음한다.

2성	음거	34	높오름조	[ʔi] 椅 '의자'
3성	양거	23	낮오름조	[ɦi] 移 '이동하다'
4성	음입	55	(짧은) 높은수평조	[ʔɪʔ] 一 '1, 하나'
5성	양입	23	(짧은) 낮오름조	[ɦiʔ] 叶 '잎'

상하이 우방언은 표준중국어와 달리 성문 파열음 [ʔ]이 말음 위치에 출현한다. 이는 4성과 5성에 해당하며, 전통적으로 입성으로 분류되었다. 4성과 5성 음절은 짧은 음길이로 실현되는 것이 특징으로, 5도제 표기 아래에 '‗' 기호를 추가하여 '5̲5̲'처럼 나타내기도 하고, 성문 파열음 말음을 표기하여 '55ʔ'와 같이 나타내기도 한다. [그림 17]은 상하이 우방언 성조의 음높이와 음길이 특성을 도식화한 것이다.[15]

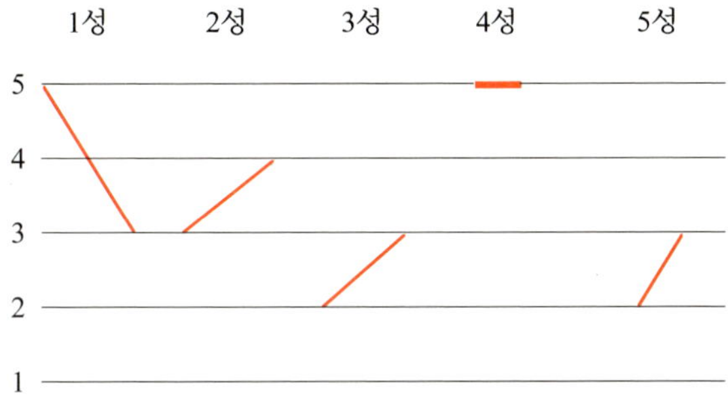

[그림 17] 상하이 우방언 성조 음높이와 음길이

[그림 18]은 [ʔi] 医, [ʔi] 椅, [ɦi] 移, [ʔɪʔ] 一, [ɦiʔ] 叶에서 실현된 5개 성조의 음높이 곡선이다.

---

15   음높이 값의 5도제 전사는 학자마다 다소 차이가 있다. 예를 들어 Zhu(2006)는 '52', '34', '14', '44', '24'로 전사한다.

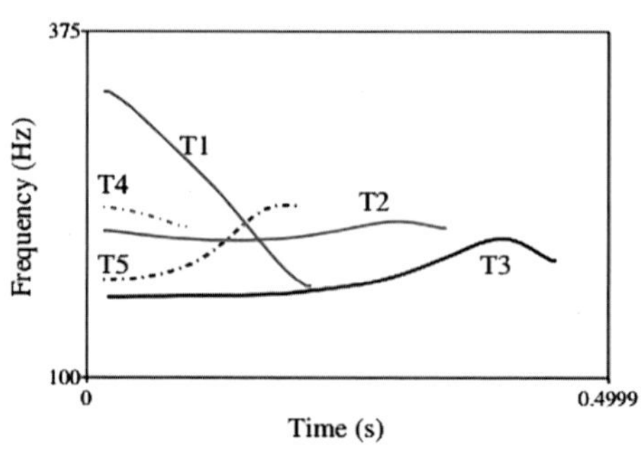

[그림 18] 상하이 우방언 성조 음높이(Chen and Gussenhoven 2015:322)

5개 성조 가운데 3성과 5성은 상대적으로 낮은 음역에서 실현되는 것을 알 수 있는데, 이 성조는 두음이 유성 장애음인 음절에 출현한다. 무성 장애음이 두음인 음절은 상대적으로 높은 음역에서 실현되는 1성, 2성, 4성에 해당한다(자음의 유성성과 음높이에 대한 논의는 8.2.4 참조). 반면 공명음 두음은 모든 성조 음절에 출현할 수 있다. 이와 같은 상하이 우방언 성조와 음절 자음의 관련성은 [표 9]와 같이 정리할 수 있다.

[표 9] 상하이 우방언 성조와 자음 특성

성조	비입성(말음이 없거나 비음 말음)			입성(성문 파열음 말음)		
	장애음 두음		공명음 두음	장애음 두음		공명음 두음
	무성	유성		무성	유성	
1성(53)	o		o			
2성(34)	o		o			
3성(23)		o	o			
4성(55)				o		o
5성(23)					o	o

상하이 우방언 성조의 또 다른 특징은 음높이와 발성 유형, 즉 음질

(voice quality)과의 상관성이다. 낮은 음역에서 실현되는 3성과 5성은 이완 발성(slack voice)인데 반해, 1성, 2성, 4성은 긴장 발성(stiff voice)이다(Chao 1967, Cao and Maddieson 1992). 두음이 없는 음절의 경우 긴장 발성 모음은 시작 부분에 성문 파열음 [ʔ]이 약하게 발음되기도 한다. 반면 이완 발성 모음은 약한 유성 마찰음 [ɦ]가 생기기도 한다.

[표 10] 상하이 우방언 성조와 발성 특성

성조	5도제	발성 특성
1성	53	긴장 발성
2성	34	긴장 발성
3성	23	이완 발성
4성	55	긴장 발성
5성	23	이완 발성

많은 우방언은 표준중국어에 보이지 않는 흥미로운 성조 변화를 보이는데, 상하이 방언도 마찬가지이다. 가장 두드러진 변조 현상은 하나의 운율 단위(prosodic unit)를 형성하는 음절들 가운데 첫 번째 음절의 성조만 유지되고 후행 음절의 성조는 실현되지 않는 것이다. [그림 19]는 (6)의 2음절 연쇄에서 첫 번째 음절의 성조가 2개의 음절에 걸쳐 실현되는 것을 보여준다(상하이 우방언 변조와 강세에 대한 논의는 10.2.2 참조).

(6) 天主 [tʰi tsɿ] 1성+2성: 53 + 34 → 5 + 3 '천주'

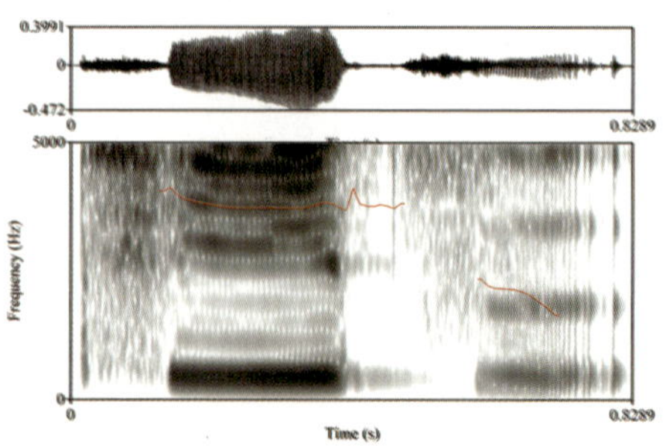

[그림 19] 상하이 우방언 변조

8.3.2. 웨(粵)방언

홍콩 웨방언에는 [표 11]의 9개 성조가 있다.[16] 1성~9성으로 불리는 9개의 성조는 중고(中古) 중국어의 성조 범주를 따라 각각 음평(阴平), 음상(阴上), 음거(阴去), 양평(阳平), 양상(阳上), 양거(阳去), 상음입(上阴入), 하음입(下阴入), 양입(阳入)으로 부르기도 한다. 7성과 8성은 중고 중국어 음입 성조에서 발전하였는데 모음의 길이 및 조음 위치에 따라 두 부류로 나뉘었다.[17]

[표 11] 광둥 웨방언 성조

성조		5도제	음높이 특성	예
1성	음평	55	높은수평조	si 诗 '시'
2성	음상	35	높오름조	si 史 '역사'

16　홍콩 웨방언의 성조 목록은 Handbook of the International Phonetic Association(p.58), Wong et al.(2005), Lee et al.(2006), Fox et al.(2008), Matthews and Yip(2011), 孔碧仪(2011), 이영규(2012) 등을 참조하였다.

17　단모음은 상대적으로 조음 위치가 높으며 상음입으로 발전하였고, 상대적으로 조음 위치가 낮은 장모음은 하음입으로 발전하였다. 이에 대한 논의는 张光宇(2019, 9.7장)를 참조할 수 있다.

3성	음거	33	중간수평조	si 试 '시도하다'
4성	양평	21	낮내림조	si 時 '때, 시간'
5성	양상	13	낮오름조	si 市 '시장, 도시'
6성	양거	22	낮은수평조	si 事 '일'
7성	상음입	5	(짧은) 높은수평조	sek 识 '알다'
8성	하음입	3	(짧은) 중간수평조	sek 锡 '베풀다'
9성	양입	2	(짧은) 낮은수평조	sek 食 '먹다'

홍콩 웨방언은 표준중국어와 달리 파열음 [p], [t], [k]가 말음 위치에 출현한다. 이는 7성, 8성, 9성에 해당하며, 전통적으로 입성으로 분류되었다. 홍콩 웨방언의 입성은 비입성 수평조와 음높이가 동일하면서 짧은 음길이를 갖는 특성을 나타내기 위하여 5도제에서 숫자 하나로 표기하는 것이 일반적이다. 또한 표준중국어와 달리 광둥 웨방언은 경성 음절이 거의 없다. 呢 le^{55}, 呀 aa^{21} 등의 어기조사를 포함한 음절에서 모두 어휘 성조가 실현된다. [그림 20]은 광둥 웨방언 성조의 음높이와 음길이 특성을 도식화한 것이다.[18]

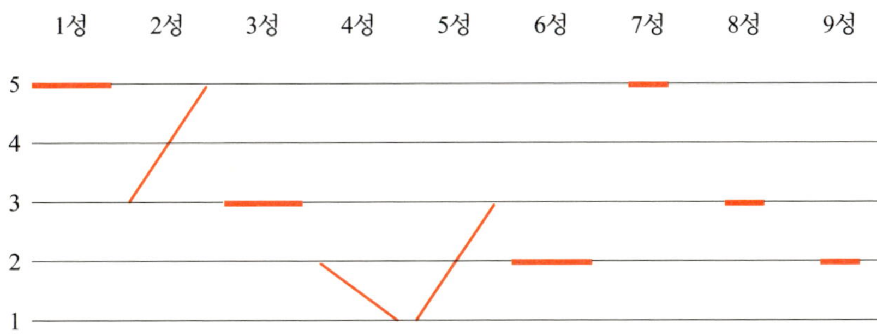

[그림 20] 홍콩 웨방언 성조 음높이와 음길이

  음높이 값의 5도제 전사는 학자마다 다소 차이가있다. 예를 들어 Matthews and Yip (2011:28)은 1성~6성을 '55', '25', '33', '21/11', '23', '22'로 표기한다.

9개 성조 가운데 1성, 3성, 6성과 입성인 7성, 8성, 9성은 각각 동일한 음높이 값을 갖는 것을 볼 수 있다. 이들의 차이는 말음 자음과 음길이에 있다. 따라서 성조의 속성을 음높이로 보는 견해에서는 홍콩 웨방언의 성조를 6개로 간주하기도 한다. [그림 21]은 [si] 诗, [si] 史, [si] 试, [si] 时, [si] 市, [si] 事의 음높이 곡선을 순서대로 보여준다. 그런데 이 가운데 낮은 성조인 6성 '22' [si] 事와 4성 '21' [si] 时가 둘 다 내림조 음높이로 실현되는 것을 볼 수 있다. 일반적으로 6성 '22'는 수평조로 청취되기 때문에 수평조로 분류되지만, 4성 '21'은 낮내림조 '21' 또는 낮은수평조 '11'로 청취된다. 따라서 4성을 낮은수평조 '11'로 분류하기도 하는데, 이러한 분류에서는 광둥 웨방언은 4개의 수평조를 갖는 것으로 본다.

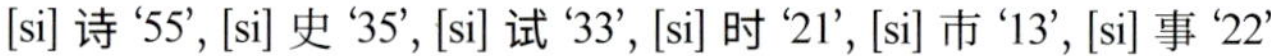

[si] 诗 '55', [si] 史 '35', [si] 试 '33', [si] 时 '21', [si] 市 '13', [si] 事 '22'

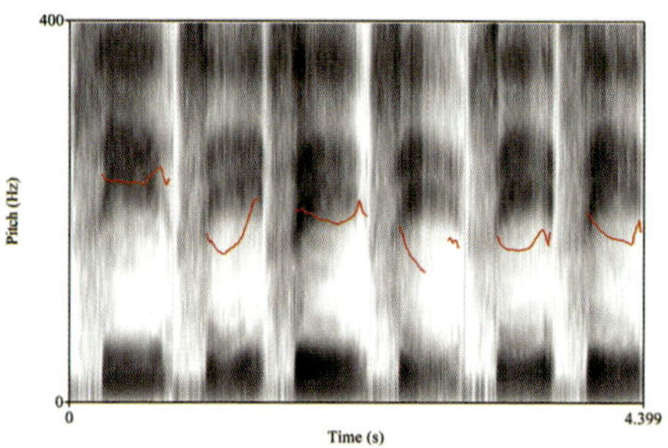

[그림 21] 홍콩 웨방언 성조 음높이

[그림 22]는 의문문 "你要几多个呀?"('몇 개를 원하십니까?', 표준중국어 "你要多少个?"에 해당)에서 의문 어기조사 '呀'도 성조를 지니는 것을 보여준다.

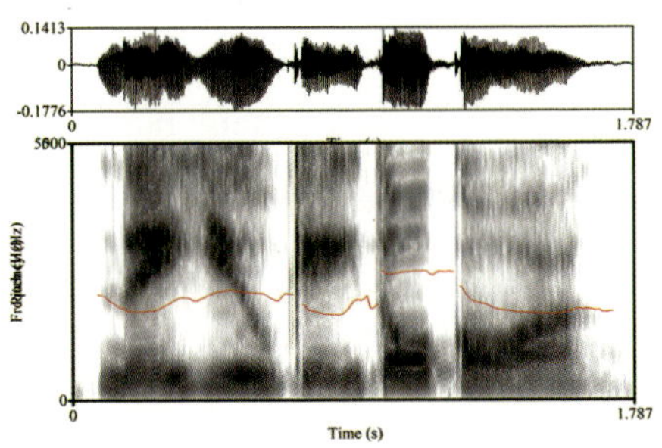

[그림 22] 你要几多个呀? nei[13] yiu[33] gei[35] do[55] go[33] a[33]

변조의 측면에서 광둥 웨방언은 표준중국어나 상하이 우방언과 매우 다른 양상을 보인다. 광둥 웨방언은 표준중국어의 3성 변조나 상하이 우방언의 성조 탈락과 같은 음운적 성조 변화가 없다. 반면 광둥 웨방언에서 성조 변화는 주로 형태·의미적 요인에 의하여 발생한다. 주요한 성조 변화는 합성어와 중첩 형식에서 보이며, (7)의 jo[35]yau[35] 左右 '대략'과 tai[33]tai[35] 太太 '부인'을 예로 들 수 있다. yau[22] 右는 원래 낮은수평조인데 합성어 jo[35]yau[35] 左右의 두 번째 음절에서 높오름조로 바뀌었으며, 중간수평조인 tai[33] 太는 중첩 형식 tai[33]tai[35] 太太 의 두 번째 음절에서 높오름조로 변화하였다. 이와 같은 성조 변화는 낮은수평조와 중간수평조에서 발생하며, 높은수평조에서는 발생하지 않는다. 또 다른 변조 환경은 축약 형식으로, (8)의 yat[55] 一이 생략된 축약 형식에서 선행 동사나 양사가 높오름조로 변화하는 현상을 볼 수 있다. [그림 23]은 tai[33] tai[35] 太太 변조 음높이로, ⒜는 단독으로 발음한 tai[33] 太, ⒝는 ta[i33] tai[35] 太太에서 실현되는 음높이를 보여준다.

(7) 左右 jo[35] yau[22] → jo[35]yau[35] '대략'

  太太 tai[33] tai[33] → tai[33]tai[35] '부인'

(8) 试一试 si³³ yat⁵⁵ si³³ → 试试 si³⁵ si³³ '시도하다'

问一问 man³³ yat⁵⁵ man³³ → 问问 man³⁵ man³³ '물어보다'

一句一句 yat⁵⁵ geui³³ yat⁵⁵ geui³³ → 一句句 yat⁵⁵ geui³⁵ geui³³ '한 문장씩'

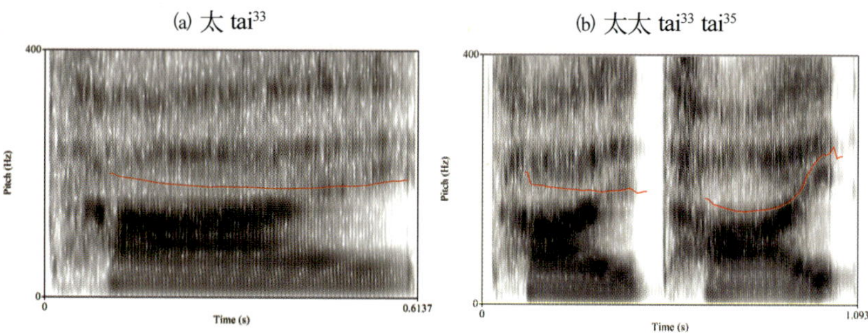

[그림 23] 홍콩 웨방언 변조

1. [표 1]의 IPA 표기를 참조하여 표준중국어의 네 가지 성조를 IPA로 전사하시
   오.

	악센트 기호	수직선
妈		
麻		
马		
骂		

2. 일반적으로 표준중국어 인용 성조(citation tone)의 음길이는 '3성 > 2성 > 1
   성 > 4성'이다. 음길이의 차이가 발생하는 원인에 대하여 생각해보시오.

3. 홍콩 웨방언의 성조는 6개로 보기도 하고 9개로 보기도 한다. 이러한 견해의
   차이가 생기는 이유를 설명하고, 어떤 견해를 지지하는지 밝히시오.

4. dé 得, bā 八, dá 达, dà 大, bǎ 把, gāng 刚, gěi 给, bāng 帮 여덟 개 음절을
   차례로 발음하면서 분절음을 한글로 전사하시오. 전사하는 데 사용한 한국어
   자음과 중국어 성조 사이에 어떠한 관련성을 발견할 수 있는지 관찰하시오.

5. 자신이 발화한 표준중국어 성조를 녹음하여 음높이 수준, 음역, 음길이를 관
   찰하고, 중국어 모어화자가 발화한 성조와 어떤 차이가 있는지 관찰하시오.

더 읽을거리

문영희, 신수영, 이소림, 이옥주, 이현선 역. 2018. 중국어 연구자를 위한 언어 유형론. 서울: 한국문화사.

林茂灿, 颜景助. 1980. 北京话轻声的声学性质. 方言 1980.3:166-178.

许宝华, 汤珍珠. 1988. 上海市区方言志. 上海: 上海教育出版社.

Matthews, Stephen and Yip, Virginia. 2011. *Cantonese: A Comprehensive Grammar* (2nd edition). London: Routledge.

Xu, Yi. 1999. F0 Peak Delay: When, Where, and Why It Occurs. *Proceedings of the 14th International Congress of Phonetic Science.* pp.1881-1884.

Yip, Moira. 2000. *Tone.* Cambridge: Cambridge University Press.

9장

음절

1. 표준중국어 문장 Tāmen dōu shuō "xīnnián kuàilè". 他们都说"新年快乐"。에 몇 개의 음절이 있는지 판단하시오.
2. 표준중국어 rénkǒu 人口와 yǐwéi 以为를 발음하고, 둘 중 어떤 것의 음절 경계가 더욱 분명히 느껴지는지 살펴보시오.
3. 영어 단어를 중국어와 한국어로 음역할 때 음절 수가 어떻게 달라지는지 살펴보시오.
   pie: pài 派, 파이
   golf: gāo'ěrfū 高尔夫 골프
   Turkey: tǔěrqí 土耳其 터키

9장은 중국어 음절의 음성 특징을 논의한다. 먼저 음절의 개념을 소개하고(9.1), 표준중국어 음절의 구조를 개괄할 것이다(9.2). 이어 표준중국어 음절의 음성 특징을 논의하고(9.3), 표준중국어에는 보이지 않는 우(吴)방언과 웨(粤)방언의 음절 특성에 대하여 살펴본다(9.4). [들어가며]의 세 가지 물음에 대하여 잠시 생각해본다면 중국어 음절의 특징에 대한 논의를 시작하는 데 도움이 될 것이다.

9.1. 음절의 개념

음절은 말소리가 발화되는 최소 단위이다. '음절'은 한국어나 중국어 화자에게 그다지 어렵게 느껴지지 않는다. 이는 두 언어 모두 음절 단위의 문자를 사용하기 때문이다. 예를 들어, 한국어에서 '한국'이라는 단어는 2음절이며, '中国话'라는 중국어 단어는 3음절이다. 그런데 문자는 음성 언어를 표기하기 위한 수단이라는 점을 상기하자. 그렇다면 음절 단위의 문자를 사용하기 때문에 음절 단위가 어렵지 않게 인식된다기보다, 음절이 기본적인 발화 단위이기 때문에 음절 문자가 오랫동안 사용되고 있다고 보는 것이 자연스럽다. 실제로 음절 문자를 사용하지 않는 영어 화자들도 'conversation'이라는 단어가 con-ver-sa-tion과 같이 4음절로 구성되어 있다고 판단한다. 이처럼 음절은 특별한 언어학 지식이 없더라도 비교적 쉽게 인식되는 심리적인 기본 단위이다.[01]

음절은 화자들이 무의식적으로 하는 발화 실수에도 나타난다. 특히 자음이나 모음을 뒤바꾸는 실수는 주로 음절 내 동일한 요소 간에 일어난다. (1)은 한국어에서 '민속촌'을 '민촉손'으로 잘못 발화한 예이며, (2)는 중국어에서 'dui'를 'zhui'로 'dao'를 'diao'로 발화한 실수를 보여준다(Moser 1991:4, 10). (1)은 음절의 두음 자음을 교체한 실수이며, (2)는 각각 음절 두음 자음을 교체한 실수와 운(rime)을 교체한 실수이다. 이러한 발화 실수는 음절이 모어 화자의 머릿속에 존재하는 추상적인 언어 단위임을 다시 한번 보여준다.

(1) *민촉손, 아니 민속촌 가볼까?

(2) *Zhui, zhè liǎng ge bùxíng. 对, 这两个不行。 (맞아, 이 두 개는 안 되겠다.)
Zhè jiàn shì hěn nán yùliào *diào. 这件事很难预料到。 (이 일은 예측하기가 상당히 어렵다.)

---

01 음절의 개념이 항상 명확한 것은 아니다. 예를 들어, 영어에서 city는 'ci. ty' 또는 'cit. y'로, attract는 att. ract와 a. ttract로 음절을 구분할 수 있다('.'은 음절 경계를 나타냄). 이에 대한 논의는 Duanmu(2009), 이옥주 역(2004)을 참조할 수 있다.

심리적 실재성에도 불구하고, 음절을 음성적으로 정의하는 것은 쉽지 않다. 음절은 판단하는 방법 중 하나는 공명도(sonority)에 근거하여 청각적 두드러짐(prominence)이나 음향적 에너지에 근거하는 것이다(Pike 1947, Jones 1957, Ladefoged and Johnson 2011 등). 공명도는 소리의 청취적 크기로, 동일한 음높이와 음길이, 음세기로 발화하였을 때 공명도가 높을수록 다른 소리보다 크게 들린다. 예를 들어, 모음 [a]와 [i]를 연이어 발음하면 공명도가 큰 [a]가 상대적으로 크고 명확하게 들린다. 이 관점에서 음절은 하나의 핵음을 가지며, 음절핵의 앞 또는 뒤의 주변음은 핵음보다 공명도가 낮다. 따라서 각 음절은 청각적으로 돋들리는 정점(prominence peak)을 지니며, 말소리 연쇄에서 음절의 수는 정점의 수에 대응한다. 일반적으로 모음이 자음보다 공명도가 크고, 모음은 개구도가 큰 저모음일수록 공명도가 크다. 자음은 좁힘의 정도가 상대적으로 작은 접근음과 비음은 마찰음보다 공명도가 크며, 기류 흐름의 장애를 동반하는 파열음과 파찰음의 공명도가 가장 작다. (3)과 [그림 1]은 분절음 간의 공명도 위계를 보여준다.

(3) 공명도 위계
저모음 > 중모음 > 고모음 > 접근음 > 비음 > 마찰음 > 파열음, 파찰음

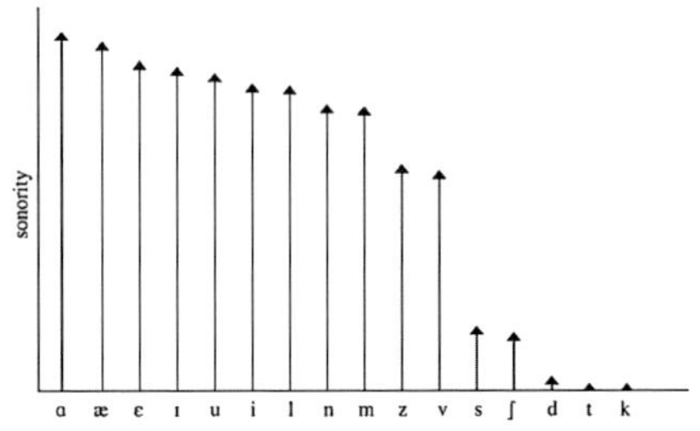

[그림 1] 공명도 위계(Ladefoged and Johnson 2011:246)

조음적 측면에서 음절 단위를 판단하기도 한다. 초기 모터 이론(motor theory)에서는 음절 단위를 흉곽 근육의 수축과 이완 주기, 즉 흉맥(chest pulse)에 대응하는 것으로 보았다(Stetson 1928/1951). 즉 흉곽 근육 수축이 한번 축소하여 폐가 공기를 뿜어냄으로써 음절이 시작된다는 것이다. 이는 모음이 음절 형성에 중요한 역할을 담당하며 자음이 음절 경계를 형성하는 원리를 설명할 수 있다. 그러나 흉맥에 대응하는 언어 단위는 언어에 따라 다를 수 있다. 예를 들어, 음절 박자(syllable-timed) 언어인 중국어나 프랑스어는 흉맥이 음절에 대응할 수도 있으나, 강세 박자(stress-timed) 언어인 영어나 독일어는 강세 음절에 대응하는 것으로 보고된 바 있다(Lass 1984:248-249, Ladefoged and Johnson 2011, Barbosa 2017).

조음과 관련한 최근 가설은 음절을 자음과 모음, 운율 산출 및 발성에 필요한 조음이 동시에 발생하도록 통제하는 조음 기제로 본다(Xu 2020). 이 가설에서 음절은 자음과 모음의 조음, 발성, 성조 등 여러 동작의 시작과 마지막의 타이밍을 조절하는 동기화(synchronization) 작용을 하는 단위이다. 이는 분절음과 초분절음이 연계되어 음성적으로 실현되는 방식을 설명하므로 중국어 음절의 음성 특성을 설명하는 데 도움이 되는 한편, 다양한 언어의 음절을 설명하는데 적용, 검증될 필요가 있다. [그림 2]는 Xu(2020)가 도식화한 음절의 동기화 작용이다.

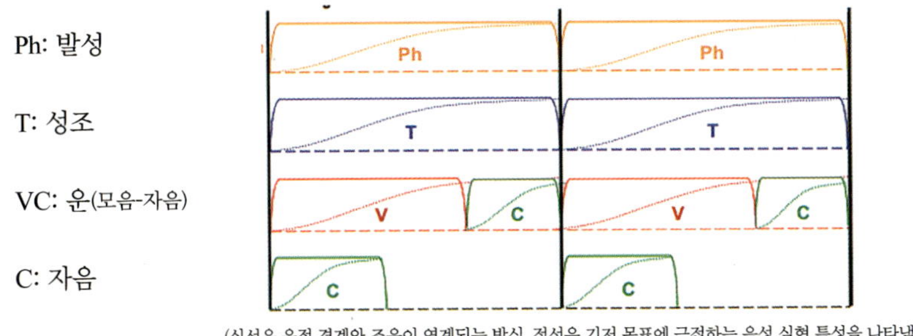

(실선은 음절 경계와 조음이 연계되는 방식, 점선은 기저 목표에 근접하는 음성 실현 특성을 나타냄)

[그림 2] 음절의 동기화 작용(Xu 2020:8)

9.2. 표준중국어의 음절 구조

전통적으로 중국어 음절은 성모와 운모로 나누는데, 운모는 개음, 주요모음, 운미로 구성된다. 이 가운데 주요모음과 운미는 운을 이루는 요소이며, 성조는 음절에 연계되는 것으로 본다.[02] 성모, 개음, 주요모음, 운미 가운데 주요모음을 제외한 요소는 모두 선택적이다. 따라서 음절 구성 요소 CMVE[03]는 (C)(M)V(E) 또는 (C)(V)V{(V)/(C)}로 표기하여, ( ) 안의 요소가 필수가 아님을 나타낸다(Cheng 1966, Cheng 1973, 薛凤生 1986, 엄익상 2016 등). [그림 3]은 중국어 음절 구조에 대한 전통적 분석을 도식화한 것이다. [그림 4]는 이 책의 음성학적 분석으로, 음절 요소는 두음 자음-핵

---

02   음절에 대한 인식은 중국어 연구에서 상당히 일찍 시작되었다. 이는 한자가 음절 기반 문자라는 특성과 더불어 운문 압운의 오랜 전통과 관련된다. 6세기에 편찬된 절운(切韵)은 시 압운을 위하여 참조하도록 편찬된 대표적인 운서(韵书)로, 글자를 성조에 따라 평상거입(平上去入) 네 가지로 나누어 배열하고 각 성조 내에서 운을 구분한다. 각 운은 두 글자를 사용하여 반절(反切)의 방식으로 발음을 표기하는데, 첫 번째 글자는 성모, 두 번째 글자는 운모를 나타낸다(운서의 표음법에 대한 논의는 이재돈(2019)참조).

03   C: consonant, M: medial, V: vowel, E: ending

전 활음-핵모음-말음 자음/핵후 활음이다. 성조는 두음 자음이 유성음일 경우에만 두음에서 실현되므로 그림에서 괄호 안에 표기하였다.

성조			
성모	운모		
	개음	운	
		주요모음	운미

[그림 3] 중국어 음절 구조의 전통적 분석

(성조)	성조		
두음 자음	핵전 활음	핵모음	말음 자음 또는 핵후 활음

[그림 4] 중국어 음절 구조의 음성 분석

이 책은 핵모음에 선행하는 핵전 활음을 모음으로 간주하되 접근음 [j], [ɥ], [w]로 표기하여 핵후 활음 [i], [u]와 구분하였다. 이는 핵전 활음은 운을 구성하지 않으며 핵후 활음만큼 핵모음과의 관계가 밀접하지 않다는 음운론적 견해를 고려한 것이다.[04] 그러나 7장에서 분석한 핵전 활음의 음성 특성을 상기할 필요가 있다. 핵전 활음의 포먼트 특성은 핵후 활음과 상당히 유사하여, 실제로 핵후 활음을 접근음으로 전사하는 것도 가능하다. 앞으로 핵전 활음과 핵후 활음의 음성 차이에 대한 연구가 포먼트 전이 특성 및 음길이, 핵모음과 동시조음의 측면에서 진행될 필요가 있다.

---

04   전통적 분석은 핵전 활음을 모음 또는 반모음으로 간주한다. 전통적 관점을 채택하는 현대 음운론 연구는 Cheng(1966), Cheng(1973) 등을 참조할 수 있다. 핵전 활음을 자음으로 간주하여 두음의 일부로 보는 견해는 Duanmu(2007, 2009), Lin(2007) 등을 참조할 수 있다.

음절 말음 위치의 자음과 핵후 활음을 각각 E_C와 E_V로 나타내면, 표준중국어의 음절은 크게 4가지로 구분할 수 있다. [표 1]에서 I은 모음으로만 구성된 최소 음절 구조이며, IV는 최대 음절 구조이다. 운미가 자음 E_C인지 모음 E_V인지에 따라 이를 다시 구분하면 총 12가지로 세분할 수 있다.

[표 1] 표준중국어의 음절 구조

		음절 구조			예		
I			V		è	餓	'배고프다'
II	C		V		dà	大	'크다'
		M	V		yè	夜	'밤'
			V	E_C	ān	安	'편안하다'
			V	E_V	èi	誒	'감탄사'
III	C		V	E_C	bāng	幫	'돕다'
	C		V	E_V	kāi	開	'열다'
	C	M	V		jiā	家	'집'
		M	V	E_C	wàn	萬	'만, 10,000'
		M	V	E_V	yǒu	有	'가지다'
IV	C	M	V	E_C	xiān	先	'먼저'
	C	M	V	E_V	piào	票	'표'

[표 1]은 중국어에서 적법한 음절 구조와 *CM, *ME, *CME 등 적법하지 않은 음절 구조를 구분한다. 이 가운데 가장 높은 빈도로 출현하는 음절 구조는 CV이며, 빈도가 높은 6가지 유형은 'CV > CVE_C > $CMVE_C$ > CVEv > CMVEv > CMV' 이다(이옥주 2017). 중국어는 음절 구조가 간단한 언어 가운데 하나로, 영어에 비하여 음절 유형이 1/10 정도이다. 중국어에 많은 동음자가 있는 것도 간단한 음절 구조로 인한 것이다. 현대한어사전(现代汉语词典)에 실린 음절은 총 1,334개이며(성조를 구분하지 않으면 413개), 이 가운데 상용자 2,500개에 사용된 음절은 총 1,001개이다(성조를

구분하지 않으면 386개). 따라서 사전에 수록된 모든 한자를 고려하면 약 9.0 개, 2,500개 상용자를 고려하면 약 2.5개의 동음자가 있다. 만약 성조를 고려하지 않으면 전자의 경우 29.2개, 후자의 경우 6.5개의 동음자를 어림할 수 있다(Duanmu 2009:90-91, 109-111).[05] 이와 같이 간단한 음절 구조와 대량의 동음자는 2음절 어휘 증가의 원인으로 간주되는데(Li and Thompson 1981:13-15), 만약 중국어 음절 유형이 지속적으로 간략화의 과정을 거친다면 다음절 어휘가 계속 증가할 것으로 예측할 수 있다.[06]

9.3. 표준중국어 음절의 음성 특징

9.3.1. 성조와 리듬

표준중국어 음절의 음성 특징을 이해하기 위하여 [그림 5~6]을 보자. [그림 5]의 xiànzài 现在 '현재'는 두 개 음절로, 파형과 스펙트로그램을 보면 마찰음과 모음, 파찰음과 모음으로 구성된 두 음절이 연이어 산출된 것을 알 수 있다. 스펙트로그램 위에 표시된 두 선 가운데 위의 선은 음높이, 아래 선은 음세기에 해당한다. 음높이 곡선은 두 개의 4성이 두 음절

---

05 박종한 외(2012:387-389)에 의하면, 분석 자료나 방법에 따라 음절의 수와 동음자 수치가 조금씩 달라진다. 중국어 국제교육용 음절 한자 어휘 등급 구문은 현대한어사전에 수록된 음절에서 방언, 고대중국어, 의성어, 문언 어휘용 음절을 제외하고 399개의 기초 음절, 성조 구분을 포함하여 총 1,206개의 음절을 수록하고 있다. 음절 수가 달라지면 동음자 수의 계산도 달라지기 때문에, 만약 7,000개 통용자를 기준으로 하면 하나의 음절에 평균 약 5.8개의 동음자가 존재할 것으로 어림할 수 있다.

06 Duanmu(2009:111)는 통시적으로 출현 빈도가 높은 음절 유형은 출현 빈도가 낮은 음절 유형에 비하여 축약 과정을 거치는 경향이 있기 때문에 중국어의 음절구조는 더욱 간략화될 것으로 예측한다.

에 각각 실현된 것을 나타내며, 이는 표준중국어에서 음절이 성조가 실현되는 기본 운율 단위의 역할을 한다는 것을 보여준다.[07] 음세기 곡선은 두 개의 정점을 갖는 것을 볼 수 있는데, 이는 공명도 정점으로 이해할 수 있다. 공명도가 음세기와 반드시 일치하는 것은 아니지만, 각 음절에서 상대적으로 음세기가 강한 정점이 한 개씩 실현되는 현상은 음절을 파악하는 데 도움이 된다. 음세기의 변화는 파형의 에너지 진폭의 변화와도 대응하므로, 음세기 정점에서 파형의 진폭이 가장 큰 것을 볼 수 있다. 두 음절 사이의 경계는 첫음절의 비음 말음 [n]의 산출이 마무리되는 지점으로 파악할 수 있으며, 그림에서 음영 표시로 두 음절을 구분하였다.

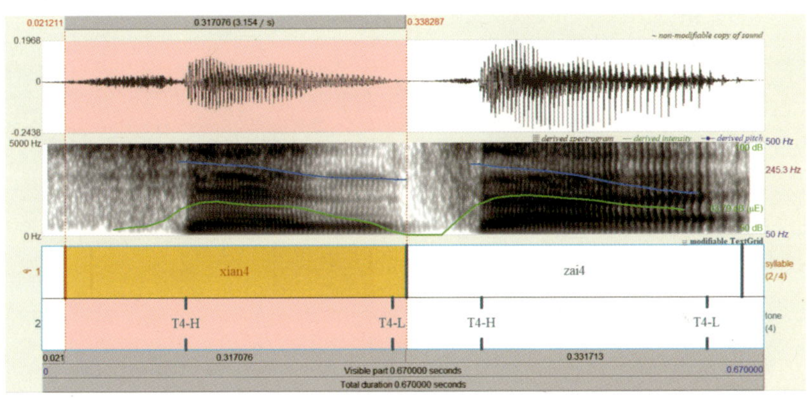

[그림 5] 표준중국어 음절의 성조와 음세기: xiànzài 现在

[그림 6]의 Nǐ liàn bú liàn? 你练不练? '당신은 연습합니까?'는 네 개

07　성조는 성대가 진동하는 음에서 실현되므로 음절을 구성하는 무성 자음에서는 성조가 실현되지 않는다. 음절 두음에서 음높이 곡선이 끊겨서 보이지 않는 것도 이 때문이다. 이러한 현상을 고려하여 성조가 운이나 모라에 연계되어 실현된다고 보는 견해도 있다(Duanmu 2007:40-41, 233-235).

음절로, [그림 5]와 마찬가지로 파형과 스펙트로그램이 음절 수와 구조에 대한 단서를 제공한다. 스펙트로그램 위의 음높이 곡선은 원래 '3성+4성 +2성(bù 4성 변조에 의해 도출)+4성'인 문장에서 음영 표시한 세 번째 음절이 경성화한 것을 보여준다. 그런데 성조가 실현되지 않음에도 불구하고 음세기 정점이 실현되는 것은 해당 음절이 여전히 음절의 지위를 유지한다는 것을 나타낸다. 이는 음절은 성조가 실현되는 단위인 반면, 성조의 음성적 약화 또는 탈락이 항상 음절 소실을 야기하는 것은 아니라는 점을 의미한다. 이 문장에서 문장 경계는 자음 두음과 말음의 에너지 분포 특성에 근거하여 어렵지 않게 파악할 수 있다.

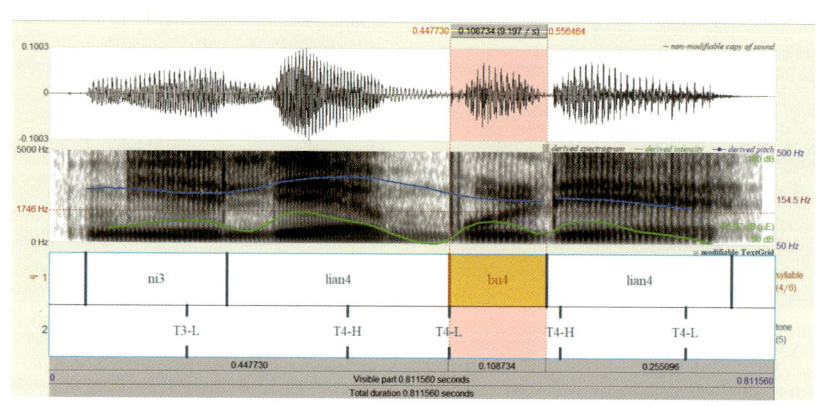

[그림 6] 표준중국어 음절의 성조와 음세기: Nǐ liàn bú liàn? 你练不练?

　　표준중국어에서 음절의 또 다른 중요한 기능은 리듬을 구성하는 기본 단위라는 것이다. 영어와 같은 강세 박자 언어는 강세 음절이 일정한 시간 간격으로 등장하는 경향이 있는 데 반하여, 음절 박자 언어인 표준중국어는 음절이 매우 유사한 음길이를 갖는다. [그림 7]은 인접한 모음들의 음길이를 비교하여 음길이 차이의 평균값(pairwise variability index, PVI)을 측정한 것으로, 값이 클수록 인접 모음 간의 음길이 차이가 큰 언어이다. 분석 대상 언어 가운데 중국어는 음길이 차이가 가장 작은 언어로, 이는 중국어에서 리듬은 거의 동일한 음길이를 갖는 음절에 기반한다는 것을 의미한다(Ladefoged and Johnson 2011:252-253).

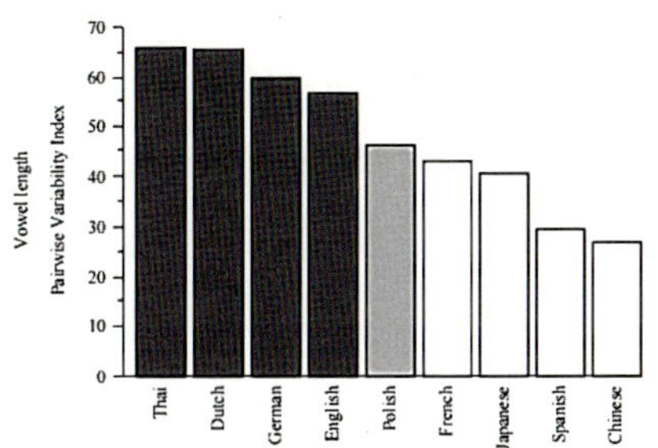

[그림 7] 인접 모음 간 음길이 차이의 평균값 비교(Ladefoged and Johnson 2011:253)

 프라트 프로그램으로 음성 특성을 레이블링할 수 있는 텍스트그리드(Textgrid)를 만들어보자. 오브젝트(Objects) 창에서 분석 대상 음성 파일을 불러온 후, 상단 메뉴에서 'New → Create TextGrid...'를 선택하면 팝업 창이 생성된다. 창에서 'All tier names'에 원하는 티어 이름을 지정하고, 'Which of these are point tiers?'에 포인트 티어(point tier) 이름을 넣는다. [그림 5, 6]은 이름을 'syllable'과 'tone'으로 지정한 두 개의 티어를 생성한 것으로, 이 중 'tone' 티어가 특정 지점에 레이블링할 수 있는 포인트 티어이다. 포인트 티어를 따로 지정하지 않으면 구간에 레이블링할 수 있는 인터벌 티어(interval tier)가 생성된다.

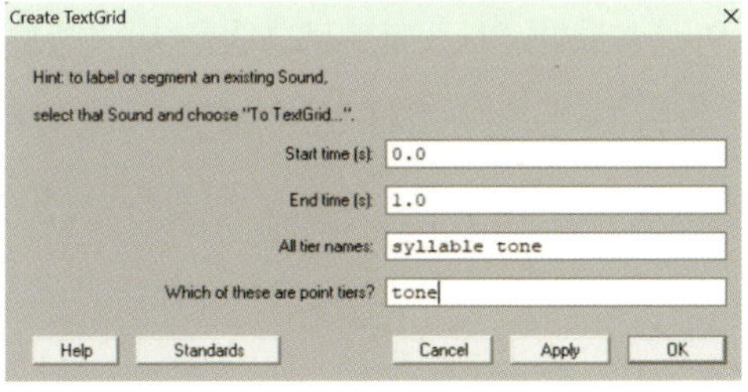

9.3.2. 음절 경계

표준중국어는 한국어나 영어와 달리 음절 간 연음 현상이 잘 일어나지 않는 경향이 있다. 한국어 단어 '얼음', '낙엽'을 예로 들면, 이 두 단어는 각각 [어름]과 [나겹]으로 발음한다. 첫음절의 말음이 후행 음절의 두음으로 실현되어 음절 구조가 새롭게 조직되는 재음절화(resyllabification)가 발생한다. 그러나 표준중국어는 이와 같은 재음절화가 일반적이지 않다. 예를 들어 huānyíng 欢迎 '환영', jiǎngyǎn 讲演 '강연' 등의 단어에서 말음 [n], [ŋ]은 후행 음절의 두음으로 발음하지 않는다. 앞서 [그림 5~6]에서 두음과 말음 자음을 활용하여 음절 경계를 파악한 것도 재음절화가 일반적이지 않다는 점을 전제로 한다. 음운론에서는 영두음(zero onset)의 개념을 활용하여 이를 설명하기도 하는데, 표준중국어에서 두음을 갖지 않는 것처럼 보이는 음절이 소위 영두음을 갖기 때문에 재음절화를 막는 것으로 보는 것이다. 실제로 핵모음이 저모음이나 중모음일 때 화자에 따라서 [ʔ]이나 [ŋ] 두음을 약하게 발음하는 경우도 있다(이에 대한 논의는 엄익상 외 역 2010/2023:176-177 참조).

그런데 표준중국어에서 음절 간의 경계가 음성적으로 항상 명확한 것은 아니다. 특히 두 음절 사이에 자음 경계가 없거나, 선행 음절의 말음과 후행 음절의 두음이 동일한 자음일 경우 음절 경계는 분명하지 않다. [그림 8]에서 (a) bǐ Lín xiānshēng 比林先生 '린선생보다'와 (b) bǐ Yín xiānshēng 比银先生 '인선생보다'의 스펙트로그램을 비교해보자. 둘째 음절이 자음 두음 [l]를 갖는 (a)는 첫음절과 둘째 음절 간의 경계가 분명하지만, (b)는 두 음절의 모음 포먼트가 연속적으로 변화하여 경계가 불분명한 것을 볼 수 있다.

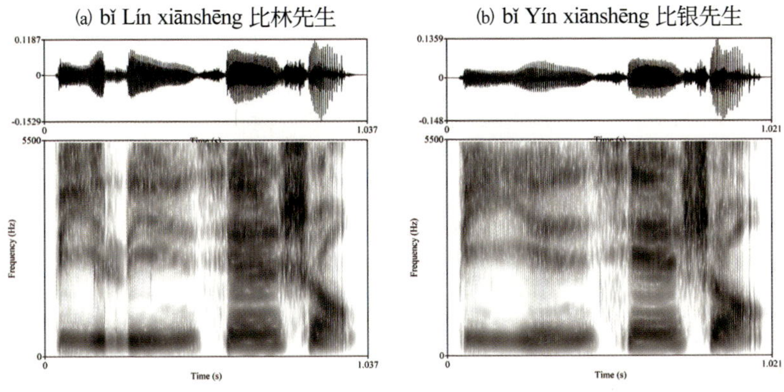

[그림 8] 음절 경계

9.3.3. 음절 축약

자연스러운 일상 발화에서는 발화 속도나 환경에 따라서 음성 축약이나 탈락 등의 현상이 자주 발생한다. 이에 따라 음절 구조가 변화하기도 하고, 축약된 두 음절이 하나의 음절로 합해지기도 한다. 이러한 현상으로 인하여 표준중국어 음절 구조 (C)(M)V(E)에 부합하지 않는 음절이 출현하는 경우도 적지 않다. (3)은 음절의 모음이 탈락하면서 음절을 구성하는 가장 중요한 핵음이 없이 자음으로만 구성된 음절의 예이며, [그림 9]는 [tai.f] 大夫 '의사'의 음성 특징을 보여주는 스펙트로그램이다. 이와 같은 핵모음의 탈락은 약강세 음절에서 발생하는 경향이 있다.

(3) dàifu → [tai.f] 大夫 '의사'
   dòufu → [tou.f] 豆腐 '두부'
   yìsi → [i.s] 意思 '생각'
   háizi → [xai.z] 孩子 '아이'

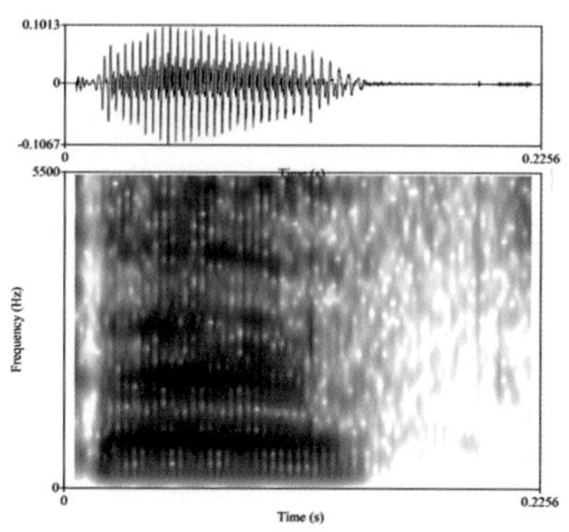

[그림 9] 음절 축약: [tai.f] 大夫

음성 축약이나 탈락 후 두 음절이 하나의 음절로 합해지는 현상도 종종 발생한다. (4)는 음절 병합 현상의 예로, 앞서 [표 1]에서 살펴본 표준중국어 음절 구조에는 포함되지 않은 음성 형식을 볼 수 있다. 예를 들어, 표준중국어에서 음절 말음 위치에서 출현할 수 있는 자음은 /n/와 /ŋ/이지만, 일상 발화에서 음절이 병합하면 [m]가 말음으로 출현하기도 한다. [그림 10]은 tāmen 他们 '그들'에서 후행 음절의 운이 탈락한 후 두 음절이 한 음절로 병합된 음성 형식을 보여준다.

(4)　　tāmen　　→　[tʰam]　　他们　　'그들'
　　　　shénme　→　[ʂəm]　　什么　　'무엇'
　　　　kěyǐ　　　→　[kʰəi]　　可以　　'해도 된다'
　　　　zhèyíge　→　[tʂəi.gə]　这一个　'이것'

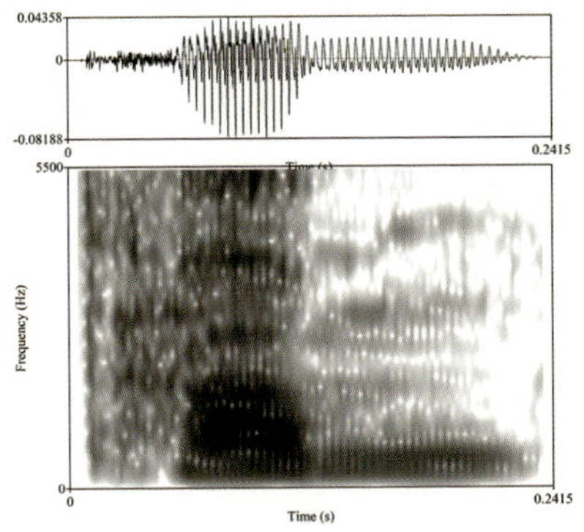

[그림 10] 음절 병합: [tʰam] 他们

9.4. 중국어 방언의 음절

중국어 방언은 대부분 CMVE 음절 구조를 갖지만, 음절을 구성하는 요소는 방언마다 차이가 크다. 예를 들어, 샤먼(廈門)과 하이난(海南) 방언은 [kiauʔ]이나 [ʦienʔ]과 같이 표준중국어에서는 볼 수 없는 [uʔ], [nʔ]가 말음 위치에 출현하기도 한다(林燾, 王理嘉 1992:103).[08] 여기에서는 표준중국어와 다른 우(吳)방언과 웨(粤)방언 음절의 몇 가지 특성을 살펴보자.

9.4.1. 우(吳)방언

상하이 우방언은 표준중국어와 다른 음절 구조 제약을 가지기 때문에 CMVE 구조에서 각 요소를 구성하는 분절음이 다르다. 따라서 표준중국어에서 'E'에만 출현하는 [ŋ]이 'C' 위치에도 출현할 수 있으며, 성문파열음 [ʔ]이 'E' 위치에 출현할 수 있다. (5)는 표준중국어와 다른 상하이 우방

---

08   성문음화한(glottalized)한 [uʔ, nʔ]으로 분석하기도 한다.

언의 음절 특성을 보여준다.

(5) [ŋu]   饿   '배고프다'
     [ŋa]   牙   '이, 치아'
     [ŋe]   眼   '눈'
     [pɐʔ]   伯   '큰아버지'
     [pʰɐʔ]   拍   '(손으로) 치다'
     [mɐʔ]   麦   '보리'

　　상하이 우방언 음절의 중요한 음성 특성은 운 'VE'에서 축약 현상이 빈번히 발생한다는 것이다. 특히 비음 말음이 탈락하고 선행 모음을 비모음화하는 현상이 두드러진다. (6)은 말음 [n], [ŋ]가 선행 모음과 병합하는 예이다. 상하이 우방언에서 나타나는 성조 탈락 현상을 고려할 때(8장 참조), 이러한 운의 간략화 현상은 성조의 비안정성과 밀접한 관련이 있을 것이다. [그림 11]은 [pʰɑŋ] 胖 '살지다'가 [pʰɑ̃]으로 발음되는 것을 보여주는데, 모음에 후행하는 연구개 비음이 탈락한 것을 볼 수 있다.

(6) [pən]   →   [pə̃]   奔   '달아나다'
     [pʰən]   →   [pʰə̃]   喷   '내뿜다'
     [mən]   →   [mə̃]   闷   '답답하다'
     [pɑŋ]   →   [pɑ̃]   帮   '돕다'
     [pʰɑŋ]   →   [pʰɑ̃]   胖   '살지다'
     [mɑŋ]   →   [mɑ̃]   忙   '바쁘다'

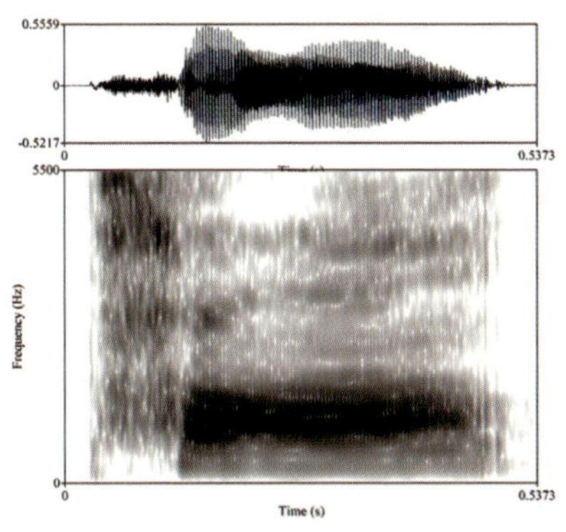

[그림 11] 상하이 우방언의 운 축약: [pʰɑ̃] 胖

또 다른 음절 특성은 자음으로 이루어진 음절이 출현하는 것이다. [ŋ] 五 '다섯, 5', [ŋ] 嗯 '응' 등의 음절은 비음 자음이 단독으로 음절을 구성한다. 이 외에도, 상하이 우방언에도 두 음절이 병합하여 하나의 음절을 구성하는 합음 현상이 보이는데, 勿要가 합쳐져서 만들어진 음절인 [viɔ] 覅 '~하지 마라'가 그 예이다.

9.4.2. 웨(粤)방언

홍콩 웨방언도 표준중국어와 다른 음절 구조 제약을 가진다. 상하이 우방언과 마찬가지로 홍콩 웨방언도 CMVE의 'C' 위치에 [ŋ]이 출현할 수 있는데, 'E' 위치에 출현할 수 있는 자음이 [p], [t], [k], [m], [n], [ŋ]으로 다양한 것은 웨방언의 특징이다. 말음 자음이 다양하기 때문에 다른 방언에 비하여 음절 경계를 판단하는 것이 상대적으로 쉬운 편이다(Wong et al. 2005:274). 순연구개음, 즉 원순음화한 연구개음 [kʷ]와 [kʷʰ]가 'C' 위치에서 음소적으로 변별되는 것도 또 다른 특징이다. (7)은 표준중국어와 다른 홍콩 웨방언의 음절 특성을 보여준다. [그림 12]는 연구개음과 순연구개음이 두음으로 출현하는 [ka] 加 '더하다'와 [kʷa] 瓜 '수박'을 비교한 것이다. 전자는 모음의 F2와 F3가 가까워지는 연구개 핀치가 명확하게 보이는 반면(5장 참조), 후자는 원순음화의 영향으로 모음의 전반부에서 F2가 낮게 실현되는 것을 볼 수 있다.

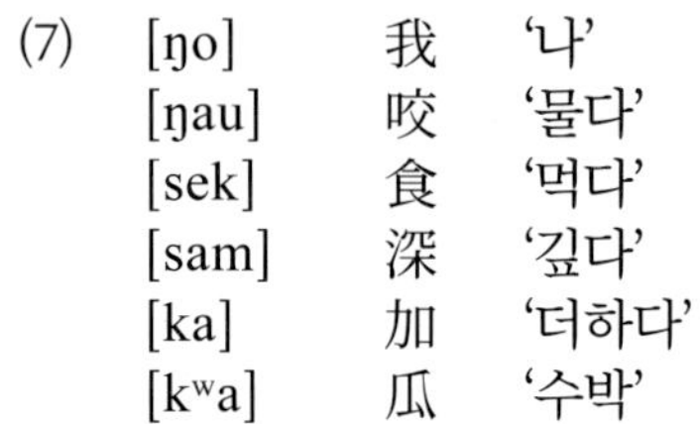

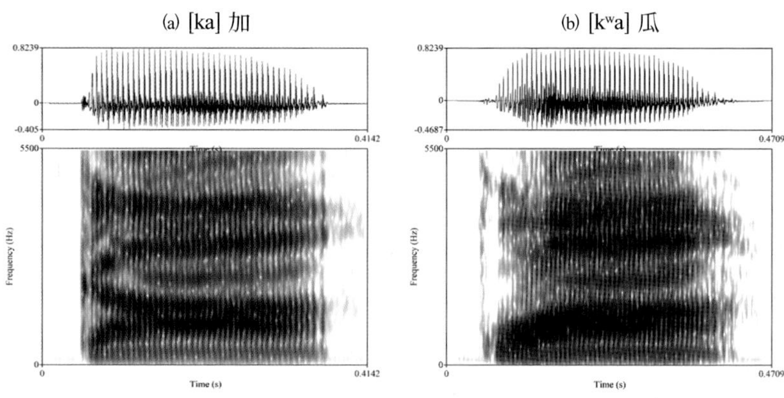

[그림 12] 홍콩 웨방언의 연구개 두음

홍콩 웨방언은 음절 박자의 리듬 특성을 잘 보여준다. 홍콩 웨방언은 모든 음절에서 성조가 실현되기 때문에 표준중국어의 경성 음절에서 음길이가 짧아지는 현상이 거의 없기 때문이다(8장 참조). 이러한 성조의 안정성은 상하이 우방언과 상반되는 음성 특성으로, 이 방언에서 음절이 핵심적인 리듬 단위라는 것을 의미한다. 또한 단모음에 인접하는 자음이 장

모음에 인접하는 자음에 비하여 음길이가 길게 실현되는 보상적 장음화 현상도 음절의 리듬 기능을 유지하기 위한 것으로 볼 수 있다(5장 참조).

　홍콩 웨방언도 자음으로만 이루어진 음절이 출현하는데, 상하이 우방언과 마찬가지로 [ŋ] 五 '다섯, 5', [ŋ] 嗯 '응' 등의 음절이 비음 자음 단독으로 음절을 구성한다. 마지막으로, 빠른 발화에서 두 음절이 병합하여 하나의 음절을 구성하기도 한다. [mat je] 乜嘢 '무엇'이 [me] 咩로 병합하는 것이 대표적인 예이다(Wong et al. 2005:280).

1. 아래의 문장에 몇 개의 음절이 있는지 판단하시오.

   (a) 把那本书放在桌子上吧。

   (b) 我不太喜欢画画儿。

2. māma 妈妈 '엄마'의 스펙트로그램을 보고, 성조와 강세에 따라서 두 음절의 음성 특징이 어떻게 다른지 관찰하시오.

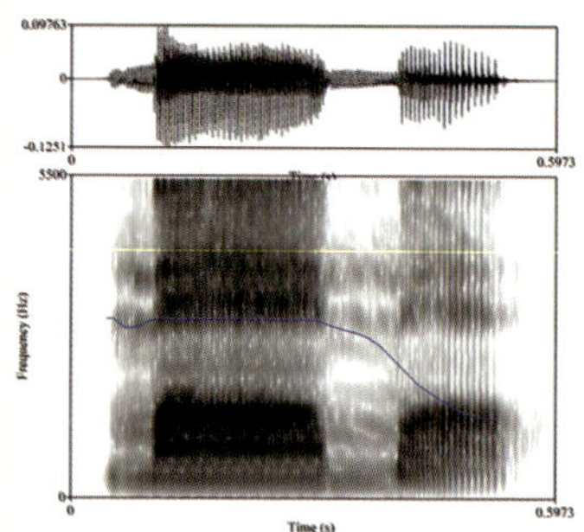

3. Xǐ'Ōu 西欧 '서유럽'과 xiū 休 '쉬다'를 비교한 스펙트로그램을 보고, 음절 수와 음절 경계를 판단하는 방법을 생각해보시오.

Xǐ'Ōu 西欧 | xiū 休

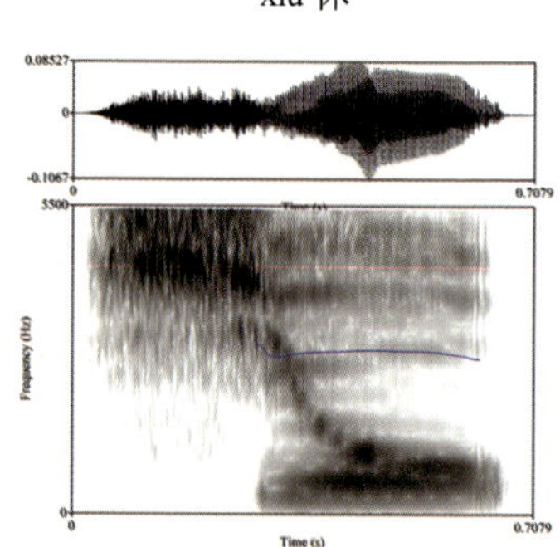

4. 모어 화자가 발화한 아래 문장의 음절 특성을 관찰하시오.

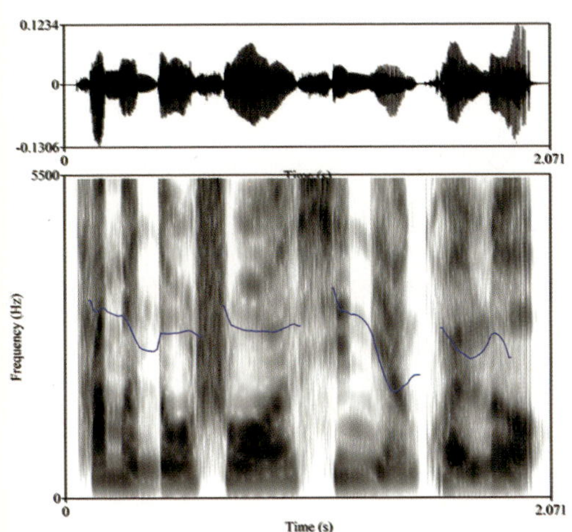

Tāmen dōu shuō "xīnnián kuàilè". 他们都说"新年快乐"。'그들이 모두 "새해 복
많이 받으세요"라고 말한다.'

5. 표준중국어에서 출현 빈도가 가장 높은 음절 구조는 CV인데, CV 음절을 선
   호하는 경향은 세계 언어에서 공통적으로 나타나는 현상이다. 이유가 무엇일
   지 생각해보시오.

더 읽을거리

엄익상. 2016. 중국어 음운론과 응용(제2판), 서울: 한국문화사.

이옥주. 2017. 표준중국어 음절유형에 대한 유형론적 고찰. 중어중문학 68:119-143.

Duanmu, San. 2007. *The Phonology of Standard Chinese*(2nd edition). Oxford: Oxford University Press.

Ladefoged, Peter and Johnson, Keith. 2011. A Course in Phonetics(6th edition). Boston: Cengage Learning.

Li, Charles N. and Thompson, Sandra A. 1981. *Mandarin Chinese: A Functional Reference Grammar*. Oakland: University of California Press.

Xu, Yi. 2020. Syllable is a Synchronization Mechanism that Makes Human Speech Possible. *PsyArXiv* Preprint online version doi: 10.31234/osf.io/9v4hr.

10장

중국어 강세와 억양

10장은 중국어의 강세와 억양의 음성 특징에 대하여 논의한다. 먼저 운율 요소와 구조의 개념을 소개하고(10.1), 중국어 강세의 음성·음향 특징을 논의할 것이다(10.2). 이어 중국어 억양 유형과 특징에 대하여 살펴본다(10.3). [들어가며]의 세 가지 물음에 대하여 잠시 생각해본다면 중국어 운율, 강세와 억양에 대한 논의를 시작하는 데 도움이 될 것이다.

10.1. 운율 요소와 구조

운율(prosody)은 성조, 강세, 초점, 리듬, 억양 등의 초분절음(suprasegmentals) 및 초분절음이 음절이나 단어, 구, 문장 등과 연계되는 속성을 포함하는 개념이다. 모든 언어의 말소리는 분절음과 더불어 운율 요소로 구성되며, 중국어의 가장 핵심적인 운율 요소는 성조이다. 자음과 모음이 음절을 이루고, 음절이 단어를, 단어가 구와 문장을 구성하는 것과 마찬가지로, 다양한 운율 요소는 위계적 구조를 형성하는 여러 운율 단위(prosodic domain)에서 실현된다. 중국어에서 음절은 어휘 성조가 실현되

는 운율 단위이며, 모라(mora)는 음절보다 작은 단위이며, 음보(foot), 운율
단어(prosodic word, 음운 단어 phonological word), 운율구(prosodic phrase, 음운구
phonological phrase), 억양구(intonational phrase)는 음절보다 큰 단위이다(이
에 대한 논의는 Selkirk 1981, 2003, 2011, Nespor and Vogel 1986, Pierrerhumbert and
Beckman 1988 등 참조). [그림 1]과 같이 운율 구조에서 상위 단위는 하나 또
는 둘 이상의 하위 단위로 구성된다.

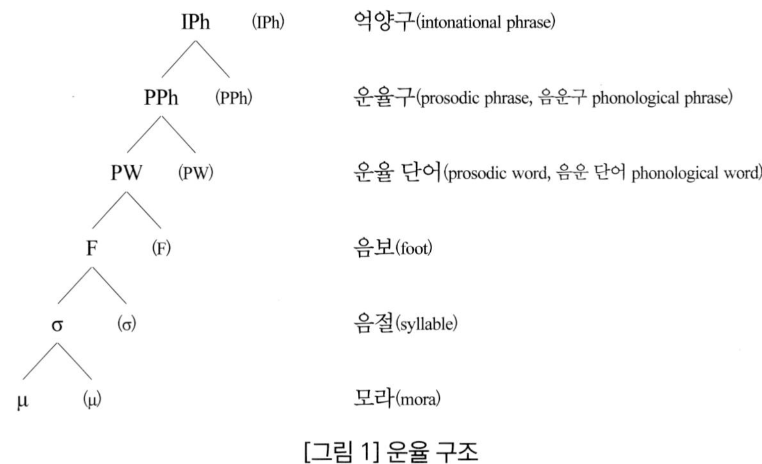

[그림 1] 운율 구조

　　음절 단위에서 실현되는 성조를 기준으로 중국어의 운율 단위와 요소
를 살펴보자. 가장 작은 하위 단위인 모라는 운율적 무게 단위로, 중음절
(heavy syllable)은 모라 두 개, 경음절(light syllable)은 모라 한 개로 이루어
져 있다.[01] 일반적으로 표준중국어에서 모라는 성조가 실현되는 음절과

01　　일본어는 모라 단위에 민감한 언어이다. 일본어에서 가장 자주 출현하는 CV 음절은
　　　하나의 모라에 해당한다. 예를 들어 日本은 Nihon(にほん)으로 발음하면 3개의 모라
　　　(ni-ho-n)이고, Nippon(にっぱん)으로 발음하면 4개의 모라(ni-p-po-n)로 구성된다(이에 대

성조가 없는 경성 음절의 음길이를 구분한다.

(1) dōngxī 东西 '동과 서'   1성 + 1성
                            2모라 + 2모라

    dōngxi 东西 '물건'   1성 + 경성
                            2모라 + 1모라

음보는 강세와 약강세가 반복적으로 교체되는 리듬 단위로, 중국어 음보는 주로 2음절로 구성된다. 중국어에 2음절 어휘가 많은 현상은 음보가 중요한 운율 단위이기 때문이다(Chen 2000, Duanmu 2007 등). 2음절 음보는 인접한 단음절을 통합하여 3음절 초음보(superfoot)를 형성하기도 하는데, 음보는 변조가 일차적으로 적용되는 운율 단위이다(Chen 1979, 1984, Shih 1986, 1997). (2)의 3성 변조는 (a) xúnzhǎo yǎnjing 寻找眼镜이 2음절 음보 2개로 이루어져 있으며, (b)와 (c)는 zhǎo yǎnjing 找眼镜이 3음절 초음보 1개로 구성되었음을 보여준다.

(2) a. 寻找眼镜   b. 找眼镜   c. *找眼镜   '안경을 찾다'

    (T2 T3)(T3 T4)   (T2 T3 T4)   *(T3)(T3 T4)

운율 구조는 통사 구조의 영향을 받지만 통사 구조와 완전히 일치하는 것은 아니다(冯胜利 1998, 2005, 2009). 변조의 적용은 이를 잘 보여주는데, (3)에서 (a) Nǎ zhǒng jiǔ hǎo? 哪种酒好?와 (b) Lǎolǐ mǎi hǎo jiǔ. 老李买好

한 논의는 문영희 외 역(2018) 2장 참조).

酒。[02]의 3성 변조 실현 양상을 살펴보자. (a)는 통사 구조가 (哪种酒)(好)이지만 운율적으로는 (哪种)(酒好)의 음보 구조를 형성하며, (b)는 (老李)(买好酒)의 통사 구조가 (老李买)(好酒)의 음보 구조로 실현된다.

(3) a. 哪种酒好?　　'어느 술이 좋은가'

　　　(T2 T3)(T2 T3)

　　b. 老李买好酒。'라오리가 좋은 술을 산다/샀다'

　　　(T2 T2 T3)(T2 T3)

　　가장 큰 상위 운율 단위는 억양구로, 한 호흡 주기에 산출되는 발화 단위이다. 주로 문장에 해당하는 경우가 많지만, 길이가 긴 복문은 중간에 휴지를 동반하는 둘 이상의 억양구를 구성할 수도 있다. (4)와 (5)는 음보와 억양구 단위를 표시한 예이다. (4)는 한 개의 억양구로 이루어진 문장이며, (5)는 두 개의 억양구를 포함하는 긴 문장이다. ( )는 음보(F)를, [ ]는 억양구(IP)를 나타낸다.

(4) [(今天)$_F$(星期一)$_F$]$_{IP}$。'오늘은 월요일이다.'

　　[(Jīntiān)$_F$ (xīngqīyī)$_F$]$_{IP}$

(5) [(这时)$_F$(太阳)$_F$(静静地)$_F$(散发出)$_F$(温暖的)$_F$(光芒)$_F$]$_{IP}$，[(旅行者)$_F$(赶快)$_F$(脱下了)$_F$(大衣)$_F$]$_{IP}$。

　　[(Zhè shí)$_F$ (tàiyáng)$_F$ (jìngjìng de)$_F$ (sànfà chū)$_F$ (wēnnuǎn de)$_F$ (guāngmáng)

02　이 문장의 买好酒는 두 가지 통사 구조 (买)(好酒)와 (买好)(酒)로 분석 가능하다. (3b)는 전자인 '라오리가 좋은 술을 산다/샀다'를 의미하는 구조의 예이다.

$_F]_{IP}$, $[(lǚxíngzhě)_F$ $(gǎnkuài)_F$ $(tuō xià le)_F$ $(dàyī)_F]_{IP}$

'이 때 햇님이 뜨거운 햇빛을 가만히 내려쬐니, 나그네는 외투를 얼른 벗었다.'

[그림 2]는 프라트를 사용하여 (5)의 문장을 음보와 억양구로 레이블링한 것으로, 두 억양구 사이에 상대적으로 긴 휴지가 있는 것을 볼 수 있다.

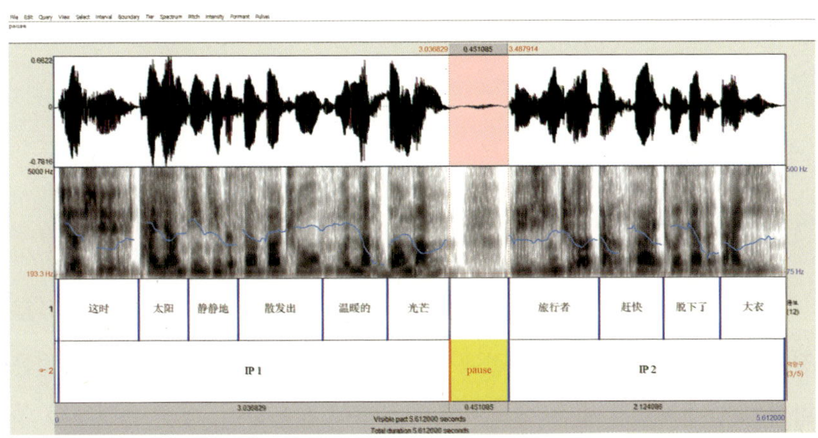

[그림 2] 음보와 억양구

억양구는 긴 휴지가 후행하기 때문에, 서로 다른 억양구에 속하는 3성 음절 사이에는 변조가 발생하지 않는다. (6)에서 hǎo 好에 선행하는 wǒ 我와 hěn 很에 3성 변조가 발생하며, 마찬가지로 Lǐ 李에 선행하는 lǎo 老에 3성 변조가 발생한다. 그러나 好 hǎo는 2성으로 변화하지 않는데, 이는 好 hǎo와 lǎo 老hǎo가 동일한 억양구에 속하지 않기 때문이다(변조에 대한 논의는 8.2.3 참조).

(6) Wǒ hěn hǎo. Lǎo Lǐ ne? 我很好。老李呢? '좋아요. 라오리는요?'

중국어 운율 구조에서 음보의 상위 단위인 운율 단어와 운율구, 억양
구는 학자들마다 명칭과 정의에 대한 이견이 적지 않다(Peng et al. 2005,
Tseng 2007, Lin 2007 등 참조). 이는 앞으로 중국어 운율 연구에서 더 탐색되
어야 할 대상으로, 강세의 음성 실현은 운율 단위를 탐색하는 데 중요한
단서를 제공한다. 10.2에서 이에 대하여 살펴보자.[03]

10.2. 표준중국어 강세

10.2.1. 음보

여러 언어에서 강세에 대한 논의는 어휘 강세(lexical stress)를 위주로
진행되었다. 어휘 강세는 음절에서 실현되는 운율 자질이다. 강세 음절은
화자가 상대적으로 많은 에너지를 사용하여 산출하여, 다른 음절보다 청
각적으로 돋들리는(prominent) 음절을 가리킨다. 대표적인 강세 언어인 영
어를 예로 들면, 단어 conversation '대화'는 con-ver-sa-tion과 같이 네
개의 음절로 이루어져 있으며, 세 번째 음절이 청각적으로 가장 돋들리는
강세 음절이다. 또한 강세의 위치에 따라 어휘의 의미나 품사가 변화하기
도 한다. 단어 present에서 첫 번째 음절이 강세 음절이면 '선물'이라는 의

03　Tseng(2007)은 음절, 운율 단어, 운율구를 설정하고, 상위 단위로 억양구에 상응하는
　　호흡군(breath group)을 설정한다. Lin(2007)은 모라, 음절, 음보, 음운 단어, 음운구, 억양
　　구를 설정하는데, 음운 단어와 음운구는 각각 Tseng(2007)의 운율 단어와 운율구에 대
　　응한다.

미를 나타내는 명사이지만, 두 번째 음절이 강세 음절이면 '나타내다, 제시하다'를 의미하는 동사이다. 영어나 독일어와는 달리 체코어, 폴란드어, 스와힐리어는 단어에서 강세 음절이 고정되어 있으며, 프랑스어는 구에서 강세 음절이 고정되어 있다(Ladefoged and Johnson 2011:249-250). 일반적으로 강세 음절은 상대적으로 음길이가 길고, 음높이가 높으며 음세기가 더 세다. 강세는 분절음에도 영향을 미쳐서, 유기 자음의 기식이 더 길어지고, 고모음은 더 고모음으로 저모음은 더 저모음으로 발음된다.

표준중국어의 어휘 강세는 주로 2음절 어휘를 대상으로 논의되었다 (周有光 1964:266, 呂叔湘 1963, 林茂燦 외 1984, Chen 2000, Duanmu 2007 등). 표준중국어 3,000개 고빈도 명사 가운데 85% 정도가 2음절 또는 2음절 이상이며, 1음절 어휘는 사용 범위에 있어 상당한 제약이 있다(Chen 2000:366-367). 운율의 측면에서 보면, 2음절 어휘는 강세 음절과 약강세 음절이 교체하는 리듬 단위인 2음절 음보이기 때문에 선호된다(Chen 1979, 1984, Shih 1986, 1997, Duanmu 2007, 2014 등). 따라서 어휘 강세는 음보 단위에서 실현되는 강세에 대응한다. (7)에서 성조가 실현되는 온음절로 구성된 단어와 경성 음절이 출현하는 단어 lǎoshī 老师 '선생님'과 lǎoshi 老实 '솔직하다'를 살펴보자. [그림 3]은 두 번째 음절이 경성일 경우 온음절에 비해서 기식 구간과 모음의 음길이가 모두 현저히 짧은 것을 볼 수 있다. 이러한 특성을 갖는 경성 음절은 약강세 음절이며, lǎoshī는 SS 구조, lǎoshi는 SW 구조라는 데는 거의 이견이 없다.

(7) a. lǎoshī 老师 '선생님' (S: strong 강세, W: weak 약강세)

　　S S

　b. lǎoshi 老实 '솔직하다'

　　S W

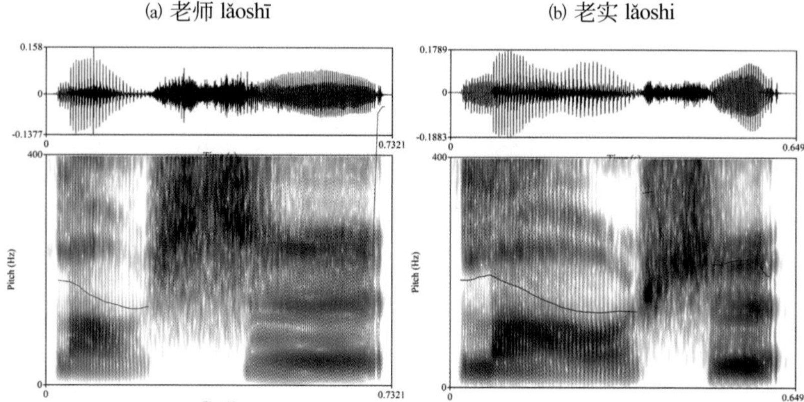

[그림 3] 강세와 경성

그러나 성조가 실현되는 온음절로만 구성된 음보의 강세 구조에 대해서는 여전히 의견이 일치하지 않는다. Chao(1968)를 비롯한 다수의 학자들은 (8)의 약강(iamb) 구조로 분석하였으나(Chao 1968:27-29, 殷作炎 1982, 徐世榮 1982, Hoa 1983, Peng et al. 2005 등), Duanmu의 일련의 연구(1993, 1999, 2007, 2014 등)는 (9)의 강약(trochee) 구조로 분석한다. Duanmu는 Chao(1968) 등이 마지막 음절이 길어지는 어말 장음화(final lengthening) 현상을 강세로 잘못 판단하였다고 주장한다(이에 대한 논의는 林茂灿 외 1984, 颜景助, 林茂灿 1988, 扬顺安 1992 등 참조).

(8) 약강 구조

a. 2음절   b. 3음절 (σ: 음절, 1: 제1강세, 2: 제2강세, 3: 제3강세)

σ σ   σ σ σ

2 1   2 3 1

(9) 강약 구조

a. 2음절　　　b. 3음절　(σ: 음절, 1: 제1강세, 2: 제2강세, 3: 제3강세)

　σ σ　　　　σ σ σ

　1 2　　　　1 3 2

　　일부 학자는 표준중국어에서 온음절로 이루어진 어휘에서 음보 강세는 일반적으로 MS(medium-strong) 구조이지만 SM(strong-medium) 구조도 존재한다고 주장한다(殷作炎 1982, 徐世榮 1982, Hoa 1983).[04] 예를 들어, 殷作炎(1982)에 의하면 (10)의 sànbù 散步 '산책하다'와 sànbù 散布 '퍼뜨리다'는 각각 MS와 SM의 강세를 갖는다. 그러나 온음절로만 구성된 어휘에서 강세 구조에 따른 음길이나 음높이, 음세기의 명확한 차이를 발견하는 것은 쉽지 않다. [그림 4]는 문장 Búyào sànbù liúlián 不要散步流连 '산책하다 길 잃지 마세요'와 Búyào sànbù liúyán 不要散布流言 '유언비어를 퍼뜨리지 마세요'에서 추출한 sànbù 散步 '산책'과 sànbù 散布 '유포'의 음높이와 음세기를 보여준다. 또한 이에 대한 모어 화자의 직관도 일관적이지 않기 때문에, 표준중국어 어휘 강세, 즉 음보 강세는 체계적인 음성학적 연구가 진행되어야 하는 영역이다.[05]

04　徐世榮(1982)은 20,000개의 2음절 어휘 가운데 약 70%가 약강 구조에 해당한다고 주장한다.

05　2음절어 중에서 명사성 단어 质量(품질), 情况(상황), 兴趣(흥미), 事物(사물), 事业(사업), 秘密(비밀), 故事(이야기), 态度(태도), 部分(부분), 错误(착오), 动物(동물), 干部(간부), 技术(기술)는 강약 형식으로, 동사성 단어 睡觉(자다), 再见(다시 만나다), 照相(사진 찍다), 办事(일을 처리하다), 住院(입원하다), 贵姓(성이 ~이다), 放假(방학하다)는 약강 형식으로 보는 주장도 있다. 또한 표준중국어 동사-명사 구조의 2음절 연쇄는 동목 구조일 경우 명사에 강세가 놓이지만, 2음절 연쇄가 수식-피수식 구조일 경우는 炒饭(볶음밥, 밥을 볶다)처럼 명사에 강세가 놓일 수도 있고, 劈柴(땔감, 장작을 패다)처럼 명사가 약

⑽ a. sànbù 散步 MS　　　　　　　b. sànbù 散布 SM

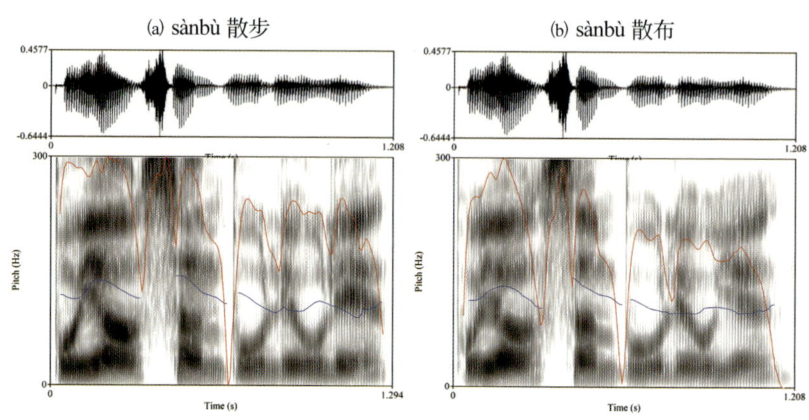

[그림 4] 온음절 단어의 강세

　　(8)과 (9)에 제시된 강세 구조를 다시 살펴보면, 3음절 단어의 경우 두 번째 음절을 약강세 음절로 보는 데에는 이견이 없다는 것을 알 수 있다. 표준중국어에서 3음절 연쇄의 두 번째 음절이 2성에서 1성으로 변화하는 2성 변조 현상을 기억하자(2성 변조에 대한 논의는 8.2.3 참조). 강세 구조의 측면에서 본다면, 2성 변조는 초음보를 구성하는 세 음절 가운데 중간 음절인 약강세 음절에서 굴곡조가 수평조로 축약되는 현상으로 이해할 수 있다.[06] [그림 5]는 yóuyǒngguǎn 游泳馆 '수영장'에서 실현된 2성 변조 현상으로, 3성 변조에 의해서 2성으로 변한 두 번째 음절에 다시 2성 변조가 적용되어 높은 음높이가 실현되는 현상을 보여준다.

―――――――――

　　강세일 수도 있다는 견해도 있다(문영희 외 역(2019) 제2장) 참조).

[06]　음운론적으로 2성 변조는 선행 음절의 H 성조 자질이 약강세 음절에 확산되는 현상으로 분석할 수 있다. 약강세 음절이 원래 가지고 있던 오름조 2성을 소실한 후, 선행 음절의 H 성조 자질이 비어있는 약강세 음절로 확산되는 것이다(이옥주 2013).

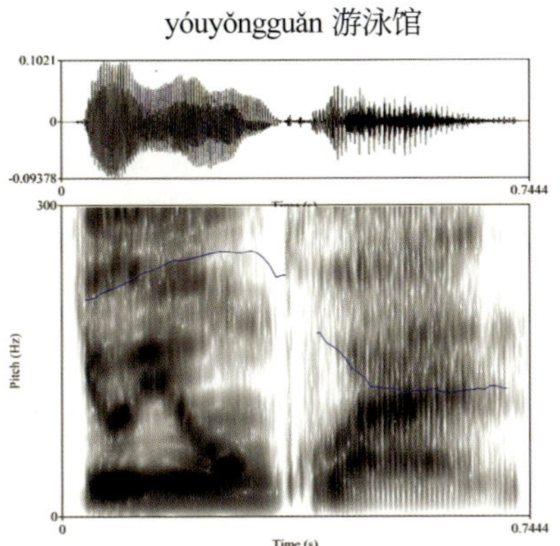

[그림 5] 강세와 2성 변조

10.2.2. 운율 단어와 운율구

표준중국어에서 음보보다 상위의 운율 단위에 대한 논의는 그동안 주로 구 강세(phrasal stress)를 위주로 진행되었다. 구 강세를 주장하는 견해에 의하면, 동일한 음절의 연쇄도 어휘인지 구인지에 따라 강세 구조가 다르게 실현될 수 있다(Hoa 1983, Duanmu 2007, 문영희 외 역 2019). 일반적으로 구 강세가 통사적 비핵(non-head)에서 실현되는 것으로 간주하는데,[07] (11)은

---

[07] 이를 음운론에서 비핵강세 규칙(non-head stress principle)이라고 한다. 이 규칙에 의하면, [X XP] 또는 [XP X] 통사 구조에서 X가 통사적 핵이고 XP가 비핵일 때 강세는 비핵인 XP에서 실현된다. 예를 들어 [동사+목적어]로 구성된 동사구는 목적어에, [수식어+피수식어]로 구성된 명사구는 수식어에서 강세가 실현된다(이에 대한 논의는 Duanmu(2007:146) 참조). 비핵 강세는 3음절 연쇄에서 명사성은 2+1 구조(명+동)를 선호하고, 동사성은 1+2 구조(동+명)를 선호하는 현상을 설명한다. 1+2는 약강 구조이며, 2+1은 강약 구조이므로, 명사성은 강약 형식, 동사성은 약강 형식이기 때문이다. 이러한 설명은 영어의 동음사가 강세 위치로 명사와 동사를 구분하는 방식과도 동일하다. 이에 대하여 약강 형식은 과정을 표현하고, 강약 형식은 사물 대상을 표현한다는 언어보편성을 주장하기도 한다. 이에 대한 논의는 문영희 외 역(2019, 제2장)을 참

Hoa(1983:102)가 제시한 어휘 강세와 구 강세의 차이의 예이다.

(11) a. 구   b. 복합어
      guàirén 怪人 '남을 나무라다'   guàirén 怪人 '이상한 사람'
      2-1   1-2
         (1: 제1강세, 2: 제2강세)

　　구 강세는 음보 상위의 운율 단위를 파악하는 데 도움을 줄 수 있을 것이다. 그러나 어휘 강세와 마찬가지로, (11)의 표준중국어 구 강세에 대한 모어 화자의 일관된 직관이나 음향·음성적 증거를 찾기는 쉽지 않다. 반면 상하이 방언을 포함한 많은 우방언에는 강세 구조의 영향을 받는 다양한 변조 현상이 있으며, 이는 운율 단어 또는 운율구와 같은 중간 운율 단위를 판단하는 데 중요한 근거를 제공한다. 상하이 방언의 경우, 가장 두드러진 변조 현상은 하나의 운율 단위를 형성하는 음절들 가운데 첫음절의 성조만 유지되고 후행 음절의 성조는 실현되지 않는 것이다. 2음절 연쇄는 두 번째 성조가 탈락하고, 첫음절의 성조가 2개 음절에 걸쳐 실현된다. 3음절이나 4음절 연쇄의 경우 세 번째와 네 번째 음절은 낮은 음높이로 실현된다. 이를 좌측 부각형(left-prominent) 변조 유형이라고 하는데, 강약 강세 구조에서 실현되는 성조 변화 현상으로 분석할 수 있다. (12)는 2, 3, 4음절 연쇄에서 보이는 좌측 부각형 변조 현상의 예이다. [그림 6]은 (12)의 예에서 첫음절 성조인 1성 내림조만 실현되는 현상을 보여준다.

(12) 天主 [tʰi tsɿ] 1성+2성: 53 + 34 → 5 + 3 '천주'
　　 天主教 [tʰi tsɿ tɕio] 1성+2성+2성: 53 + 34 + 34 → 5 + 4 + 3 '천주교'

조할 수 있다.

痴头怪脑 [tsʰ˥ dʁ kua nɔ] 1성+3성+2성 +3성: 53 + 23 + 34 + 23
→ 5 + 4 + 3 +1 '제 정신이 아니다'

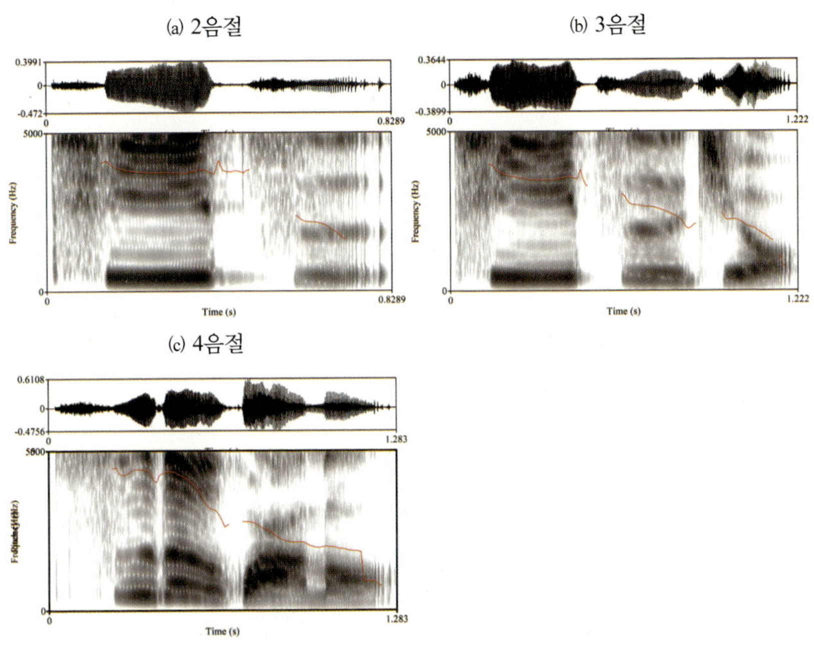

[그림 6] 상하이 우방언 변조

상하이 방언에는 우측 부각형(right-prominent) 변조도 있다. 이는 운율
단위의 오른쪽 음절의 성조만 유지되고 선행 성조는 실현되지 않는 변
조로, 좌측 부각형 변조에 비하여 드물게 출현하며 주로 동사-목적어 구
(phrase) 구조에서 발견된다. 우측 부각형 변조에서 성조를 소실한 음절은
기정치(default value)인 중간 음높이로 실현되는데, 이완 발성 음절은 긴장
발성 음절보다 다소 낮은 음높이가 실현된다.[08] 따라서 우측 부각형 변조

는 약강 강세 구조에서 실현되는 성조 변화 현상으로 분석할 수 있다. (13)
은 강약, 약강 강세 구조에서 서로 다르게 나타나는 변조 현상의 예이다.
복합어는 좌측 부각형 변조가, 구는 우측 부각형 변조가 실현된다. [그림
7]은 cao³³mi⁴⁴ '볶음면'과 cao³³mi²³ '면을 볶다'의 음높이 실현 양상이다.

(13) 상하이 우방언의 좌측 부각형 변조와 우측 부각형 변조(Zhu 2006:35-36)

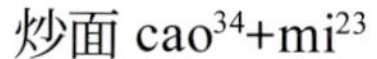

炒面 cao³⁴+mi²³

cao³³mi⁴⁴ '볶음면'   cao³³mi²³ '면을 볶다'

流水 lieu¹⁴+sir³⁴

lieu¹¹ sir⁴⁴ '흐르는 물'   lieu³³sir³⁴ '물을 흐르게 하다'

读书 duq²³+sir⁵³

duq²² sir³³ '공부'   duq³³sir⁵³ '책을 읽다'

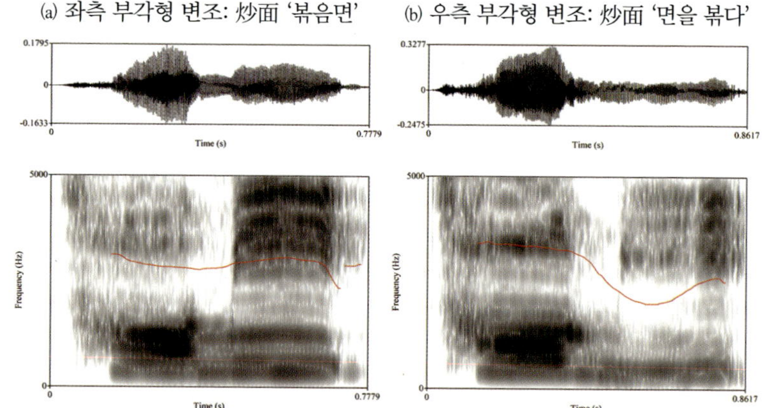

[그림 7] 상하이 우방언의 좌측 부각형 변조와 우측 부각형 변조

는 '33'보다 높거나 낮을 수 있다.

이와 더불어, 자주 사용되는 구조에서 3음절 또는 3음절 이상의 음절 연쇄가 특수한 강세 실현 양상이 보이는 경우가 있다. 예를 들어, 표준 중국어 정반 의문문에서 '동사/형용사 + bù 不 +동사/형용사'는 하나의 운율 단위를 형성하며, 첫 번째 동사/형용사에서 강세가 실현되는 특성을 보인다. [그림 7]은 Nǐ liànbúliàn 你练不练? '너 연습할거니?'의 liànbúliàn에서 두 번째와 세 번째 음절 búliàn이 약강세 음절로 실현되어 어휘 성조가 실현되지 않는 것을 보여준다. 반면 강세 음절인 첫 번째 음절은 음길이가 상대적으로 길고 내림조 성조가 명확히 실현된다.

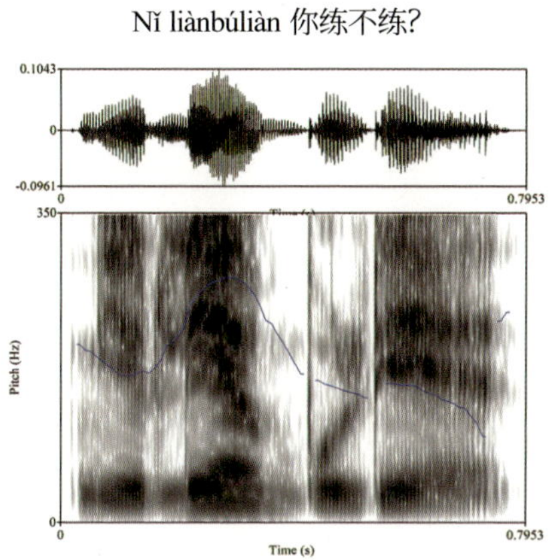

[그림 8] 운율 단어/운율구와 강세

10.2.3. 억양구

억양구는 호흡 단위에 해당하는 운율 단위로, 문장은 하나 이상의 억양구로 구성된다(Peng et al. 2005, 이옥주 2015). 일반적으로 짧은 문장은 하나의 억양구에 대응하므로, 억양구 단위에서 실현되는 강세를 문장 강세(sentential stress)라고도 한다. 문장 강세는 발화 맥락에서 결정되는 정보 구조 및 화용적 초점 구조를 전달하는 음성 기제이다. 예를 들어, ⒁의 문장 Lǐmíng qù zhōngguó. 李明去中国。'리밍이 중국에 간다'는 (a)에서 전체 초점(broad focus) 문장, (b)에서 동사 qù에 초점이 실현되는 부분 초점(narrow focus) 문장으로 발화된 것이다. 이러한 초점 구조의 차이는 문장과 함께 발화되는 음높이 차이로 실현된다. [그림 9]에서 파란 선은 전체 초점 문장에, 붉은 선은 동사 초점 문장에 해당한다(이옥주 2007).

⒁ a. A: Shénme shì 什么事? / Zěnmele? 怎么了?

　　　B: Lǐmíng qù Zhōngguó. 李明去中国。

　　b. A: Lǐmíng huí Zhōngguó ma? 李明回中国吗?

　　　B: Lǐmíng qù Zhōngguó. 李明去中国。

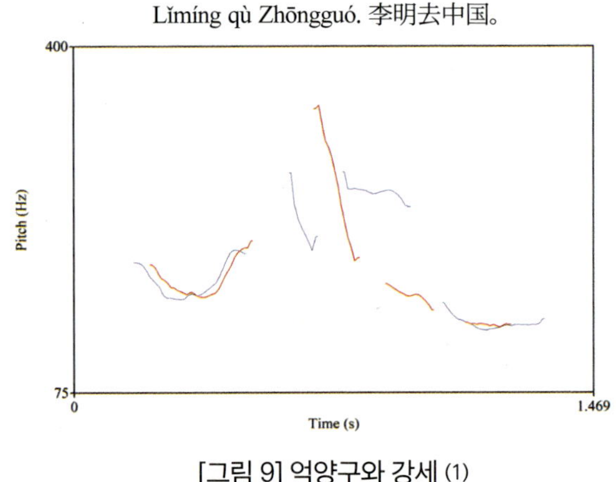

[그림 9] 억양구와 강세 (1)

문장 강세의 가장 큰 특징은 초점을 받는 문장 요소에서 음역이 현저히 확대되는 것이다. [그림 9]에서 qù 去에서 강세가 실현될 때 내림조가 매우 넓은 음역에 걸쳐 실현되는 것을 볼 수 있다. 이와 더불어, 초점에 후행하는 문장 요소에서 발생하는 음역의 축소도 매우 중요하다. 즉, 초점을 받는 qù 去에 후행하는 Zhōngguó 中国는 음역이 축소되어 어휘 성조가 제대로 실현되지 않는다. 반면 강세에 선행하는 음절은 음역의 변화가 거의 없다. [그림 10]은 높은수평조인 1성으로 구성된 문장인 Ōuyīng mō māomī. 欧英摸猫咪。'오우잉이 고양이를 쓰다듬는다'에서 강세가 주어 Ōuyīng 欧英과 동사 mō 摸에 각각 놓였을 때 실현되는 음역과 음높이 특성을 보여준다. 주어 초점인 (a)는 Ōuyīng 欧英에 후행하는 동사와 목적어인 1성 음절 mō māomī의 음높이가 모두 낮아지며, 동사 초점인 (b)는 mō 摸에 후행하는 목적어인 1성 음절 māomī의 음높이가 눈에 띄게 낮아진 것을 볼 수 있다.

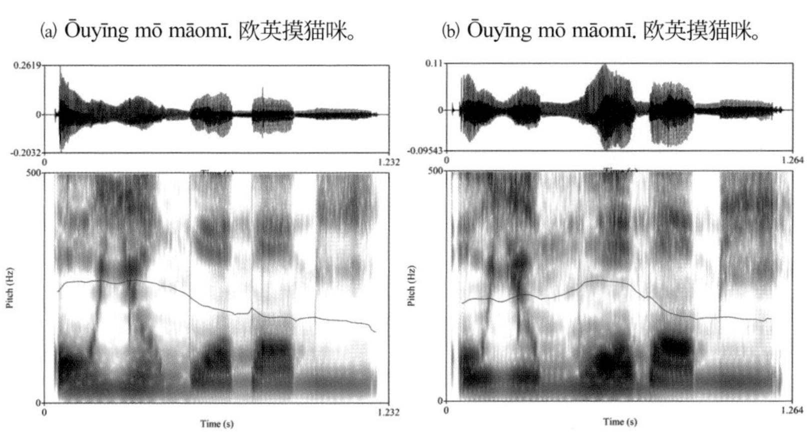

(a) Ōuyīng mō māomī. 欧英摸猫咪。　(b) Ōuyīng mō māomī. 欧英摸猫咪。

[그림 10] 억양구와 강세 (2)

　문장 강세를 나타내는 음역의 확대와 후행하는 음역의 축소는 억양구 내에서 실현된다. 새로운 억양구가 시작될 때는 다시 음역과 음높이가 회복되며, 이를 음높이 재조정(pitch reset)이라고 한다(10.3 참조).

10.3. 억양

성조는 어휘적 의미를 변별하는 음높이 변화이며, 억양(intonation)은 구나 문장의 의미 변화를 가져오는 음높이 변화이다(Ladefoged and Johnson 2011). 억양은 화자의 성별이나 나이, 감정 등과 같은 비언어적 정보를 전달하기도 하고, 통사 구조, 문장의 지속이나 종결 등에 대한 언어적 정보를 전달하기도 한다. 또한 정보 구조, 초점 등 담화 정보를 나타내므로, 10.2.3에서 살펴본 문장 강세도 넓은 의미에서 억양에 속한다. 중국어 억양에 대한 연구는 성조 언어인 중국어에 억양이 존재하는지, 존재한다면 어떠한 방식으로 실현되는지, 어기조사와 억양은 어떤 관계가 있는지 등의 문제를 위주로 진행되었다. 성조와 억양은 모두 음높이 변화를 주요 매개로 실현되므로, 성조 언어인 중국어의 억양은 영어나 한국어와 같은 비성조 언어에 비하여 제한적으로 실현된다고 보는 견해도 있다. 또한 중국어에 화용적 기능을 담당하는 어기조사(ba 吧, ne 呢, a 啊 등)가 다양한 이유는 억양의 기능을 어기조사가 대신 담당하기 때문으로 보는 주장도 제기된 바 있다(관련 논의는 Lee 2005 참조).

중국어에서 성조와 억양 음높이가 동시에 실현되는 방식은 Chao(1932, 1933, 1968:44, 812)의 '큰 파도와 작은 물결'의 비유로 종종 설명된다. 이 비유는 큰 파도인 억양이 문장 단위 음높이의 움직임을 결정하고, 성조가 파도 위의 작은 물결처럼 억양 위에서 실현되는 것을 의미한다. 중국어 억양의 유형과 음성 특성은 아직 충분한 연구가 진행되지 않았지만, 진술문과 의문문의 억양 차이는 상대적으로 많은 관심이 집중되었다(Shen 1990, Lin 2004, Lee 2005, Peng et al. 2005, 林茂灿 2006, 孙湳昊 2006, Jiang and Chen 2011, Lin and Li 2011, 吴洁敏, 吕士楠 2011, 王萍, 石林, 石锋 2012 등). 먼저 [그림 11]에서 진술문으로 발화된 Jīntiān xīngqī yī. 今天星期一。'오늘은 월요일이에요'

의 억양을 살펴보자.

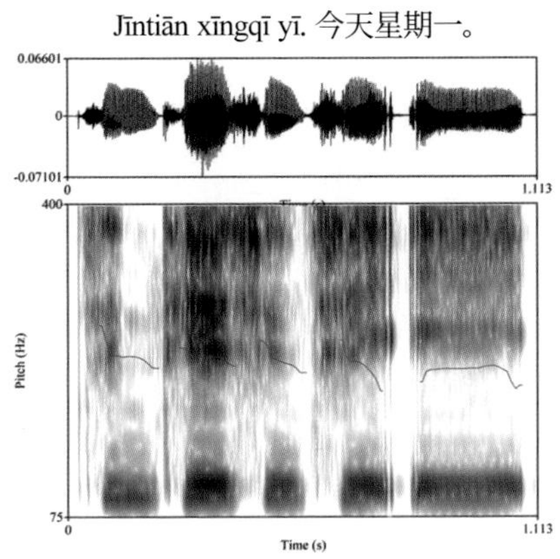

[그림 11] 진술문 억양

　　표준중국어 진술문은 성조의 연쇄와 동일하다고 생각하기 쉽지만 그
렇지 않다. [그림 9]의 문장 Jīntiān xīngqī yī. 今天星期一。는 5개의 1
성 음절로 이루어져 있지만, 문장의 후반부로 갈수록 음높이가 조금씩
하강하는 것을 볼 수 있다. 이를 억양내림(declination) 또는 음높이 하강
(downtrend)이라고 하는데, 진술문 억양의 가장 큰 특징이다(Liberman and
Pierrehumbert 1984, Shih 2000). 억양내림 현상은 생리적인 원인에 근거한다.
억양구를 발화하는 동안 숨을 들이마시지 않기 때문에 폐의 공기량이 감
소하여 성문하압이 낮아지게 된다. 따라서 성대의 진동 횟수가 감소하여
음높이가 조금씩 낮아지는 것이다. 또 다른 문장이 시작되거나 문장 중간
의 긴 휴지 이후에는 새로운 억양구가 시작되는데, 이때 숨을 들이쉬면서
후두의 상승 기류가 다시 증가한다. 이에 따라 음높이와 음역이 처음으로
돌아가서 재조정된다.

이제 의문문 억양을 살펴보자. 의문문 억양에 대해서는 크게 두 가지 관점이 있다. 첫 번째 관점은 진술문과 대조되는 의문문 억양은 문장 전체의 음역이 확장하면서 음높이가 상승하는 것으로 분석한다(Shen 1990, Lee 2005 등). 이와 같이 의문문 전반에 걸쳐 억양이 실현된다고 보는 관점은 Chao의 비유의 '큰 파도'에 대응한다. [그림 12]는 무표지 의문문 Jīntiān xīngqī yī? 今天星期一? '오늘이 월요일이에요?'와 어기조사 의문문 Jīntiān xīngqī yī ma? 今天星期一吗? '오늘이 월요일이에요?'의 억양 특성을 보여준다. 두 의문문 모두 억양내림이 보이지 않으며, 무표지 의문문은 문장 후반부로 갈수록 음높이가 점차 상승하는 것을 볼 수 있다.[09]

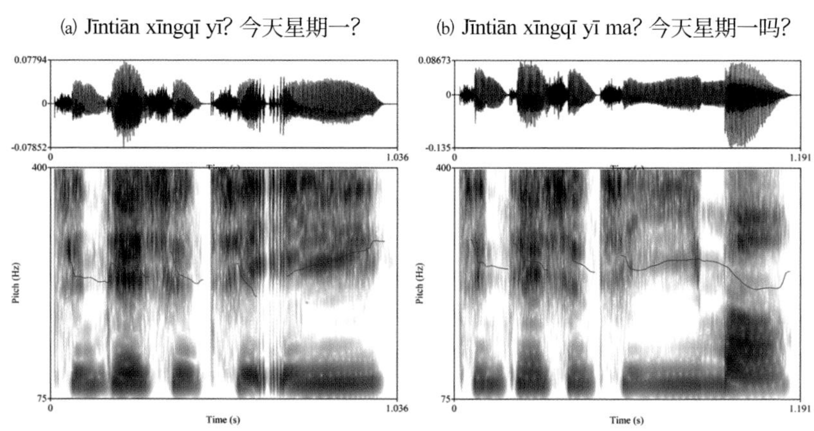

[그림 12] 의문문 억양 (1)

---

09 Liu and Xu(2006)는 진술문과 의문문의 음높이 차이가 지수적(exponential, double-exponential)으로 증가한다고 분석한다.

의문문 억양에 대한 두 번째 관점은 문장의 마지막 음절에서 음높이가 상승하는 것을 의문문 억양의 가장 중요한 특징으로 보는 것이다.[10] 이는 억양구에서 마지막 음절의 성조가 실현된 후에 부가적인 음높이가 연속적으로 실현되는 것으로, Chao(1968)는 (15)와 같은 억양 현상을 도상적 기호 'ꜜ'와 'ꜛ'를 사용하여 전사한 바 있다(1968:44, 812).[11] [그림 13]은 의문 억양이 억양구 마지막 부분에서 실현되는 양상을 보여준다. (a)는 1성으로 끝나는 문장 Jìn Lúndūn? 近论敦? '런던에 가까워요?', (b)는 4성으로 끝나는 Wǒ búyào? 我不要? '난 필요 없어요?'의 억양 곡선이다. (a)에서 마지막 음절 dūn 敦은 1성이지만 문말에서 오름조 억양이 실현되며, (b)에서 마지막 음절 yào 要는 4성이지만 음높이가 낮게 내려가지 않고 문말에서 오히려 약간 상승하는 것을 볼 수 있다.

(15) Chao(1968)의 표준중국어 의문 억양 분석

성조	1성	2성	3성	4성
의문 억양	556	356	2145	513

---

10 의문문 억양이 모든 언어에서 의문 억양이 오름조로 실현되는 것은 아니다. Rialland (2007)에 의하면, 아프리카에서 사용되는 78개 언어 가운데 36개 언어의 의문문 문말에서 낮은 성조가 실현된다.

11 경계 성조의 음성 특징은 아직 학자들 간의 이견이 있다. 예를 들어 Lin(2004)과 Lin and Li(2011)는 마지막 음절의 어휘 성조 음높이 전체가 상승하거나 하강하는 방식으로 경계 성조가 실현된다고 주장한다. Lin and Li(2011)는 경계 성조를 [+RAISETONE] 과 [+LOWERTONE]으로 표기한다.

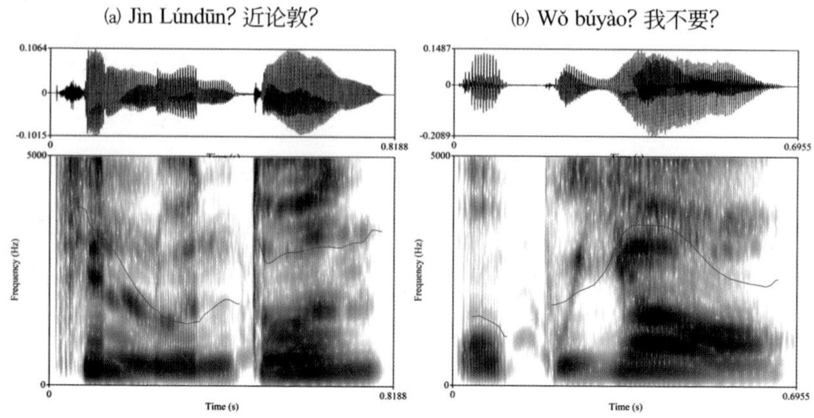

[그림 13] 의문문 억양 (2)

문말, 즉 억양구 경계에서 국부적으로 발생하는 음높이 변화는 경계 성조(boundary tone)의 영향으로 설명하기도 한다. 경계 성조는 (16)과 같이 통사적 또는 화용적 의미를 나타내는 음높이 변화가 억양구의 마지막 음절에서 국부적으로 실현되는 현상을 가리킨다. [그림 14]는 한 개의 음절로 이루어진 문장인 máng 忙 '바쁘다니까!'에서 실현되는 경계 성조의 특성을 보여준다. máng 忙은 2성 음절이지만, 오름조에 부가된 내림 억양은 화자의 짜증 또는 불만을 표현하는 화용적 기능을 담당한다. 이 내림 억양은 낮은 경계 성조(L%)가 실현된 것으로 볼 수 있다.[12]

(16) Máng! Máng dé yào sǐ! 忙! 忙得要死! '바쁘다니까! 바빠 죽겠어!'

---

[12] 경계 성조는 % 기호를 사용하여 표기한다. 억양구 왼쪽 경계는 % 기호를 음높이 표기(H, L)의 왼쪽에, 억양구 오른쪽 경계는 % 기호를 음높이 표기(H, L)의 오른쪽에 표기한다. 아직까지 표준중국어는 오른쪽 경계 성조만 관찰되었다.

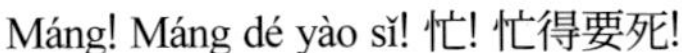

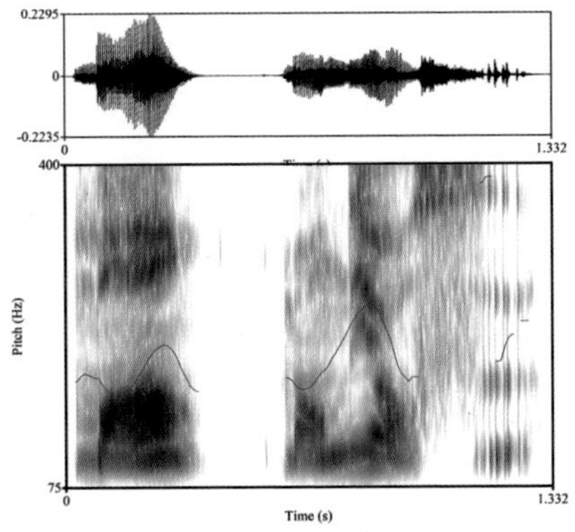

[그림 14] 경계 성조 (1)

Peng et al.(2005)의 표준중국어 운율 전사 시스템은 억양구의 오른쪽 경계에서 실현되는 두 가지 경계 성조, 즉 낮은 경계 성조와 높은 경계 성조(각각 L%, H%)를 설정한다. 예를 들어, (17)에서 동일한 분절음으로 구성된 두 문장이 (a)와 (b)처럼 의미가 달라지는 것은 각각 문말에서 낮은 경계 성조와 높은 경계 성조가 실현되기 때문으로 볼 수 있다. [그림 15]는 두 문장의 억양 차이를 나타낸다.

(17) (a) Tāmen búmài yǔsǎn ma? 他们不卖雨伞吗?

'그 사람들 우산 안 팔아요?'

(b) Tāmen búmài yǔsǎn ma! 他们不卖雨伞嘛!

'그 사람들 우산 안 팔잖아요!'

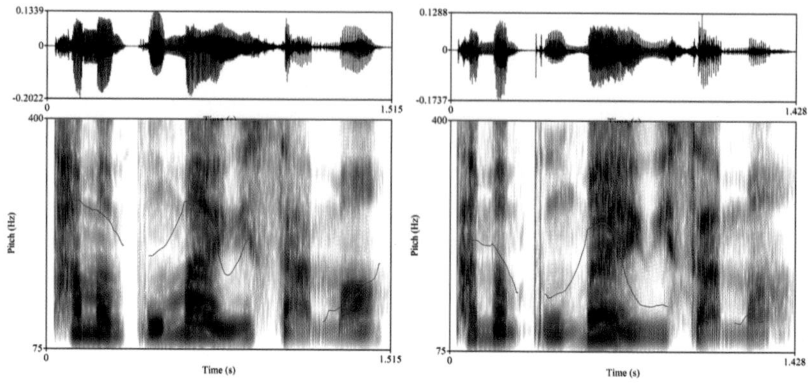

[그림 15] 경계 성조 (2)

중국어에서 음높이는 성조뿐만 아니라 강세, 리듬, 억양 등의 주요 운율 요소가 실현되는 데 매우 중요한 역할을 한다. 따라서 실제로 발화되는 음높이는 여러 가지 운율 요소의 결합이며, 중국어 운율을 이해하기 위해서는 운율 요소 간의 상호 작용에 대한 관찰이 중요하다.

1. 문장 (a), (b), (c)를 자연스럽게 발화할 때 형성되는 음보 구조를 설명하시오.

    (a) 我朋友不是学生。

    (b) 我去那家食品商店。

    (c) 你朋友的生日晚会几点开始?

2. [그림 7]에서 문장 "李明去中国。"의 '去'에 문장 강세가 실현될 경우 생기는 음역의 변화를 살펴보았다. 음역과 음높이 이외에 강세가 어떠한 음성 특징을 갖는지 관찰하시오.

3. "李明去美国吗?"에 대한 응답으로 "不, 李明去中国。"를 발화한 후, 강세를 나타내는 음높이 특성을 분석하시오.

4. "今天星期一。", "今天星期一?", "今天星期一吗?"를 녹음하여 자신과 [그림 10]의 모어 화자의 억양을 비교하시오.

5. 한국어 문장 "오늘 어디 가요?(가는 곳이 어디인지 물음)"와 "오늘 어디 가요?(갈 곳이 있는지 없는지 물음)"가 발화될 수 있는 자연스러운 맥락을 만들고, 각 발화에서 실현되는 경계 성조 특성을 분석하시오. 한국어 경계 성조는 중국어와 어떤 면에서 유사하고 다른지 관찰하시오.

더 읽을거리

신수영, 이옥주, 전기정 역. 2014. 중국어의 운율과 형태·통사. 서울: 역락.

이옥주. 2015. 표준중국어 경계 성조의 연구방법론 고찰. 중어중문학 60: 273-301.

冯胜利. 2009. 汉语的韵律词法与句法. 增订版. 北京: 北京大学出版社.

Chao, Yuen Ren. 1968. *A Grammar of Spoken Chinese*. Berkeley: University of California Press.

Peng, Shu-Hui, Chan, Marjorie K. M., Tseng, Chiu-yu, Huang, Tsan, Lee, Ok Joo, and Beckman, Mary E. 2005. Towards a Pan-Mandarin System for Prosodic Transcription. In Jun, S. (ed.) *Prosodic Typology: The Phonology of Intonation and Phrasing*. Oxford: Oxford University Press. pp. 230-270.

Xu, Yi. 2004. Separation of Functional Components of Tone and Intonation from Observed F0 Patterns. In Fant, G., H, Fujisaki, J. Cao, and Y. Xu (eds.). *From Traditional Phonology to Modern Speech Processing: Festschrift for Professor Wu Zongji's 95th Birthday*. Beijing: Foreign Language Teaching and Research Press. pp. 483-505.

참고문헌

김진우. 2020. 음성학개론. 서울: 한국문화사.

맹주억, 권영실. 2007a. 한중 파열음의 음성학적 대조연구 - 한국어 'ㄷ/ㄸ'과 중국어 'd'에 대하여. 중어중문학 41:81-104.

맹주억, 권영실. 2007b. 한중 파열음의 음성학적 대조연구 - 한국어 'ㅂ/ㅃ'과 중국어 'd'에 대하여. 중국어문논총 35:101-109.

문영희, 신수영, 이소림, 이옥주, 이현선 역. 2019. 중국어 연구자를 위한 언어유형론. 서울: 한국문화사.

박종한, 김석영, 양세욱. 2012. 중국어의 비밀. 서울: 궁리.

신지영. 2014. 말소리의 이해(개정판). 서울: 한국문화사.

신수영, 이옥주, 전기정 역. 2014. 중국어의 운율과 형태·통사. 서울: 역락.

심소희 역. 2016. 중국어 음성학. 서울: 교육과학사.

엄익상. 2016. 중국어 음운론과 응용(제2판). 서울: 한국문화사.

엄익상, 이옥주, 손남호, 이미경 역. 2010/2023. 중국어 말소리. 서울: 역락.

이동은, 이옥주. 2013. 한국어 교수자의 중국어 발음에 대한 소고. 중국어문학논집 78:183-204.

이미경. 2006. 중국어 모음 /e/와 /o/의 이중모음성 고찰. 중국어문학 48:209-240.

이미경. 2019. 중국어의 모음. 서울: 역락.

이연화. 2013. 현대중국어 3성과 3성변조. 한양대학교 박사학위논문.

이영규. 2012. 중국어와 광동어. 서울: 학고방.

이옥주. 2007. 한국인 중국어 학습자의 음향적 초점 발화에 관한 소고. 중국언어연구 24:209-234.

이옥주. 2013. 표준중국어 2성변조의 음운론적 재고찰. 중어중문학 54:359-386.

이옥주. 2015. 표준중국어 경계 성조의 연구방법론 고찰. 중어중문학 60:273-301.

이옥주. 2017. 표준중국어 음절유형에 대한 유형론적 고찰. 중어중문학 68:119-143.

이옥주. 2021. 성조발생론: 동아시아 지역 관련성 지표. 중국어문논역총간 49:267-304.

이옥주 역. 2024. 음절 구조: 변이의 제한. 서울: 역락.

이재돈. 2019. 중국어음운학. 서울: 학고방.

조현관 역. 2020. 음향음성학 기초매뉴얼. 서울: 한국문화사.

한서영. 2020. 현대중국어 베이징방언 연속발화 기능어 個의 음성적 약화 변이. 중국언어연구 80:1-58.

曹文. 2000. 汉语发音与纠音. 北京: 北京大学出版社.

曹志耘 主编. 2008. 汉语方言地图集: 语音卷. 北京: 商务印书馆.

陈阿宝, 盛青, 袁斌, 洪伟民. 2005. 汉语双语通道. 海南: 海南出版社.

冯胜利. 1998. 論漢語的自然音步. 中国语文 1998.1: 40-47.

冯胜利. 2005. 汉语韵律语法研究. 北京: 北京大学出版社,

冯胜利. 2009. 汉语的韵律词法与句法. 增订版. 北京: 北京大学出版社,

孔碧仪 编著. 2011. 初学广东话. 香港: 万里机构出版有限公司.

李善鹏, 顾文涛. 2016. 普通话塞擦音的声学特性研究. 清华大学学报 (自然科学版) 56.11: 1202-1208.

李荣 外. 1987. *Language Atlas of China*. Hong Kong: Longman.

李小凡, 项梦冰 编著. 项梦冰 修订. 2020. 汉语方言学基础教程(第二版). 北京: 北京大学出版社.

林茂灿. 2006. 疑问和陈述语气与边界调. 中国语文 2006.4:364-376.

林茂灿, 颜景助. 1980. 北京话轻声的声学性质. 方言 1980.3:166-178.

林茂灿, 颜景助, 孙国华. 1984. 北京话两字组正常重音的初步实验. 方言 1984.1: 57-73.

林焘, 王理嘉. 1992. 语音学教程. 北京: 北京大学出版社.

吕叔湘. 1963. 现代汉语单雙音节问题初探. 中国语文 1963.1:11-23.

平悦铃. 2005. 上海方言: 语音动态腭位研究. 香港: 香港文匯出版社.

孙宏开, 胡增益, 黄行 主编. 2007. 中国的语言. 北京: 商务印书馆.

孙湧昊, 2006. 普通话声调与边界调的音高特征及其实现规则. 中国社会科学院 博士学位论文.

王萍, 石林, 石锋. 2012. 普通话陈述句中的音高下倾和降阶. 中国语音学报 3:54-60.

吴洁敏, 吕士楠. 2011. 试论感情语调的超常韵律特征. 中国语文 2011.6:540-549.

吴宗济. 1992. 现代汉语语音概要. 北京: 华语教学出版社.

吴宗济, 林茂灿 1989. 实验语音学概要. 北京: 高等教育出版社.

许宝华, 汤珍珠. 1988. 上海市区方言志. 上海: 上海教育出版社.

徐世榮. 1982. 雙音節詞的音量分析. 語言教學與研究. 1982.2:4-19.

薛凤生. 1986. 北京音系解析. 北京: 北京语言大学出版社.

颜景助, 林茂灿. 1988. 北京话三字组重音的声学表现. 方言 1988.3:227-237.

严菡波, Allard Jongman, 2018. 普通话及台湾国语舌尖音与卷舌音的声学比较分析. 语言研究集刊 20:322-344.

杨顺安. 1992. 北京话多音节组合韵律特征的实验研究. 方言 1992.2:128-137.

殷作炎. 1982. 关于普通话双音常用词轻重音的初步考察. 中国语文 1982.3:168-173.

袁家骅. 1960/1989 (第2版). 汉语方言概要. 北京: 文字改革出版社.

张光宇. 2019. 汉语语音发展史. 新北: 台湾商务印书馆.

赵元任. 1928/2011. 现代吴语研究. 北京: 商务印书馆.

赵元任, 罗常培, 李方桂. 1948. 中国音韵学研究. 上海: 商务印书馆.

周有光. 1964. 漢子改革概論. 北京: 文字改革出版社.

朱晓农. 2010. 语音学. 北京: 商务印书馆.

Barbosa, Plínio A. 2017. R.H. Stetson, Motor Phonetics: A Study of Speech Movements in Action, 2nd ed., Amsterdam, North Holland Publishing C., 1951. *Phonetica* 74:255-258.

Bauer, Robert S. and Benedict, Paul K. 1997. *Modern Cantonese Phonology*. Berline: Walter de Gruyter.

Cao, Jianfen and Maddieson, Ian. 1992. An Exploration of Phonation Types in Wu Dialects of Chinese. *Journal of Phonetics* 20:77-92.

Catford, John C. 1988. *A Practical Introduction to Phonetics*, Oxford: Oxford University Press.

Chao, Yuen Ren. 1930. A System of Tone Letter. *Le Maître Phonétique* 45:24-27.

Chao, Yuen Ren. 1932. Tone and Intonation in Chinese. *Bulletin of the Institute of History and Philology* 4:121-134.

Chao, Yuen Ren. 1933. Zhongguo Zidiao gen Yudiao [Tone and Intonation in Mandarin Chinese]. Guoli Zhongyang Yanjiuyuan Lishi Yuyan Yanjiusuo Jikan [*Journal of the Institute of History and Philosophy*] 4.2:121-135.

Chao, Yuen Ren. 1948. *Mandarin Primer*. Cambridge: Harvard University Press.

Chao, Yuen Ren. 1967. Contrastive Aspects of the Wu Dialects. *Language* 43:92-101.

Chao, Yuen Ren. 1968. *A Grammar of Spoken Chinese*. Berkeley: University of California Press.

Chen, Matthew. 1979. Metrical Structure: Evidence from Chinese Poetry. *Linguistic Inquiry* 10:371-420.

Chen, Matthew. 1984. Unfolding Latent Principles of Literary Taste: Poetry as a Window into Language. *Tsinghua Journal of Chinese Studies* 16:203-240.

Chen, Matthew. 2000. *Tone Sandhi: Patterns Across Chinese Dialects*. Cambridge: Cambridge University Press.

Chen, Yiya. 2008. The Acoustic Realization of Vowels of Shanghai Chinese. *Journal of Phonetics* 36:629-648.

Chen, Yiya and Gussenhoven, Carlos. 2015. Shanghai Chinese. *Journal of the International Phonetic Association* 45.3:321-337.

Chen, Yiya and Xu, Yi. 2006. Production of Weak Elements in Speech - Evidence from F0 Patterns of Neutral Tone in Standard Chinese. *Phonetica* 63:47-75.

Cheng, Chin-Chuan. 1973. *A Synchronic Phonology of Mandarin Chinese*. The Hague: Mouton.

Cheng, Chin-Chuan. 1993. Quantifying Dialectal Mutual Intelligibility. Technical Report no. LLL-T-21-93:5. Language Learning Laboratory, University of Illinois at Urbana-Champaign.

Cheng, Robert L. 1966. Mandarin Phonological Structure. *Journal of Linguistics* 2.2:135-158.

Crystal, David. 1997. *The Cambridge Encyclopedia of Language*. Cambridge: Cambridge University Press.

Delattre, Pierre C., Liberman, Alvin M., and Cooper, Franklin S. 1955. Acoustic Loci and Transitional Cues for Consonants. *The Journal of the Acoustical Society of America* 27.4:769-773.

Duanmu, San. 1993. Rime Length, Stress, and Association Domains. *Journal of East Asian Linguistics* 2:1-44.

Duanmu, San. 1999. Metrical Structure and Tone: Evidence from Mandarin and Shanghai. *Journal of East Asian Linguistics* 8:1-38.

Duanmu, San. 2007. *The Phonology of Standard Chinese*(2nd edition). Oxford: Oxford University

Press.

Duanmu, San. 2009. *Syllable Structure: The Limits of Variation*. Oxford: Oxford University Press.

Duanmu, San. 2014. 重音理论及汉语重音现象. *Journal of Contemporary Linguistics* 16.3:288-302.

Everetta, Caleb, Blasi, Damian E., and Roberts, Sean G. 2015. Climate, Vocal Folds, and Tonal Languages: Connecting the Physiological and Geographic Dots. Proceedings of the National Academy of Sciences. 122.5:1322-1327.

Forrest, Karen, Weismer, Gary, Milenkovic, Paul, and Dougall, Ronald N. 1988. Statistical Analysis of Word-Initial Voiceless Obstruents: Preliminary Data. *Journal of Acoustical Society of America* 84.1:115-123.

Fox, Anthony, Luke, Kang-Kwong, and Nancarrow, Owen. 2008. Aspects of Intonation in Cantonese. *Journal of Chinese Linguistics* 36.2:321-367.

Gick, Bryan, Wilson, Ian, and Derrick, Donald. 2013. *Articulatory Phonetics*. Hoboken: Wiley-Blackwell.

Halle, Morris and Stevens, Kenneth N. 1971. A Note on Laryngeal Features. Quarterly Progress Report 101. MIT.

Hoa, Monique. 1983. *L'accentuation en Pékinois*. Paris: Editions Langages Croisés.

Hombert, Jean-Marie, Ohala, John J., and Ewan, William G. 1979. Phonetic Explanations for the Development of Tones. *Language* 55.1:37-58.

Howie, John M. 1974. On the Domain of Tone in Mandarin. *Phonetica* 30:129-148.

Hyman, Larry M. 1992. Tone in Phonology. In Bright, W. (ed.) *International Encyclopedia of Linguistics* vol.4. Oxford: Oxford University Press. pp.165-168.

International Phonetic Association. 1999. *Handbook of the International Phonetic Association: A Guide to the Use of the International Phonetic Alphabet*. Cambridge: Cambridge University Press.

Jiang, Ping and Chen, Aishu. 2011. Representation of Mandarin Intonations: Boundary Tone Revisited. *Proceedings of the 23rd North American Conference on Chinese Linguistics*. pp.97-109.

Jin, Shunde. 1986. *Shanghai Morphotonemics*. MA thesis. Ohio State University.

Johnson, Keith. 2003. *Acoustic and Auditory Phonetics* (2nd edition) Hoboken: Wiley-Blackwell.

Jones, Daniel. 1957. *An Outline of English Phonetics*. Cambridge: W. Heifer & Sons LTD.

Jongman, Allard, Wayland, Ratree, and Wong, Serena. 2000. Acoustic Characteristics of English

Fricatives. *Journal of the Acoustical Society of America* 108.3:1252-1263.

Karlgren, Bernhard. 1926. *Études sur la Phonologie Chinoise.* Phd dissertation. à l'université d'Upsala.

Kent, Raymond D. and Read, Charles. 2002. *Acoustic Analysis of Speech* (2nd edition). Stamford: Thomson Learning.

Kent, Raymond D. 1997. *The Speech Sciences.* Florence: Thomson Delmar Learning.

Kuo, Yu-ching, Xu, Yi, and Yip, Moira. 2007. The Phonetics and Phonology of Apparent Cases of Iterative Tonal Change in Standard Chinese. In Gussenhoven, C. and T. Riad (eds.) *Experimental Studies in Word and Sentence Prosody* vol. 2. Berlin: Mouton de Gruyter. pp.211-237.

Ladefoged, Peter. 1996. *Elements of Acoustic Phonetics*(2nd edition). Oxford: Blackwell.

Ladefoged, Peter. 2001. Vowels and Consonants: *An introduction to the Sounds of Languages.* Oxford: Blackwells.

Ladefoged, Peter and Bhaskararao, Peri. 1983. Non-Quantal Apsect of Consonant Production: A Study of Retroflex Consonants. *Journal of Phonetics* 11.3:291-302.

Ladefoged, Peter and Johnson, Keith. 2011. *A Course in Phonetics*(6th edition). Boston: Cengage Learning.

Ladefoged, Peter and Maddieson, Ian, 1996. *The Sounds of the World's Languages.* Oxford: Blackwell Publishers Ltd.

Ladefoged, Peter and Wu, Zongji. 1984. Places of Articulation: An Investigation of Pekingese Fricatives and Affricates. *Journal of Phonetics* 12:267-278.

Lass, Roger. 1984. *Phonology.* Cambridge: Cambridge University Press.

Lawson, Eleanor, Stuart-Smith, Jane, Scobbie, James M., and Nakai, Satsuki. 2018. Seeing Speech: An Articulatory Web Resource for the Study of Phonetics. University of Glasgow. (available at https://seeingspeech.ac.uk, last access on October 11, 2021)

Lee, Ok Joo. 2005. *The Prosody of Questions in Beijing Mandarin.* Phd dissertation. Ohio State University.

Lee, Ok Joo and Xiong, Yan. 2021. Distribution of the Mandarin Vowels in Typological Perspective. *Linguistic Research* 38.2:329-363.

Lee, Tan, Kam, Patgi, and Soong, Frank K. 2006. Modeling Cantonese Pronunciation Variations for Large-Vocabulary Continuous Speech Recognition. *Computational Linguistics and*

Chinese Language Processing 11.1:17-36.

Lee, Wai-Sum and Zee, Eric. 2003. Standard Chinese(Beijing). *Journal of the International Phonetic Association* 33.1:109-112.

Lee, Wai-Sum, and Zee, Eric. 2010. Articulatory Characteristics of the Coronal Stop, Affricate, and Fricative in Cantonese. *Journal of Chinese Linguistics* 38.2:336-372.

Lee-Kim, Sang-Im. 2014. Revisiting Mandarin 'Apical Vowels': An Articulatory and Acoustic Study. *Journal of International Phonetic Association* 44.3:261-282.

Lee-Kim, Sang-Im. 2020. Tone-induced Split in Stop Category Mapping by Korean Learners of Mandarin Chinese. *Language and Linguistics* 21.1:54-79.

Lehiste, Ilse. 1992. Tone in Phonetics. In Bright, W. (ed.) *International Encyclopedia of Linguistics* vol.4. Oxford: Oxford University Press. pp.164-165.

Li, Charles N. and Thompson, Sandra A. 1981. *Mandarin Chinese: A Functional Reference Grammar*. Oakland: University of California Press.

Li, Fang-kuei. 1937. Languages and Dialects of China. *Journal of Chinese Linguistics* 1:1-13.

Li, Qian and Chen, Yiya. 2016. An Acoustic Study of Contextual Tonal Variation in Tianjin Mandarin. *Journal of Phonetics* 54:123-150.

Li, Yuming and Li, Wei (eds). 2013, 2014, 2015, 2019. *The Language Situation in China: Language Policies and Practices in China* vol.1-4. Beijing: The Commercial Press.

Liberman, Mark and Pierrehumbert, Janet. 1984. Intonational Invariance under Changes in Pitch Range and Length. In Aronoff, M and R. T. Oehrle (eds.) *Language Sound Structure*. MA: The MIT Press. pp.157-233.

Lin, Hua. 2001. *A Grammar of Mandarin Chinese*. München: Lincom Europa.

Lin, Maocan. 2004. Boundary Tone of Chinese Intonation and Its Pitch Pattern. In Fant, G., H. Fujisaki,, J. Cao, and Y. Xu (eds.) *From Traditional Phonetics to Modern Speech Processing*. Beijing: Foreign Language Teaching and Research Press. pp.309-327.

Lin, Maocan and Li, Zhiqiang. 2011. Focus and Boundary in Chinese Intonation. ICPhS XVII. pp.1246-1249.

Lin, Yen-Hwei. 2007. *The Sounds of Chinese*. Cambridge: Cambridge. University Press.

Maddieson, Ian. 2013. Tone. In Dryer, M. S. and M. Haspelmath (eds.) The World Atlas of Language Structures Online, Leipzig: Max Planck Institute for Evolutionary Anthropology.

(http://wals.info/chapter/13)

Matthews, Stephen and Yip, Virginia. 2011. *Cantonese: A Comprehensive Grammar* (2nd edition). Oxford: Routledge.

Moser, David. 1991. Slips of the Tongue and Pen in Chinese. In Mair, V. H. (ed.) *Sino-Platonic Papers*. Philadelphia: University of Pennsylvania. pp. 1-47.

Nespor, Marina and Vogel, Irene. 1986. *Prosodic Phonology*. Dordrecht: Foris.

Norman, Jerry. 1988. *Chinese*. Cambridge: Cambridge University Press.

Ohala, John J. 1978. Production of Tone. In Fromkin, V. A. (ed.) *Tone: A Linguistic Survey*. N.Y.: Academic Press.

Peng, Shu-Hui. 2000. Lexical versus 'Phonological' Representations of Mandarin Sandhi Tones. In Broe, M. and J. Pierrehumbert (eds.) Papers in Laboratory Phonology 5: Acquisition and the Lexicon. Cambridge: Cambridge University Press. pp. 152-167.

Peng, Shu-Hui, Chan, Marjorie K. M., Tseng, Chiu-yu, Huang, Tsan, Lee, Ok Joo, and Beckman, Mary E. 2005. Towards a Pan-Mandarin System for Prosodic Transcription. In Jun, S. (ed.) *Prosodic Typology: The Phonology of Intonation and Phrasing*. Oxford: Oxford University Press. pp. 230-270.

Pierrerhumbert, Janet and Beckman, Mary. 1988. *Japanese Tone Structure*. Cambridge: The MIT Press.

Pike, Kenneth L. 1947. *Phonemics*. Ann Arbor: University of Michigan Press.

Ramsey, S. Robert. 1989. *The Languages of China*. Princeton: Princeton University Press.

Reetz, Henning and Jongman, Allard. 2009. *Phonetics*. Hoboken: Wiley-Blackwell.

Rialland, Annie. 2007. Question Prosody: An African Perspective. In Gussenhoven, C. and T. Riad (eds.) Tones and Tunes 1. The Hague: Mouton de Gruyter. pp. 35-64.

Selkirk, Elisabeth. 1981. On Prosodic Structure and Its Relation to Syntactic Structure. In Fretheim, T. (ed.) *Nordic Prosody II: Papers from a Symposium*. pp. 111-140. Trondheim: TAPIR.

Selkirk, Elisabeth. 2003. Sentence Phonology. In Bright, W. (ed.) *International Encyclopedia of Linguistics* (2nd edition). Oxford: Oxford University Press. pp. 41-42.

Selkirk, Elisabeth. 2011. The Syntax-Phonology Interface. In Goldsmith, J., J. Riggle and A. Yu (eds.) *Handbook of Phonological Theory*(2nd edition). Oxford: Blackwell Publishing. pp. 435-

484.

Selkirk, Elisabeth and Shen, Tong. 1990. Prosodic Domains in Shanghai Chinese. In Inkelas, S. and D. Zec (eds.) *The Phonology–Syntax Connection.* Chicago: The University of Chicago Press. pp.313-339.

Shen, X. N. Susan. 1990. *The Prosody of Mandarin Chinese.* Berkeley: University of California Press.

Shih, Chilin. 1986. *The Prosodic Domain of Tone Sandhi in Chinese.* Phd dissertation, University of California, San Diego.

Shih, Chilin. 1997. Mandarin Third Tone Sandhi and Prosodic Structure. In Wang, J. and N. Smith (eds.) *Studies in Chinese Phonology.* Dordrecht: Foris. pp.81-124.

Shih, Chilin. 2000. A Declination Model of Mandarin Chinese. In Botinis, A. (ed.) Intonation: Analysis, Modelling, and Technology. Dordrecht: Kluwer Academic Publishers. pp.243-268.

Stetson, Raymond Herbert. 1928. *Motor Phonetics: A Study of Speech Movements in Action.* Archives Neerlandaises de Phonetique Experimentale 3.

Stetson, Raymond Herbert. 1951. *Motor Phonetics: A Study of Speech Movements in Action* (2nd edition). Amsterdam: North Holland Publishing Co.

Titze, Ingo R. 1994. *Principles of Voice Production.* Englewood Cliffs: Prentice Hall.

Traunmüller, Hartmut. 1990. Analytical Expressions for the Tonotopic Sensory Scale. *The Journal of the Acoustical Society of America* 88.1:97-100.

Tseng, Chiu-yu. 2007. Prosody Analysis. In Lee, C.-H. et al. (eds) *Advances in Chinese Spoken Language Processing.* Singapore: World Scientific Publishing. pp.57-76.

Whalen, Douglas H. and Levitt, Andrea G. 1995. Universality of Intrinsic F0 of Vowels. *Journal of Phonetics* 23: 349-366.

Wiener, Seth and Shih, Ya-ting. 2011. Divergent Places of Articulation: [w] and [ʋ] in Modern Spoken Mandarin. *Proceedings of the 23rd North American Conference on Chinese Linguistics* vol.1 pp.173-190.

Wong, Wai Yi P., Chan, Marjorie K. M., and Beckman, Mary E. 2005. An Autosegmental-Metrical Analysis and Prosodic Annotation Conventions for Cantonese. In Jun, S. (ed.) *Prosodic Typology: The Phonology of Intonation and Phrasing.* Oxford: Oxford University

Press. pp. 271-300.

Xu, Ching X. and Xu, Yi. 2003. Effects of Consonant Aspiration on Mandarin Tones. *Journal of the Internaitonal Phonetic Association* 33.2:165-181.

Xu, Yi. 1997. Contextual Tonal Variations in Mandarin. *Journal of Phonetics* 25: 61-83.

Xu, Yi. 1999. F0 Peak Delay: When, Where, and Why It Occurs. *Proceedings of the 14th International Congress of Phonetic Science*. pp. 1881-1884.

Xu, Yi. 2020. Syllable is a Synchronization Mechanism that Makes Human Speech Possible. *PsyArXiv* Preprint online version doi: 10.31234/osf.io/9v4hr.

Xu, Yi. 2004. Separation of Functional Components of Tone and Intonation from Observed F0 Patterns. In Fant, G., H, Fujisaki, J. Cao and Y. Xu (eds.). *From Traditional Phonology to Modern Speech Processing: Festschrift for Professor Wu Zongji's 95th Birthday*. Beijing: Foreign Language Teaching and Research Press. pp. 483-505.

Yip, Moira. 1980. *The Tonal Phonology of Chinese*. Ph.D. dissertation. MIT.

Yip, Moira. 2002. *Tone*. Cambridge: Cambridge University Press.

Zee, Eric. 1999. An Acoustical Analysis of the Diphthongs in Cantonese. *Proceedings of the 14th International Congress of Phonetic Sciences*. pp. 1101-1105.

Zee, Eric. 2003. Frequency Analysis of the Vowels in Cantonese from 50 Male and 50 Female Speakers. *Proceedings of the 15th International Congress of Phonetic Sciences* pp. 1117-1120.

Zee, Eric and Lee, Wai-Sum. 2001. An Acoustical Analysis of the Vowels in Beijing Mandarin. 7th European Conference on Speech Communication and Technology.

Zee, Eric and Maddieson, Ian. 1980. Tones and Tone Sandhi in Shanghai: Phonetic Evidence and Phonological Analysis. *Glossa* 14:45-88.

Zhang, Zheng-Sheng. 1987. The Paradox of Tiajin: Another Look. *Journal of Chinese Linguistics* 15.2:247-273.

Zhang, Zheng-sheng, 1988. *Tone and Tone Sandhi in Chinese*. Phd dissertation, Ohio State University.

Zhang, Lu, Yi-Qing Zu, and Run-Qiang Yan. 2006. Focus, Lexical Stress and Boundary Tone: Interaction of Three Prosodic Features. ISCSLP 2006. pp. 67-75.

Zhu, Xiaonong. 2006. *A Grammar of Shanghai Wu*. München: Lincom Europa.

부록

THE INTERNATIONAL PHONETIC ALPHABET (revised to 2020)

CONSONANTS (PULMONIC)

©Ⓢ②④ 2020 IPA

	Bilabial	Labiodental	Dental	Alveolar	Postalveolar	Retroflex	Palatal	Velar	Uvular	Pharyngeal	Glottal
Plosive	p b			t d		ʈ ɖ	c ɟ	k g	q ɢ		ʔ
Nasal	m	ɱ		n		ɳ	ɲ	ŋ	N		
Trill	ʙ			r					R		
Tap or Flap		ⱱ		ɾ		ɽ					
Fricative	ɸ β	f v	θ ð	s z	ʃ ʒ	ʂ ʐ	ç ʝ	x ɣ	χ ʁ	ħ ʕ	h ɦ
Lateral fricative				ɬ ɮ							
Approximant		ʋ		ɹ		ɻ	j	ɰ			
Lateral approximant				l		ɭ	ʎ	ʟ			

Symbols to the right in a cell are voiced, to the left are voiceless. Shaded areas denote articulations judged impossible.

CONSONANTS (NON-PULMONIC)

Clicks	Voiced implosives	Ejectives
ʘ Bilabial	ɓ Bilabial	' Examples:
ǀ Dental	ɗ Dental/alveolar	p' Bilabial
ǃ (Post)alveolar	ʄ Palatal	t' Dental/alveolar
ǂ Palatoalveolar	ɠ Velar	k' Velar
ǁ Alveolar lateral	ʛ Uvular	s' Alveolar fricative

OTHER SYMBOLS

ʍ Voiceless labial-velar fricative   ɕ ʑ Alveolo-palatal fricatives

w Voiced labial-velar approximant   ɺ Voiced alveolar lateral flap

ɥ Voiced labial-palatal approximant   ɧ Simultaneous ʃ and x

ʜ Voiceless epiglottal fricative

ʢ Voiced epiglottal fricative   Affricates and double articulations can be represented by two symbols joined by a tie bar if necessary. t͡s k͡p

ʡ Epiglottal plosive

VOWELS

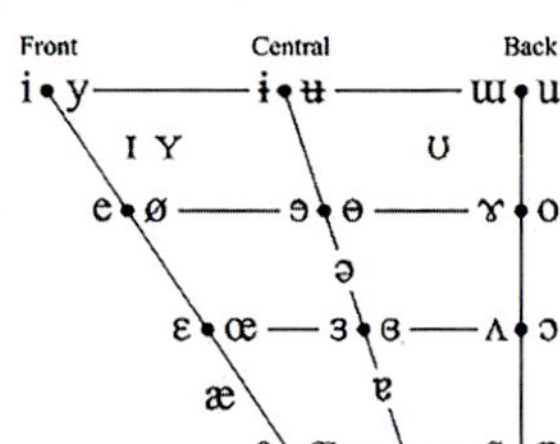

Where symbols appear in pairs, the one to the right represents a rounded vowel.

SUPRASEGMENTALS

ˈ	Primary stress	ˌfoʊnəˈtɪʃən
ˌ	Secondary stress	
ː	Long	eː
ˑ	Half-long	eˑ
˘	Extra-short	ĕ
ǀ	Minor (foot) group	
ǁ	Major (intonation) group	
.	Syllable break	ɹi.ækt
‿	Linking (absence of a break)	

TONES AND WORD ACCENTS

LEVEL		CONTOUR	
e̋ or ˥	Extra high	ě or ˩˥	Rising
é ˦	High	ê ˥˩	Falling
ē ˧	Mid	e᷄ ˧˥	High rising
è ˨	Low	e᷅ ˩˧	Low rising
ȅ ˩	Extra low	e᷈ ˧˩˧	Rising-falling
ꜜ Downstep		↗ Global rise	
ꜛ Upstep		↘ Global fall	

DIACRITICS

◌̥ Voiceless	n̥ d̥	◌̤ Breathy voiced	b̤ a̤	◌̪ Dental	t̪ d̪
◌̬ Voiced	s̬ t̬	◌̰ Creaky voiced	b̰ a̰	◌̺ Apical	t̺ d̺
ʰ Aspirated	tʰ dʰ	◌̼ Linguolabial	t̼ d̼	◌̻ Laminal	t̻ d̻
◌̹ More rounded	ɔ̹	ʷ Labialized	tʷ dʷ	◌̃ Nasalized	ẽ
◌̜ Less rounded	ɔ̜	ʲ Palatalized	tʲ dʲ	ⁿ Nasal release	dⁿ
◌̟ Advanced	u̟	ˠ Velarized	tˠ dˠ	ˡ Lateral release	dˡ
◌̠ Retracted	e̠	ˤ Pharyngealized	tˤ dˤ	◌̚ No audible release	d̚
◌̈ Centralized	ë	◌̴ Velarized or pharyngealized	ɫ		
◌̽ Mid-centralized	ĕ	◌̝ Raised	e̝ (ɹ̝ = voiced alveolar fricative)		
◌̩ Syllabic	n̩	◌̞ Lowered	e̞ (β̞ = voiced bilabial approximant)		
◌̯ Non-syllabic	e̯	◌̘ Advanced Tongue Root	e̘		
◌˞ Rhoticity	ɚ a˞	◌̙ Retracted Tongue Root	e̙		

Some diacritics may be placed above a symbol with a descender, e.g. ŋ̊

Typeface: Doulos SIL

	a	o	e	i	i	er	ai	ei	ao	ou	an	en	ang	eng	ong
	a 啊	ó 哦	é 俄			ér 儿	ài 爱	èi 诶	ào 奥	ǒu 偶	ān 安	ēn 恩	áng 昂	ēng 鞥	
b	bā 巴	bō 玻					bài 拜	bēi 杯	bāo 包		bàn 办	běn 本	bāng 帮	bēng 绷	
p	pá 爬	pō 坡					pāi 拍	péi 陪	pǎo 跑	pōu 剖	pān 攀	pēn 喷	páng 旁	pèng 碰	
m	mā 妈	mō 摸	me 么				mài 麦	měi 每	máo 毛	mǒu 某	màn 曼	mén 门	máng 芒	méng 萌	
f	fǎ 法	fó 佛						fēi 飞		fǒu 否	fān 番	fēn 分	fāng 方	fēng 峰	
d	dà 大		dé 得				dài 待	děi 得	dǎo 导	dòu 豆	dān 丹	dèn 扽	dǎng 挡	dēng 灯	dōng 冬
t	tā 他		tè 特				tài 太	tēi 忒	tāo 涛	tòu 透	tàn 探		táng 唐	téng 腾	tóng 同
n	nà 那		nè 讷				nài 奈	nèi 内	nào 闹	nòu 耨	nán 难	nèn 嫩	náng 囊	néng 能	nóng 农
l	lā 拉	lo 咯	lē 嘞				lài 赖	léi 雷	lǎo 老	lóu 楼	lán 兰		làng 浪	lěng 冷	lóng 龙
g	gā 咖		gè 个				gài 概	gěi 给	gǎo 搞	gǒu 狗	gàn 干	gēn 跟	gāng 钢	gěng 梗	gōng 工
k	kǎ 卡		kě 可				kǎi 慨	kēi 剀	kào 靠	kǒu 口	kàn 看	kěn 肯	kāng 康	kēng 吭	kǒng 孔
h	hā 哈		hé 和				hái 还	hēi 黑	hǎo 好	hòu 后	hàn 汉	hěn 很	háng 航	hēng 亨	hóng 红
z	zá 杂		zé 则	zì 自			zài 在	zéi 贼	zǎo 早	zǒu 走	zàn 赞	zěn 怎	zàng 脏	zēng 憎	zǒng 总
c	cā 擦		cè 册	cì 次			cái 才	cèi 瓶	cǎo 草	còu 凑	cán 蚕	cén 岑	cāng 仓	céng 层	cóng 从
s	sǎ 洒		sè 色	sì 四			sāi 塞		sǎo 扫	sōu 嗖	sān 三	sēn 森	sāng 桑	sēng 僧	sōng 松
zh	zhā 扎		zhě 者		zhī 知		zhāi 斋	zhèi 这	zhǎo 找	zhōu 周	zhàn 占	zhēn 珍	zhāng 张	zhèng 正	zhōng 中
ch	chā 插		chē 车		chī 吃		chái 柴		chāo 抄	chǒu 丑	chǎn 产	chén 尘	chàng 唱	chèng 秤	chōng 冲
sh	shā 沙		shè 社		shì 试		shài 晒	shéi 谁	shǎo 少	shǒu 手	shān 山	shēn 身	shāng 商	shēng 声	
r			rè 热		rì 日				rǎo 扰	róu 柔	rǎn 染	rén 人	rǎng 嚷	réng 仍	róng 容
j															
q															
x															

	i	ia	iao	ie	iu	ian	in	iang	ing	iong	u	ua	uo	uai	ui	uan	un	uang	ueng
	yǐ 以	yā 压	yāo 腰	yē 椰	yōu 优	yán 言	yīn 音	yāng 央	yīng 英	yòng 用	wǔ 五	wá 娃	wǒ 我	wài 外	wèi 为	wán 完	wén 文	wáng 王	wēng 翁
b	bǐ 比		biāo 标	bié 别		biān 边	bīn 宾		bīng 兵		bù 布								
p	pí 皮		piào 票	piē 瞥		piān 篇	pín 贫		píng 评		pū 扑								
m	mǐ 米		miǎo 秒	miè 灭	miù 谬	miàn 面	mín 民		míng 明		mù 牧								
f			fiào 覅								fù 付								
d	dì 地	diǎ 嗲	diào 吊	diē 爹	diū 丢	diàn 电			dīng 叮		dǔ 堵		duǒ 朵		duì 对	duàn 段	dùn 顿		
t	tǐ 体		tiáo 条	tiē 贴		tiān 天			tīng 厅		tú 图		tuō 拖		tuì 退	tuán 团	tún 屯		
n	nǐ 你		niǎo 鸟	niè 聂	niǔ 扭	nián 年	nín 您	niáng 娘	níng 拧		nù 怒		nuò 诺			nuǎn 暖	nún 麐		
l	lì 立	liǎ 俩	liào 料	liè 列		liàn 练	lín 林	liáng 良	líng 玲		lǔ 鲁		luō 罗			luàn 乱	lún 伦		
g											gǔ 古	guā 瓜	guò 过	guāi 乖	guī 归	guān 关	gùn 棍	guǎng 广	
k											kǔ 苦	kuā 夸	kuò 扩	kuài 块	kuī 亏	kuān 宽	kùn 困	kuàng 矿	
h											hū 呼	huà 画	huò 或	huài 坏	huì 会	huán 环	hūn 昏	huáng 黄	
z											zú 足		zuǒ 左		zuì 最	zuān 钻	zūn 尊		
c											cū 粗		cuò 错		cuì 脆	cuàn 窜	cùn 寸		
s											sù 素		suǒ 所		suì 岁	suān 酸	sūn 孙		
zh											zhū 朱	zhǎo 爪	zhuō 桌	zhuāi 拽	zhuī 追	zhuān 专	zhǔn 准	zhuàng 壮	
ch											chū 出	chuā 欻	chuò 绰	chuāi 揣	chuī 吹	chuān 川	chún 纯	chuáng 床	
sh											shū 书	shuā 刷	shuō 说	shuài 帅	shuǐ 水	shuān 栓	shùn 顺	shuāng 双	
r											rú 儒	ruá 挼	ruò 若		ruì 瑞	ruǎn 软	rùn 闰		
j	jī 鸡	jiā 加	jiāo 交	jiē 接	jiù 就	jiàn 见	jīn 金	jiāng 将	jīng 晶	jiǒng 炯									
q	qī 七	qià 洽	qiāo 悄	qiě 且	qiū 丘	qiàn 歉	qín 勤	qiáng 强	qīng 青	qióng 穷									
x	xī 西	xià 下	xiǎo 小	xiē 些	xiū 修	xiān 鲜	xīn 心	xiāng 乡	xīng 星	xiōng 兄									

	ü	üe	üan	ün						
	yǔ 与	yuè 月	yuán 圆	yún 云						
b										
p										
m										
f										
d										
t										
n	nǚ 女	nüè 虐								
l	lǚ 吕	lüè 略								
g										
k										
h										
z										
c										
s										
zh										
ch										
sh										
r										
j	jū 居	jué 决	juǎn 卷	jūn 君						
q	qù 去	què 却	quán 全	qún 群						
x	xú 徐	xué 学	xuǎn 选	xún 寻						

[3] 표준중국어 한어병음-국제음성기호 비교표

pinyin	IPA	pinyin	IPA	pinyin	IPA	pinyin	IPA	pinyin	IPA	pinyin	IPA
a	[a]	chan	[tʂʰan]	dei	[tei]	gai	[kai]			huai	[xwai]
ai	[ai]	chang	[tʂʰaŋ]	den	[tən]	gan	[kan]			huan	[xwan]
an	[an]	chao	[tʂʰau]	deng	[təŋ]	gang	[kaŋ]			huang	[xwaŋ]
ang	[aŋ]	che	[tʂʰɤ]	di	[ti]	gao	[kau]			hui	[xwei]
ao	[au]	chen	[tʂʰən]	dian	[tjɛn]	ge	[kɤ]			hun	[xwən]
ba	[pa]	cheng	[tʂʰəŋ]	diang	[tjaŋ]	gei	[kei]			huo	[xwo]
bai	[pai]	chi	[tʂʰʅ]	diao	[tjau]	gen	[kən]			ji	[tɕi]
ban	[pan]	chong	[tʂʰuŋ]	die	[tje]	geng	[kəŋ]			jia	[tɕja]
bang	[paŋ]	chou	[tʂʰou]	ding	[tjəŋ]	gong	[kuŋ]			jian	[tɕjɛn]
bao	[pau]	chu	[tʂʰu]	diu	[tjou]	gou	[kou]			jiang	[tɕjaŋ]
bei	[pei]	chua	[tʂʰwa]	dong	[tuŋ]	gu	[ku]			jiao	[tɕjau]
ben	[pən]	chuai	[tʂʰwai]	dou	[tou]	gua	[kwa]			jie	[tɕje]
beng	[pəŋ]	chuan	[tʂʰwan]	du	[tu]	guai	[kwai]			jin	[tɕin]
bi	[pi]	chuang	[tʂʰwaŋ]	duan	[twan]	guan	[kwan]			jing	[tɕjəŋ]
bian	[pjɛn]	chui	[tʂʰwei]	dui	[twei]	guang	[kwaŋ]			jiong	[tɕjuŋ]
biao	[pjau]	chun	[tʂʰwən]	dun	[twən]	gui	[kwei]			jiu	[tɕjou]
bie	[pje]	chuo	[tʂʰwo]	duo	[two]	gun	[kwən]			ju	[tɕy]
bin	[pin]	ci	[tsʰʅ]	e	[ɤ]	guo	[kwo]			juan	[tɕɥɛn]
bing	[pjəŋ]	cong	[tsʰuŋ]	ei	[ei]	ha	[xa]			jue	[tɕɥe]
bo	[pwo]	cou	[tsʰou]	en	[ən]	hai	[xai]			jun	[tɕyn]
bu	[pu]	cu	[tsʰu]	er	[ər]	han	[xan]			ka	[kʰa]
ca	[tsʰa]	cuan	[tsʰwan]	fa	[fa]	hang	[xaŋ]			kai	[kʰai]
cai	[tsʰai]	cui	[tsʰwei]	fan	[fan]	hao	[xau]			kan	[kʰan]
can	[tsʰan]	cun	[tsʰwən]	fang	[faŋ]	he	[xɤ]			kang	[kʰaŋ]
cang	[tsʰaŋ]	cuo	[tsʰwo]	fei	[fei]	hei	[xei]			kao	[kʰau]
cao	[tsʰau]	da	[ta]	fen	[fən]	hen	[xən]			ke	[kʰɤ]
ce	[tsʰɤ]	dai	[tai]	feng	[fəŋ]	heng	[xəŋ]			kei	[kʰei]
cen	[tsʰən]	dan	[tan]	fo	[fwo]	hong	[xuŋ]			ken	[kʰən]
ceng	[tsʰəŋ]	dang	[taŋ]	fou	[fou]	hou	[xou]			keng	[kʰəŋ]
cha	[tʂʰa]	dao	[tau]	fu	[fu]	hu	[xu]			kong	[kʰuŋ]
chai	[tʂʰai]	de	[tɤ]	ga	[ka]	hua	[xwa]			kou	[kʰou]

pinyin	IPA	pinyin	IPA	pinyin	IPA	pinyin	IPA	pinyin	IPA
ku	[kʰu]	luo	[lwo]	ni	[ni]	pin	[pʰin]	run	[rwən]
kua	[kʰwa]	lü	[ly]	nia	[nja]	ping	[pʰjəŋ]	ruo	[rwo]
kuai	[kʰwai]	lüe	[lɥe]	nian	[njɛn]	po	[pʰwo]	sa	[sa]
kuan	[kʰwan]	ma	[ma]	niang	[njɑŋ]	pou	[pʰou]	sai	[sai]
kuang	[kʰwɑŋ]	mai	[mai]	niao	[njɑu]	pu	[pʰu]	san	[san]
kui	[kʰwei]	man	[man]	nie	[nje]	qi	[tɕʰi]	sang	[sɑŋ]
kun	[kʰwən]	mang	[mɑŋ]	nin	[nin]	qia	[tɕʰja]	sao	[sɑu]
kuo	[kʰwo]	mao	[mɑu]	ning	[njəŋ]	qian	[tɕʰjɛn]	se	[sɤ]
la	[la]	me	[mɤ]	niu	[njou]	qiang	[tɕʰjɑŋ]	sei	[sei]
lai	[lai]	mei	[mei]	nong	[nuŋ]	qiao	[tɕʰjɑu]	sen	[sən]
lan	[lan]	men	[mən]	nou	[nou]	qie	[tɕʰje]	seng	[səŋ]
lang	[lɑŋ]	meng	[məŋ]	nu	[nu]	qin	[tɕʰin]	sha	[ʂa]
lao	[lɑu]	mi	[mi]	nuan	[nwan]	qing	[tɕʰiəŋ]	shai	[ʂai]
le	[lɤ]	mian	[mjɛn]	nun	[nwən]	qiong	[tɕʰjuŋ]	shan	[ʂan]
lei	[lei]	miao	[mjɑu]	nuo	[nwo]	qiu	[tɕʰjou]	shang	[ʂɑŋ]
leng	[ləŋ]	mie	[mje]	nü	[ny]	qu	[tɕʰy]	shao	[ʂɑu]
li	[li]	min	[min]	nüe	[nɥe]	quan	[tɕʰɥɛn]	she	[ʂɤ]
lia	[lja]	ming	[mjəŋ]	o	[o]	que	[tɕʰɥe]	shei	[ʂei]
lian	[ljɛn]	miu	[mjou]	ou	[ou]	qun	[tɕʰyn]	shen	[ʂən]
liang	[ljɑŋ]	mo	[mwo]	pa	[pʰa]	ran	[ran]	sheng	[ʂəŋ]
liao	[ljɑu]	mou	[mou]	pai	[pʰai]	rang	[rɑŋ]	shi	[ʂɻ̩]
lie	[lje]	mu	[mu]	pan	[pʰan]	rao	[rɑu]	shong	[ʂuŋ]
lin	[lin]	na	[na]	pang	[pʰɑŋ]	re	[rɤ]	shou	[ʂou]
ling	[ljəŋ]	nai	[nai]	pao	[pʰɑu]	ren	[rən]	shu	[ʂu]
liu	[ljou]	nan	[nan]	pei	[pʰei]	reng	[rəŋ]	shua	[ʂwa]
lo	[lo]	nang	[nɑŋ]	pen	[pʰən]	ri	[rɻ̩]	shuai	[ʂwai]
long	[luŋ]	nao	[nɑu]	peng	[pʰəŋ]	rong	[ruŋ]	shuan	[ʂwan]
lou	[lou]	ne	[nɤ]	pi	[pʰi]	rou	[rou]	shuang	[ʂwɑŋ]
lu	[lu]	nei	[nei]	pian	[pʰjɛn]	ru	[ru]	shui	[ʂwei]
luan	[lwan]	nen	[nən]	piao	[pʰjɑu]	ruan	[rwan]	shun	[ʂwən]
lun	[lwən]	neng	[nəŋ]	pie	[pʰje]	rui	[rwei]	shuo	[ʂwo]

pinyin	IPA	pinyin	IPA	pinyin	IPA	pinyin	IPA
si	[sɹ̩]	wei	[wei]	yue	[ɥe]	zi	[tsɹ̩]
song	[suŋ]	wen	[wən]	yun	[yn]	zong	[tsuŋ]
sou	[sou]	weng	[wəŋ]	za	[tsa]	zou	[tsou]
su	[su]	wo	[wo]	zai	[tsai]	zu	[tsu]
suan	[swan]	wu	[u]	zan	[tsan]	zuan	[tswan]
sui	[swei]	xi	[ɕi]	zang	[tsɑŋ]	zui	[tswei]
sun	[swən]	xia	[ɕja]	zao	[tsɑu]	zun	[tswən]
suo	[swo]	xian	[ɕjɛn]	ze	[tsɤ]	zuo	[tswo]
ta	[tʰa]	xiang	[ɕjɑŋ]	zei	[tsei]		
tai	[tʰai]	xiao	[ɕjɑu]	zen	[tsən]		
tan	[tʰan]	xie	[ɕje]	zeng	[tsəŋ]		
tang	[tʰɑŋ]	xin	[ɕin]	zha	[tʂa]		
tao	[tʰɑu]	xing	[ɕjəŋ]	zhai	[tʂai]		
te	[tʰɤ]	xiong	[ɕjuŋ]	zhan	[tʂan]		
teng	[tʰəŋ]	xiu	[ɕjou]	zhang	[tʂɑŋ]		
ti	[tʰi]	xu	[ɕy]	zhao	[tʂɑu]		
tian	[tʰjɛn]	xuan	[ɕɥɛn]	zhe	[tʂɤ]		
tiao	[tʰjɑu]	xue	[ɕɥe]	zhei	[tʂei]		
tie	[tʰje]	xun	[ɕyn]	zhen	[tʂən]		
ting	[tʰjəŋ]	ya	[ja]	zheng	[tʂəŋ]		
tong	[tʰuŋ]	yan	[jɛn]	zhi	[tʂɹ̩]		
tou	[tʰou]	yang	[jɑŋ]	zhong	[tʂuŋ]		
tu	[tʰu]	yao	[jɑu]	zhou	[tʂou]		
tuan	[tʰwan]	ye	[je]	zhu	[tʂu]		
tui	[tʰwei]	yi	[i]	zhua	[tʂwa]		
tun	[tʰwən]	yin	[in]	zhuai	[tʂwai]		
tuo	[tʰwo]	ying	[jəŋ]	zhuan	[tʂwan]		
wa	[wa]	yong	[juŋ]	zhuang	[tʂwɑŋ]		
wai	[wai]	you	[jou]	zhui	[tʂwei]		
wan	[wan]	yu	[y]	zhun	[tʂwən]		
wang	[wɑŋ]	yuan	[ɥɛn]	zhuo	[tʂwo]		

[4] 용어표

강세	STRESS	重音
강세 음절	STRESSED SYLLABLE	重音节/重读音节
개음절	OPEN SYLLABLE	开音节
경구개	HARD PALATE	硬腭
경구개음	PALATAL	硬腭音
경구개치조음	PALATO-ALVEOLAR	腭龈音
경성	NEUTRAL TONE	轻声
경음절	LIGHT SYLLABLE	轻音节
공명도	SONORITY	响度
공명도 위계	SONORITY HIERARCHY	响音阶
공명음	SONORANT	响音
구별 기호	DIACRITIC	附加符号
국제음성기호	INTERNATIONAL PHONETIC ALPHABET	国际音标
굴곡조	CONTOUR TONE	曲折调
권설음	RETROFLEX	卷舌音
기본주파수	F0	基本频率
기식	ASPIRATION	送气
단모음	MONOPHTHONG	单元音
단모음	SHORT VOWEL	短元音
동시조음	COARTICULATION	协同发音/协同调音
두음	ONSET	起始音
리듬	RHYTHM	节奏
마찰음	FRICATIVE	擦音
말음	CODA	韵尾
모라	MORA	莫拉
모음	VOWEL	元音
모음 무성음화	VOWEL DEVOICING	元音清化
모음 약화	VOWEL REDUCTION	元音弱化
모음 축약	VOWEL CONTRACTION	元音压缩

무성(음)	VOICELESS	清音
무성음화(한)	DEVOICED	清化
반모음	SEMI-VOWEL	半元音
발성	PHONATION	发声
변별적	DISTINCTIVE	区别
변이음	ALLOPHONE	音位变体
변조	TONE SANDHI	变调
분절음	SEGMENT	音段
비강세 음절	UNSTRESSED SYLLABLE	轻音节/非重读音节
비모음화	VOWEL NASALIZATION	元音鼻化
비음	NASAL	鼻音
비음화 모음	NASALIZED VOWEL	鼻化元音
3성 변조	TONE 3 SANDHI	三声变调
삼중 모음	TRIPHTHONG	三合元音
상보적 분포	COMPLEMENTARY DISTRIBUTION	互补分布
설첨(음)	APICAL	舌尖(音)
설측(음)	LATERAL	边音
성대	VOCAL FOLDS	声带
성대진동 시작시간	VOICE ONSET TIME (VOT)	声带起振时/初浊
성도	VOCAL TRACT	声道
성모	INITIAL	声母
성문	GLOTTIS	喉
성문(음)	GLOTTAL	喉(音)
성절자음	SYLLABIC CONSONANT	成音节辅音
성절적	SYLLABIC	成音节
성조	TONE	声调
성조 약화	TONE REDUCTION	声调弱化
성조 언어	TONE LANGUAGE	声调语言
성조 연계 단위	TONE BEARING UNIT (TBU)	载调单位
수평조	LEVEL TONE	平调

순연구개음	LABIOVELAR	圆唇软腭音
순(음)	LABIAL	唇音
순치(음)	LABIODENTAL	唇齿音
스펙트로그램	SPECTROGRAM	频谱图/声谱图
r음	RHOTIC	r音
r음화(한)	RHOTACIZED	r音化/儿化
약화	REDUCTION	弱化
양순음	BILABIAL	双唇音
억양	INTONATION	语调
억양 내림	DECLINATION	降调/下倾
연구개	SOFT PALATE VELUM	软腭
연구개(음)	VELAR	软腭音
우방언	WU DIALECT	吴方言
운	RIME	韵
운모	FINAL	韵母
운율	PROSODY	韵律
운율 구조	PROSODIC STRUCTURE	韵律结构
운율 단위	PROSODIC UNIT	韵律单位
웨방언	YUE DIALECT	粤方言
유기	ASPIRATED	送气
유성(음)	VOICED	浊音
음길이	DURATION	音长
음높이	PITCH	音高
음높이 값	PITCH VALUE	调值
음높이 굴곡	PITCH CONTOUR	音高曲拱
음높이 목표점	PITCH TARGET	音高目标
음높이 수준	PITCH LEVEL	音高水平
음보	FOOT	音步
음성	PHONE	音素
음성학	PHONETICS	语音学

음세기	INTENSITY	音强
음소	PHONEME	音位
음소 배열 제약	PHONOTACTICS	音位配列规则
음운론	PHONOLOGY	音系学
음절	SYLLABLE	音节
음절 박자	SYLLABLE TIMED	音节计时
음절 병합	SYLLABLE CONTRACTION	合音
음절화	SYLLABIFICATION	音节划分
음파	SOUND WAVE	音波
음향 음성학	ACOUSTIC PHONETICS	声学语音学
2성 변조	TONE 2 SANDHI	二声变调
이중모음	DIPHTHONG	二合元音
이차 조음	SECONDARY ARTICULATION	次要发音
자음	CONSONANT	辅音
자음 약화	CONSONANT WEAKENING	辅音弱化
장모음	LONG VOWEL	长元音
장애음	OBSTRUENT	阻音
접근음	APPROXIMANT	近音
접미사	SUFFIX	后缀
조사	PARTICLE	助词
조음	ARTICULATION	调音
조음 기관	ARTICULATOR	调音器官/发音器官
조음 방법	MANNER OF ARTICULATION	调音方法
조음 위치	PLACE OF ARTICULATION	调音部位
조음 음성학	ARTICULATORY PHONETICS	发音语音学
중음절	HEAVY SYLLABLE	重音节
진폭	AMPLITUDE	振幅
청취 음성학	PERCEPTUAL PHONETICS	听觉语音学
초분절음	SUPRASEGMENTAL	超音段
최소대립쌍	MINIMAL PAIR	最小对立体

치(음)	DENTAL	齿音
치조	ALVEOLAR RIDGE	齿龈
치조경구개(음)	ALVEOLO-PALATAL	龈腭音
치조(음)	ALVEOLAR	龈音
파열음	PLOSIVE	爆音
파찰음	AFFRICATE	塞擦音
폐쇄	CLOSURE	持阻
폐쇄음	STOP	塞音
폐음절	CLOSED SYLLABLE	闭音节
표준중국어	MANDARIN	普通话
핵음	NUCLEUS	韵核
활음	GLIDE	滑音
후치조음	POST-ALVEOLAR	龈后音

이옥주

오하이오주립대학(The Ohio State University) 중국어언어학 박사
이화여자대학교 중어중문학과 교수 역임
서울대학교 중어중문학과 교수

중국어 음성학의 이해

초판 1쇄 인쇄   2024년 4월 10일
초판 1쇄 발행   2024년 4월 20일

지 은 이   이옥주
펴 낸 이   이대현

편   집   이태곤 권분옥 임애정 강윤경
디 자 인   안혜진 최선주 이경진
기획/마케팅   박태훈 한주영

펴 낸 곳   도서출판 역락
주   소   서울시 서초구 동광로46길 6-6 문창빌딩 2층(우06589)
전   화   02-3409-2055(대표), 2058(영업), 2060(편집) FAX 02-3409-2059
이 메 일   youkrack@hanmail.net
홈페이지   www.youkrackbooks.com
등   록   1999년 4월 19일 제303-2002-000014호

ISBN 979-11-6742-738-0   93720